中等职业教育市场营销专业创新型系列教材

顾客心理学

（第二版）

陈建飞　主　编
张文华　副主编

科学出版社
北　京

内 容 简 介

本书在对顾客购物过程的心理活动及影响因素进行全面分析的基础上，比较完整地介绍了心理学基本常识、顾客主体心理分析、商品相关因素分析、营业服务分析和环境因素分析等知识，提出了一系列的心理对策。全书共分为12章，分别为导论、顾客的一般心理过程、顾客的个性心理、顾客的群体心理、顾客需要与购买过程、社会因素与顾客心理、商品要素与顾客心理、商品价格与顾客心理、广告与顾客心理、营业服务与顾客心理、营业环境与顾客心理、网上购物与顾客心理。每章设有练习题，供读者巩固所学知识之用。

本书可作为中等职业院校经济类专业必修课或选修课教材、财会类专业选修课教材，也可作为高等职业院校及在岗营销人员培训用书以及其他相关人员学习用书。

图书在版编目(CIP)数据

顾客心理学/陈建飞主编. —2版. —北京：科学出版社，2016
（中等职业教育市场营销专业创新型系列教材）
ISBN 978-7-03-047663-0

Ⅰ. ①顾…　Ⅱ. ①陈…　Ⅲ. ①商业心理学－职业教育－教材
Ⅳ. ①F713.55

中国版本图书馆CIP数据核字（2016）第049598号

责任编辑：涂　晟　李　娜 / 责任校对：刘玉靖
责任印制：吕春珉 / 封面设计：东方人华

科学出版社 出版
北京东黄城根北街16号
邮政编码：100717
http://www.sciencep.com

三河市良远印务有限公司印刷
科学出版社发行　各地新华书店经销
*
2009年3月第一版　开本：787×1092　1/16
2016年10月第二版　印张：17 1/4
2020年6月第十三次印刷　字数：390 000

定价：43.00元

（如有印装质量问题，我社负责调换〈良远〉）
销售部电话 010-62136230　编辑部电话 010-62135763-2013

第二版前言

我国已进入“十三五”规划全面实施时期，国民经济飞速发展，第三产业不断壮大，服务业在国民经济中的地位越来越重要，社会消费零售总额逐年增长，在国内生产总值中的比重也逐年提高，这些都给商贸企业的发展带来了绝好的机遇。同时，市场竞争的愈发激烈，电子商务等新的经营业态不断涌现，人们对商品要素及服务品质的期望越来越高，对商贸企业也提出了更高的要求。提供优质的商品和令顾客满意的服务是每一个企业、经营管理者及营销人员必须认真思考和努力践行的。基于这样的现实，作者编写了《顾客心理学》一书，以期与读者共同探讨顾客心理这一话题，为商贸企业提高服务质量、创建服务品牌、当好顾客知心人，为学生更好地从事未来的工作尽微薄之力。

本书的再版工作主要包括以下几点：

1）根据教学的需要与特点对相关内容进行了适当编排，使体系较为合理，较好地处理了重点与一般的关系。

2）针对当前互联网的发展，介绍了顾客网上购物心理分析研究等知识点。同时，为适应网络化教学，尤其针对练习题部分，采用线上线下网络学习模式。

3）将部分案例及练习题进行调整。

本书由常州旅游商贸高等职业技术学校的陈建飞担任主编并统稿，常州旅游商贸高等职业技术学校的易燕萍、万芬参与了大纲编写，昆山教育局张文华担任副主编。具体编写分工如下：第 1、2 章由陈建飞编写，第 3、4 章由易燕萍编写，第 5 章由万芬编写，第 6、10 章由张文华编写，第 7、11 章由常州旅游商贸高等职业技术学校的申冬生编写，第 8、9 章由江苏省铜山中等专业学校的张家梅编写，第 12 章由徐燕编写。

在本书编写中参考了大量专家、学者的著作等，在此深表感谢！由于编者水平有限，编写时间仓促，书中难免存在不足之处，恳请广大读者批评指正！

第一版前言

随着我国经济的飞速发展，第三产业不断壮大，服务业在国民经济中的地位越来越重要，全国社会消费零售总额逐年增加，在 GDP 中的份额也积极攀升，这给商贸企业的发展带来了极好的机会。同时，由于市场竞争的愈发激烈，人们对商品要素及服务品质的要求越来越高，对商家也提出了更高的要求。提供优质的产品和使顾客满意的服务是每个企业、经营管理者及营销人员必须认真思考和努力践行的事情。基于此，我们编写了本书，以期与读者共同学习和探讨顾客心理这一问题，为我们的商贸企业提高服务质量、创服务品牌、当好顾客的知心人，为我们的学生更好地从事未来的工作尽微薄之力。

本书比较完整地介绍了以顾客为主体的心理学知识，并结合顾客购物过程的心理活动及影响因素进行了全面的分析，提出了一系列的心理对策。全书包括四大部分，共 10 章。第 1 部分为顾客心理学基本理论，包括第 1 章（导论）和第 2 章（顾客的一般心理过程）；第 2 部分为以顾客为主体的心理分析，包括第 3 章（顾客的个性心理）、第 4 章（顾客群体心理）、第 5 章（顾客需要与购买过程）、第 6 章（社会因素与顾客心理）；第 3 部分为以商品为主体的相关分析，包括第 7 章（商品要素与顾客心理）、第 8 章（商品价格、广告与顾客心理）；第 4 部分为以商家为主体的相关分析，包括第 9 章（营业服务与顾客心理）和第 10 章（营业环境与顾客心理）。

本书坚持以就业为导向，以能力为本位，以服务为宗旨，坚持以学生为学习主体、实用性和发展性相结合的原则；着眼于学生知识、技能和情感态度的培养以及专业能力、方法能力、社会能力的形成；注重学生基础水平、学习能力和职业岗位要求的衔接；确保理论，突出实用，强调学生参与，使学生学有所得、学以致用。采用任务引领方式，每章均以案例导入并明确学习目标和任务；突出能力、目标定位，体现职教课程的本质特征；内容实用，在保证基础知识够用的前提下，围绕顾客的心理活动过程选择与组织教学内容，重视内容的针对性、实用性，每章配备练习题。

本书由常州旅游商贸高等职业技术学校的陈建飞担任主编并统稿，常州旅游商贸高等职业技术学校的易燕萍、万芬参与了大纲编写，江苏电大昆山学院张文华担任副主编。具体编写分工如下：第 1、2、10 章由陈建飞编写，第 3、4 章由易燕萍编写，第 5 章由万芬编写，第 6、9 章由张文华编写，第 7 章由昆山市第一职教中心的王云鹤编写，第 8 章由江苏铜山职教中心的张家梅编写。

本书参考了一些专家的著作，在此向他们深表感谢！由于编者水平有限，书中不当之处在所难免，恳请广大读者批评指正！

目　　录

第1章
导　论

学习任务

1. 知识目标

1）理解心理学、顾客心理学的基本概念及心理实质。
2）熟悉顾客心理学的研究对象、内容及应遵守的原则。

2. 实操目标

能运用一些简单的方法进行顾客心理测试。

3. 职业素质目标

1）培养关注顾客、研究顾客心理的意识和兴趣。
2）树立服务顾客、服务社会、创造和谐效益的理念。

案例引入

有一个笑话：一个老太太有两个女儿，一个开洗衣店，一个开伞店。老太太左右为难：晴天，担心开伞店的女儿的生意不好；阴天，担心开洗衣店的女儿的衣服晒不干。有一天，有人劝导，老太太你好福气，下雨天，你开伞店的女儿生意好，该高兴；天气好，你女儿的衣服干得快，也该高兴。对你来说，哪一天都是好日子呀。老太太想一想，也真是这样，心情顿觉好多了。

点评：经营中要善于研究顾客心理，同时自身心理也很重要。人们的不良情绪有些确实是因为生活中的不利境遇引起的，但也有些不良情绪是由于人们对事情的真实情况缺乏了解或认识有偏差而盲目地生长起来的。同一事物，由于出发点和认识的不同，心情就不同，以上事例正是如此。由于老太太未能全面合理地认识事物，而是单方面地、只从不利的悲观的一面看待问题，这种不合理信念导致了消极的情绪。若从积极的角度理性地分析问题，就能获得愉快体验。

1.1 心理学概述

当今社会，人们对“心理学”一词已不再陌生，但究竟何为心理学、心理到底指的是什么，却未必能够正确理解或准确把握，甚至少数人会有“以小人心度君子腹”等片面理解。因此，在学习顾客心理学之前，很有必要首先学习一下心理学的几个相关基本概念，以便后面进一步深入学习。

1.1.1 心理学的含义

1. 心理学的概念

心理学是一门研究人类和动物心理现象（主要是人类心理现象，包括认知、情绪和动机、能力和人格三大方面）及其对行为影响规律的科学；也指在各种人类活动场景将心理学知识进行应用，包括解决个人日常生活中的各种心理问题以及各种心理疾病的治疗。

现代心理学研究精神与大脑的相互影响，采取实证科学的研究方法，透过实验和观察来检验假设。

心理学研究的是个人，但它也与各种社会科学有关，因为在研究个人的同时，心理学也会考虑到这些个人所处的社会背景；同时，它也与神经科学、医学、生物学等科学有关，因为这些科学所探讨的生理作用会影响个人的心智；另外，心理学还与哲学有一定的关系。

心理学的研究范围十分广泛，主要有心理过程和心理特征两个方面。心理过程指的是认识、情绪、意志等一系列心理活动；而心理特征则为不同的心理所表现的特征，诸如能力、气质与性格等。

2. 心理学发展简介

心理学既是一门古老的科学，又是一门年轻的科学。人类从古代开始，历经中世纪、文艺复兴以至到 19 世纪中叶，对心理的探索和研究，都是处于一种无明确的研究目的与目标、无明确的研究思想与方法的混沌状态下自发的或不自觉地进行的，夹杂在对哲学和神学的研究中。我国古代也有不少哲学家、思想家、军事家都曾探索过人们心理活动的奥秘，如古代军事家孙武所著的《孙子兵法》中，就有许多应用心理学原理研究战争的战略与战术的范例，然而把它作为一门独立的学科来研究也仅有几十年的历史。

当前，进入 21 世纪的中国，正处于一个前所未有的、不同于任何其他国家的社会转型时期，存在着许多不同于西方的人群心态和行动方式。国内心理学领域的专家们正逐步建立起一整套全新的中国心理学理论体系。

随着社会实践和心理学本身的发展，心理学的研究范围越来越广，在人类社会实践的众多领域得到广泛的应用，对人类生活起着越来越大的作用。当代心理学把人和动物的复杂心理活动分成不同的层次和领域，在不同的水平上加以研究，建立了许多分支学科，如社会心理学、教育心理学、管理心理学、商业心理学、消费心理学、顾客心理学及医疗心理学、军事心理学等。心理学已不仅是一门纯理论性的基础科学，更是一门应用范围广泛的应用科学，它与许多实践部门有着广泛的横向联系，并且广泛地为社会实践服务。

1.1.2 心理现象

心理即心理活动，指人的内心所进行的一切活动。心理现象是心理活动的表现形式，是人们生活中最熟悉、最普遍、最常见的精神现象，也是自然界最复杂、最奇妙的现象之一。心理现象一般分为两类，即心理过程与个性，如图 1-1 所示。

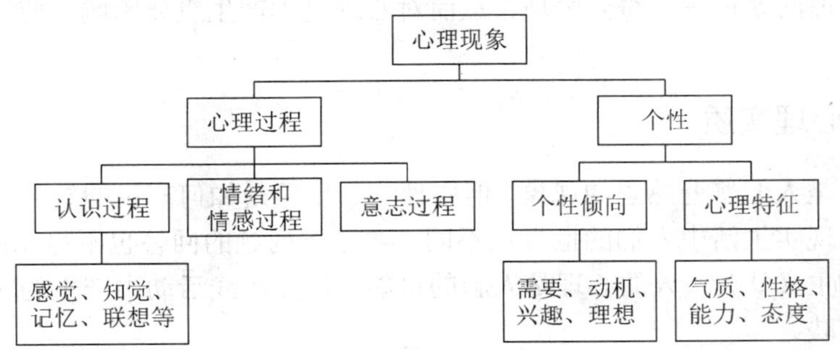

图 1-1 心理现象

1. 心理过程

心理过程是指人的心理活动过程，包括人的认识过程、情绪和情感过程、意志过程。认识过程是一个人在认识、反映客观事物时的心理活动过程，包括感觉、知觉、记忆、想象和思维过程，注意则是伴随心理过程的一种心理特征。情绪和情感过程是一个人在对客观事物的认识过程中表现出来的态度体验，如满意、愉快、气愤、悲伤等，它总是和一定的行为表现联系着。人在认识客观事物时，不仅仅是认识它、感受它，还要改造它，这是人与动物的本质区别。为了改造客观事物，一个人有意识地提出目标、制定计划、选择方式方法、克服困难，以达到预期目的，这种内在心理活动过程即意志过程。人的认识过程、情绪和情感过程、意志过程统称为心理过程，它们是既有区别又有联系的心理活动过程的三个组成部分。人的认识过程和意志过程往往伴随着一定的情绪、情感活动；意志过程又总是以一定的认识活动为前提的；而人的情绪、情感和意志活动又促进了人的认识发展。

2. 个性

心理过程是人们共同具有的心理活动，但是由于每个人的先天素质和后天环境不同，心理过程在产生时又总是带有个人的特征，从而形成了不同的个性。个性心理结构主要包括个性倾向性和个性心理特征两个方面。个性倾向性是指一个人所具有的意识倾向，也就是人对客观事物的稳定的态度。它是人从事活动的基本动力，决定着人的行为方向，其中主要包括需要、动机、兴趣、理想、信念和世界观。世界观在个性倾向各个成分中居于最高层次，决定着人的总的意识倾向。个性心理特征是一个人身上经常表现出来的本质的、稳定的心理特点，如有的人拥有数学才能，有的人具备写作才能，有的人表现出音乐才能。因此，在各科成绩上就有高低之分，这是能力方面的差异。在行为表现方面，有的人活泼好动，有的人沉默寡言，有的人热情友善，有的人冷漠无情，这些又是气质和性格方面的差异。能力、气质和性格统称为个性心理特征。

3. 心理过程与个性的关系

人的心理过程和个性是相互密切联系的。一方面，个性是通过心理过程形成的，如果没有对客观事物的认识，没有对客观事物产生的情绪和情感，没有对客观事物的积极认识的意志过程，个性是无法形成的；另一方面，已经形成的个性又会制约心理过程的进行，并在心理活动过程中得到表现，从而对心理过程产生重要影响，使之带有个人的色彩。

1.1.3 心理实质

心理现象是人们普遍熟悉的现象，但心理这一现象是如何产生的？心理的实质究竟是什么？由于现实生活中人们的世界观不同，对这一问题的回答也不尽相同。

辩证唯物主义认为，人的心理是人脑的机能，是在实践活动中产生的对客观现实的主观能动的反映。

1. 心理是人脑的机能

人对客观现实的反映是通过大脑的活动来实现的。人脑以及神经系统的结构和机能有其产生、发展和成熟的过程，同时神经活动也遵循一定的规律。人脑是一块十分复杂而精致的物质，是由大量神经细胞借助于树突而形成的一个巨大的网络系统。

2. 心理是人脑对客观现实的主观反映

人的心理活动是人脑的机能，离开了人脑就不能产生人的心理活动。但是，如果没有客观现实的作用，人脑自身就不能单独产生心理活动，客观现实是心理的源泉和内容。例如，客观现实中有树木，我们才能对树木有感知觉。正因为自然界和社会生活中客观存在着美好、丑陋、光明、黑暗、运动、发展等，才会有人对自然和社会现象规律性的认识，才有人类经验的积累和传授，人才会发明创造，才有人类的文化、科学和艺术，才有人类的文明。可见，离开了客观现实，也就不会有人的心理。因此，我们说人的心理是客观现实的反映，客观现实是人的心理的源泉和内容。

知识拓展

学心理 树兴趣

主观唯心主义者认为，心理是一种主观存在的人的心理或精神现象，是世界的本源。世界上的万事万物都是由人的感觉或精神现象决定的。离开了人的精神现象，世界上什么东西都不会存在。而客观唯心主义者则认为，心理是一种“绝对精神”世界，是由某种神秘的精神决定的。

唯物主义者认为，心理是物质派生的。例如，19世纪流行于德国的庸俗唯物主义的代表人物毕希纳和福格特都认为，脑髓分泌思想正好像肝脏分泌胆汁、胃分泌胃液一样。法国机械唯物主义者拉美特利和狄德罗认为人的心理活动是脑对客观现实的机械反映。而德国费尔巴哈认为人的心理是自然的本能活动。虽然这些观点都对心理与物质的关系问题提出了比较进步的看法，但都忽视了人的心理的社会本质，其对心理实质的理解也是极其错误的。

职业素质养成训练

全球最大零售商沃尔玛公司，每家连锁店都贴有“天天廉价”的大标语，同一种商品在沃尔玛比其他商店要便宜。沃尔玛提倡的是低成本、低费用结构、低价格的经营思想，主张把更多的利益让给消费者，为顾客节省每一美元是他们的目标。沃尔玛的利润通常在30%左右。公司每星期六早上举行经理人员会议，如果有分店报告某商品在其他商店比沃尔玛低，可立即决定降价。低廉的价格、可靠的质量是沃尔玛的两大竞争优势，吸引了一批又一批的顾客。沃尔玛能够迅速发展，除了正确的战略定位以外，也得益于其关注顾客心理、满足顾客需求及首创的折价销售策略。

思考：沃尔玛的成功是多种策略和智慧的结晶，让利、薄利销售是否也体现了关注顾客心理、服务顾客、创造和谐效益的理念？

1.2 顾客心理学的研究对象、内容及方法

作为心理学的分支学科，顾客心理学有其自身独特的研究领域，而这一领域矛盾的特殊性，构成独特的研究对象和与之相适应的研究方法。

1.2.1 顾客心理学的含义

顾客心理学是心理学的一门应用性分支学科，是心理学原理在商业活动中的应用，具有较强的实践性。它建立在对普通心理学的研究基础上，并随着其广泛发展和市场经济的高度发达，为满足顾客消费需要和适应市场营销活动而产生和发展起来的。自古流传下来的经营谚语《生意经》中，诸如“货卖一张皮”“不怕不识货，就怕货比货”“买卖不成情义在”等都是利用心理学原理来促进顾客购买活动的，但其作为一门独立的学科却为时不久，最早是通过广告活动来促进销售活动的。随着市场经济的不断发展，逐步应生出市场学、应用心理学、广告心理学、商业心理学、消费心理学等分支学科，特别是以顾客为中心的营销观念的确立，人们开始研究顾客心理活动规律，进而建立和形成顾客心理学的一系列理论，使之成为一门相对完整的独立学科。

顾客心理学是一门新兴学科，其目的是研究人们在生活消费过程中，特别是日常购买活动中的心理活动规律及个性心理特征，以提高顾客消费及商家经营效益。顾客心理学的研究成果丰富了心理学的内容，扩展了心理学的研究领域，促进了心理学研究的进一步发展，对于发展社会主义市场经济和开展企业营销活动，有着积极而深远的作用与影响。

1.2.2 顾客心理学的研究对象

顾客心理与行为作为一种客观存在的社会现象和经济现象，如同其他事物一样，有其特有的活动方式和内在运行规律。顾客心理学就是研究商业经营活动过程中顾客心理现象产生和发展的一般规律，以及商店经营活动与顾客心理现象间的相互关系，具体包括以下内容。

1. *研究顾客在消费过程中所产生的各种心理现象及一般规律*

顾客在购买行为中产生的心理现象是推动顾客行为的根本因素，它包括心理活动过程和个性心理特征两个方面。通过对顾客心理活动过程中的认识过程、情感过程和意志过程等具体过程的分析与研究，揭示顾客心理现象产生和发展的一般规律，把握顾客行为活动的共性。在研究不同顾客的能力、气质、性格等个性心理特征的基础上，分析顾客心理现象的个别性和差别性，解释不同顾客在行为表现上存在的各种差异。同时，对需要和动机这两个影响顾客行为的最直接因素进行研究，帮助我们深入理解顾客的购买行为。

2. *研究因顾客心理变化而产生的购买行为变化规律*

顾客的心理状态和需求在很大程度上受到市场规律的制约，并因市场、环境等因素的发展和变化而产生改变；反之，顾客的各种心理现象和变化也影响着市场发展趋势和走向。同时，顾客的各种心理活动及其个性心理特征会影响其对商品产生不同的认知、喜好及购买行为，商家也要根据顾客的兴趣、需要和偏好等采取不同的营销策略和心理策略。因此，商家必须认真研究顾客因价值观念、经济条件、文化水准、消费习惯等因素的不同而产生的不同心理需求及购买行为变化规律，才能正确制定应对策略，积极采取有效措施，赢得商机，服务社会和顾客。

1.2.3 顾客心理学的研究内容

顾客心理学是研究商家经营活动过程中顾客的心理现象，因此与商家销售活动有关的顾客的心理活动都是顾客心理学研究的内容，具体包括的内容如图1-2所示。

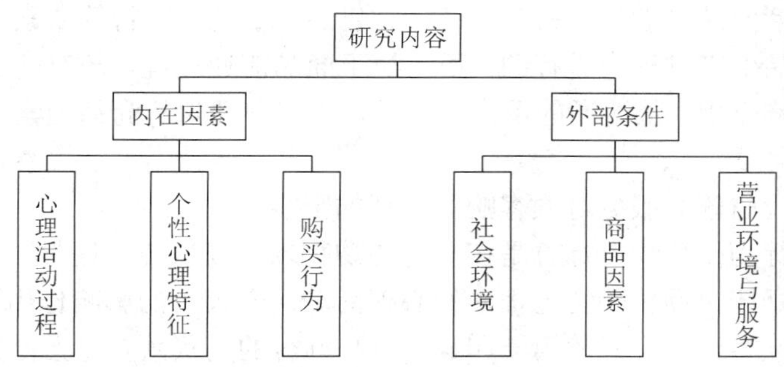

图1-2 顾客心理学的研究内容

1. 影响顾客购买行为的内在因素

（1）顾客购买过程中的心理活动过程

顾客在购买活动中的行为都有其心理因素。从顾客购买活动的认识过程开始，发展到情感过程和意志过程，是每一个顾客所共有的。如何控制与调节顾客购买心理，激发其购买行为，使其始终处于激化高潮，是每个商家及营销人员所必须了解而又要努力去实践的。因此，研究顾客心理学首先要研究顾客的心理活动过程。

（2）顾客的个性心理特征对购买行为的影响制约作用

顾客的个性心理特征，是指在顾客个人知识、经验、成长的社会经济环境以及心理需求、兴趣等多种因素影响的、经常的、稳健的心理品质基础上，在购买行为的心理活动过程中表现出来的气质、性格、能力、态度等心理特征，它往往会表现为认识能力、情感深度和反应速度等方面。例如，顾客对商品的了解有的比较全面，有的则比较表面；有的在购买过程中对商品的情感体验比较深刻，有的却表现得比较冷淡；有的购买行动非常果断，有的却表现得相当迟疑。研究顾客个性心理特征，可以很好地预见顾客的行为，及时采取相应措施，促进顾客的购买行为。

（3）顾客群体的心理与购买行为

现实生活中，某些顾客由于年龄、性别、职业、收入水平、社会地位、宗教信仰相同或接近，在消费需求、观念、习惯以及能力等方面表现出很大的相似性或接近，构成了一定的顾客群体。从社会总体来看，顾客群体是社会消费活动的客观存在，顾客行为具有明显的群体性。研究不同顾客群体的心理特点与差异，对于把握社会总体消费运动规律、准确细分顾客市场、制定最佳营销服务策略具有非常重要的指导意义。

2. 影响顾客心理及行为的外部条件

（1）社会环境对顾客心理的影响

顾客及其所从事的购物消费活动都是在一定的社会环境中及特定的环境条件下进

行的，无论顾客个人还是顾客群体，其心理活动及行为表现都受到社会环境因素的影响和制约；顾客在适应环境的同时，也以不同的方式影响和作用于环境。研究文化因素、社会阶层、消费习惯、相关群体等社会环境因素，对于了解顾客心理与购买行为的形成原因及过程，把握其规律有着重要的意义。

（2）商品因素对顾客心理的影响

商品因素包括商品的设计、命名、商标、包装、定价、广告等要素，这些活动过程绝大部分是在商品生产过程中进行的，虽不属于商品流通过程，却对商品销售和顾客购买产生很大的影响作用。从流通的反作用出发，顾客心理学从商品因素出发研究对顾客心理的影响很有必要。

（3）营业环境与营业服务对顾客购物心理的影响

顾客的购买行为及购物目标总是在一定的购物场所或情境下进行和实现的，营业环境与营业服务的好坏对顾客购物过程中的心理活动起着很大的影响作用。一个好的环境和氛围往往能给顾客带来良好的第一印象，引起顾客的购买欲望，强化其购买动机；一个热情而又优质的接待服务更给顾客留下深刻而美好的回忆，促使其流连忘返。因此，研究店堂环境及服务水平对顾客心理的影响，同样是一个重要的课题。

1.2.4 研究顾客心理学的方法和意义

任何科学研究都有自己的研究原则和方法，这也是其实现目标的途径和手段。正确的研究原则指导正确的研究方法，有效地促进研究目标的实现，做到事半功倍。不同的学科由于研究对象和内容的差异，研究原则和方法也各不相同，顾客心理学在其研究过程中同样要遵守一些基本原则，并采取一定的方法。

1. 研究顾客心理学的基本原则

研究顾客心理学首先必须遵循的原则及其内容见表 1-1。

表 1-1 顾客心理学遵循的原则及其内容

原　则	内　容
客观性原则	必须联系商家营业活动的实践，客观、全面地分析受市场经济条件所制约的心理现象的特点，揭示其发生、发展和变化的规律，防止主观臆断
全面性原则	不仅要联系营销活动全过程，还要结合与商业经营活动有关的各种社会及自然因素；不仅要考虑到心理现象的原因与条件，还应考虑影响与制约心理现象的各个因素之间的相互作用，全面分析
应用性原则	把理论与实践结合起来，预测顾客需求及变化规律，激发顾客的购买欲望，实现商品销售，满足顾客需求，提高商家经济效益，为市场经济服务
发展性原则	既要发现当前的个性心理特征，也要能预见其发展趋向；不但要看到已形成的心理品质与习惯行为，而且能看到其发展前景

2. 研究顾客心理学的方法

研究顾客心理学的方法见表 1-2。

表 1-2 研究顾客心理学的方法

方 法	概 念	特 点
观察法	在自然条件下有目的、有计划地观察顾客的语言、行为、表情等，分析其内在的原因，进而发现顾客心理想象规律的研究方法	最基本、方便使用的方法，能收集到第一手资料。但易受到观察者的预期和偏见影响
调查法	就某一问题要求被调查顾客回答自己的想法或做法，以此来分析、推测顾客群体的态度和心理特征的研究方法	较常用的方法之一，节省人力、物力。但受到被调查者主客观因素的影响
实验法	在严格控制条件下有目的地对顾客给予一定的刺激，从而引发其某种反应，进而加以研究，找出有关顾客心理活动的规律	资料比较切合实际，获得较精确的研究结果，但要征得顾客的同意和配合
测验法	使用特定的量表作为工具，对顾客的心理特征进行间接了解，并做出量化结论	必须注意测验的目的及其适用的目标群体

顾客心理学研究的方法远不止上述四种，同时上述四种研究方法都有各自独特的优点，但也都有局限性。研究顾客的心理现象不能仅采用某一种方法，而应该根据研究需要，灵活地选用几种方法，使之共同发挥作用，以便相互补充，收到更准确的效果。

3. *研究顾客心理学的意义*

（1）有利于商业企业营销管理水平的提高

市场经济决定了企业必须面向市场、面向消费者，认真地分析顾客的消费心理及其规律，按市场的需求组织适销对路、符合消费潮流、适应顾客消费水平的商品，最大限度地满足顾客的需要。只要加强对顾客心理与行为的研究，把握顾客心理活动的规律，有效组织营销活动，才能满足改良不断变化的需要，取得良好的经济效益。

（2）有利于改善服务质量，提高服务水平

顾客在购买商品的过程中，不仅有物质需要，也有精神需求。他们希望得到热情而又周到的接待与服务，享受购物过程中的精神服务。研究顾客心理学可以帮助企业对员工进行心理知识培训，提高他们的服务技能和技巧水平，大大改善服务质量，让顾客高兴而来、满意而归。

（3）有助于科学指导顾客进行合理消费

由于顾客所具备的商品知识的不足、认知水平的偏差、消费观念的老化等原因，使得其在购物过程中往往行动盲目、决策错误、效果欠佳，结果花了钱还并不满意，甚至自身利益受到损失。特别是由于经济收入的增长、外来生活方式的影响、流行时尚的冲击，作为商家、作为营销人员，如果能对顾客心理学进行一定的研究，并应用于日常营业服务活动，就能够及时调整顾客的心理偏差，指导其科学地进行消费，消费行为更趋理性合理；同时影响各个顾客群体，促进社会向文明消费、适度消费、科学消费的方向发展，实现顾客与商家的和谐发展。

本 章 小 结

顾客心理学是心理学的一个分支学科，主要研究顾客购买商品过程中心理活动的产生、发展、行为表现的一般规律及影响因素，是一门应用性很强的学科。作为从事商品买卖交易活动的商家及营销人员，必须认真研究经营活动中顾客的心理，赢得更多的顾客，提高市场占有率，服务大众，服务社会。

本章要重点把握如下内容：心理学的含义，心理现象中心理过程与个性的关系，心理实质；顾客心理学的含义，顾客心理学的研究对象，影响顾客购买行为的内在因素、外部条件；研究顾客心理学的基本原则，以及观察法、调查法等研究方法，并认识研究顾客心理学的指导意义。

练 习 题

一、单项选择题

1．市场活动中，顾客心理现象的产生、发展及其变化规律是顾客心理学的（　　）。

A．研究内容　　B．研究方向　　C．研究对象　　D．研究目的

2．顾客心理学研究的主体是（　　）。

A．需求者　　B．使用者　　C．决策者　　D．购买者

3．顾客心理学是（　　）在商店营业活动中的应用。

A．社会心理学　　B．心理学　　C．普通心理学　　D．商业心理学

4．顾客心理学的研究首先应当遵循（　　）。

A．客观性原则　　B．全面性原则　　C．客观性原则　　D．发展性原则

5．（　　）是科学研究中最一般、最方便使用的研究方法，也是顾客心理学的一种基本的研究方法。

A．问卷法　　B．实验法　　C．访谈法　　D．观察法

二、多项选择题

1．影响顾客购买行为的内在因素有（　　）。

A．顾客的心理活动过程　　B．顾客的个性心理特征

C．顾客群体　　D．顾客购买过程中的心理活动

E．影响顾客行为的心理因素

2．影响顾客心理及行为的外部因素有（　　）。

A．影响顾客行为的心理因素　　B．社会环境

C．消费态势　　D．购买环境
E．消费沟通

3．与顾客心理学交织发展并对顾客心理学研究起积极意义的主要学科有（　　）。

A．普通心理学　　B．经济学
C．市场营销学　　D．政治经济学
E．广告学

4．对心理的实质描述正确的应为（　　）。

A．心理是人们心里所想　　B．心理是人脑的机能
C．心理是每个人的主观认识　　D．心理是人脑对客观现实的主观反映

5．顾客心理学的研究方法有（　　）。

A．访谈法　　B．实验法　　C．讨论法　　D．问卷法

三、判断题

1．心理学研究的是个人，与各种社会科学无关。　　（　　）

2．我国古代军事家孙武所著《孙子兵法》，含有许多心理学原理的应用战略与战术。　　（　　）

3．顾客心理学是心理学的一门应用性分支学科。　　（　　）

4．研究顾客心理学可以提高服务水平，但会影响顾客合理消费。　　（　　）

5．实验法可能会影响实验结果的客观性。　　（　　）

四、思考讨论题

1．什么是心理学？心理现象由哪两部分组成？

2．探讨访谈法的含义、形式及访谈艺术。

3．对商家来说，培养员工研究顾客心理的意识是否必要？

五、案例分析题

1．某中医院除了给每位就诊患者开出必要的药物处方外，还要开出一张“无药处方”，上面写着：多吃蔬菜、水果；食用低盐、低脂、低糖食品；按时服药、测量血压；多活动。这种医疗服务深受患者欢迎。

分析：这种“双处方”的医疗服务为什么受到患者的欢迎？

2．某超市经理为了研究顾客的购买心理，在出售彩电的现场进行了一个月的观察，通过察言观色和倾听顾客与促销员的谈话内容，并进行了认真的记录，从而找到了一些规律。

分析：

1．这是一种什么样的顾客心理学研究方法？

2．分析这种方法的含义、运用范围及其优缺点。

第 2 章
顾客的一般心理过程

学习任务

1. 知识目标

1）认识顾客一般心理过程的几个阶段及其相互关系。

2）掌握顾客认知过程、情感过程和意志过程中常见心理现象的含义及类型。

2. 实操目标

能运用一般心理过程规律，正确分析和判断顾客的心理过程阶段，做好顾客的接待和服务工作。

3. 职业素质目标

培养善于分析顾客心理的良好习惯，尊重顾客情感，树立顾客至上的理念。

案例引入

俗话说得好，“要想货出手，得使客开口”。例如，营业员一看到顾客进门，就马上迎上前去问：“请问你想买点什么?”也许顾客会不高兴地回答说：“不买东西就不能进来?”

可见，在接待服务过程中，如何向顾客询问并不是一件容易的事情。有着数年工作经验的某营业员在谈及与顾客刚接触时所采取的询问方法时，总结了以下几点成功的体会：

1. 嘴里谈商品，心中想顾客

要针对不同顾客的需求和兴趣向他们介绍商品，同时在心里要注意顾客的真正需求，心中想着顾客。只有这样，顾客才会愉快地接受营业员推荐的商品。不能千篇一律地重复某些话，更不要抽象地与顾客讲道理。

2. 边说边做，动作迅速

要在了解清楚顾客的真正需求之后，一边向顾客介绍商品的有关情况，一边迅速将商品让顾客仔细观看，以使顾客对商品有一个比较全面的了解。只有使顾客得到满意的服务，从内心接受营业员的服务，才会心甘情愿地购买商品。

3. 询问时出示商品

一些顾客会对商家有抵触心理，认为向他们所推商品肯定是卖不出去的，当然不会接受营业员所推荐的商品。因此，当顾客来到柜台前，最好不要先立即向他们推荐某种商品，可先与其聊天，拉近距离，询问他们的购买意图，再向他们推荐适合的商品，这样效果会更好。

点评：“开门见山”的做法未必在任何情形下都适用，特别是在商业服务中，急于求成会导致“欲速则不达”。设计一定的流程，熟练操作，“谈商品想顾客”“说做同时示商品”都是尊重顾客的体现。思考此营业员所谈，体会其中的奥妙。

2.1 顾客的认识过程

认识过程是顾客心理活动的初始阶段，也是顾客购买商品的基础。一般说来，顾客对商品的认识过程是通过感觉和知觉、记忆和注意、学习和思维、联想和想象等心理机能的活动来实现的，从而由表及里地了解各种商品，产生情感活动，刺激购买欲望，引发购买行为。

2.1.1 感觉和知觉

感觉和知觉是比较简单但很重要的心理现象，是认识过程的初级阶段，是其他心理活动的基础，认识感知觉理论对学习认识过程理论具有重要意义。

1. 感觉

（1）感觉的含义

感觉是人脑对直接作用于感受器的客观事物的个别属性的反映。例如，各人体感受器官能够区别出不相同的颜色、声音、味道、气味、温度等各种属性，这种反映就是感觉。感觉除反映外界事物的个别属性外，还反映机体内部状况。例如，通过感觉我们可以反映有关自身的位置、运动、姿势以及机体内部器官的活动状态等种种感觉信息。

感觉有三个特征：第一，反映的是当前直接作用于感觉器官的事物，而不反映过去的、间接的事物；第二，感觉反映的是事物的个别属性，而不反映事物的整体；第三，只有在接受刺激的感觉器官健全的情况下，才能产生正常的感觉。可以说，感觉是人对客观事物的一种直接而又片面的认识，也是有一定条件的。

（2）感觉的产生

人的各种感受器官是在漫长的进化过程中发展而成的，各种感受器官分别反映事物的不同属性。例如，视感受器官专门反映客体的光刺激；听感受器官专门反映客体的声刺激。客观事物必须直接作用于感受器官，影响人脑，才能产生感受，一旦客观事物停止作用于感受器官，感觉便不再产生。

（3）感觉的类型

根据引起感觉的适宜刺激物的性质和刺激物所作用的感受器官，可把人的感觉分成两类八种，见表 2-1。

表 2-1　感觉的类型

类　　型	种　　类
外部感觉	视觉、听觉、嗅觉、味觉、肤觉
内部感觉	运动觉、机体觉、平衡觉

（4）感觉的一般规律

1）适宜刺激。不同感受器对不同的特定形式的刺激最为敏感，这种特定形式的刺激称为该感受器的适宜刺激，亦称适当刺激。例如，听觉是通过耳朵而不能借助鼻子来进行。

2）感受性。感受性是指人们对刺激强度及其变化的感受能力，它说明引起人的感觉不仅要有适宜刺激，还要有一定的强度要求。例如，顾客对商品、广告、价格等消费刺激是否有感觉，感觉强弱如何等。

3）感觉阈限。能引起感觉的最小刺激量叫感觉阈限。感觉阈限可分为绝对感觉阈限和差别感觉阈限。刚刚能引起感觉的最小刺激强度叫绝对感觉阈限，又叫绝对阈限；刚刚能引起差别感觉刺激的最小变化量叫差别感觉阈限，或叫差别阈限，也叫最小可觉差。

例如，把一张很轻的纸放在你手上，你可能没有感觉，然后慢慢增加，当加到 10 张时，你觉得手上放了东西了，这就是感觉的下绝对阈限，就是刚能引起感觉的最小刺激量。然后逐张增加，又加了 20 张，你觉得手上东西增加了，这个 20 张就是你的差别阈限，也就是刚能引起差别感觉刺激的最小变化量。然后继续往上放，放到 600 张的时候，你的手开始感觉难以支撑了，这个量具有破坏性，就是上绝对阈限。感觉阈限的大小可以用来度量感受性的高低，二者成反比关系，阈限值越低感受性越高，阈限值越高则感受性越低。

4）感觉适应。人们在接受感觉的过程中，由于刺激的持续作用，导致感受器对刺激的感受有了变化，这种现象就是感觉适应。举个简单的例子，如果你进入香味笼罩的环境中，初始时会觉得很香，而且是非常受用的，但随着这个过程的持续，你会觉得不那么香了，这就是嗅觉适应。

5）感觉的相互作用。一种感官的刺激作用会触发另一种感觉出现，这种心理现象就是感觉之间的相互作用，在心理学上也称为“联觉”现象。日常生活中，人们常说“甜蜜的声音”“冰冷的脸色”等，都是一种联觉现象。商家在店堂装饰、环境布置、广告设计等活动中也经常利用联觉现象以增强相应的效果，如使用红、橙、黄等色会使顾客感到温暖，使用蓝、青、绿等色会使人感到凉爽。

2. 知觉

（1）知觉的含义

知觉是人脑对直接作用于感受器官的客观事物整体的反映。它具有以下本质特征：①知觉反映的是事物的意义，知觉的目的是解释作用于我们感官的事物是什么，并尝试着用词去标志它，所以知觉是一种对事物进行解释的过程；②知觉是对感觉属性的概括，是对不同感觉通道的信息进行综合加工的结果，所以知觉是一种概括过程；③知觉包含思维的因素，要根据感觉信息和个体主观状态所提供的补充经验来共同决定反映的结果。可以看出，知觉是人对客观事物的一种带有主观色彩而又相对全面的认识，是有一定基础的。

知觉还包含其他一些心理成分。例如，过去的经验以及人的倾向性常常参与在知觉过程中，因而当我们知觉一个对象时，可以用词说出知觉对象的名称。对同样一个对象可以做出不同的反映。例如，对一棵松树，画家知觉它为写生的对象，着重反映它的姿态、造型；而樵夫知觉为柴火，兴趣在于砍取树叶烧火。

（2）知觉的分类

1）根据知觉过程中起主导作用的感觉器官活动，可以把知觉分为视知觉、听知觉、味知觉、嗅知觉、触知觉等。

当然，在有些知觉过程中，几种感觉器官的活动同样起主导作用。例如，看电影时，视觉和听觉同样起作用，形成“视一听”知觉。

2）根据知觉的对象性质，知觉又分为物体知觉和社会知觉。

① 物体知觉。对事物的知觉。任何事物都在一定的空间和时间中运动着，都具有空间特性、时间特性及其运动变化。我们对各种事物可以从它的空间特性、时间特性和运动特性去感知，因此，可以把物体知觉分为空间知觉、时间知觉和运动知觉，见表 2-2。

表 2-2　物体知觉的种类、含义及作用

具体种类	含　义	作　用
空间知觉	反映物体的形状、大小、距离、方位等空间特性	认识物体的形状、大小、远近以及物体的上下、左右、前后等方位
时间知觉	反映客观现象的持续性、速度和顺序性	认识各种现象的时间距离、时间关系等
运动知觉	反映物体的空间位移快慢	可以分辨物体的静止或运动的速度

② 社会知觉。这是对人的知觉。社会知觉主要包括对他人的知觉、人际关系的知觉和自我知觉。对他人的知觉是指通过社会性刺激，如外貌、语言、表情、姿态等，对别人心理面貌的知觉。人际关系知觉是对人与人之间关系的知觉。自我知觉是指通过自己的言行、思想体验等对自己的知觉。

3）根据知觉对象的准确性，可将知觉分为幻觉和错觉。

幻觉是在没有外界刺激物作用于人的感官时产生的一种虚幻的知觉，错觉是在特定条件下对客观事物必然产生的某固定倾向的歪曲知觉。

这里重点要说的是错觉这一对物或对人发生的不正确反映。

错觉的种类很多，如视错觉、听错觉等，最常见的是视错觉。造成错觉的原因是极其复杂的，有生理的因素，也有心理的因素。有些错觉是暂时的，一旦真相大白，错觉就会消失，但是有些在特定条件下产生的错觉，往往带有固定的倾向，只要条件具备，错觉就会产生。错觉图如图 2-1 所示。

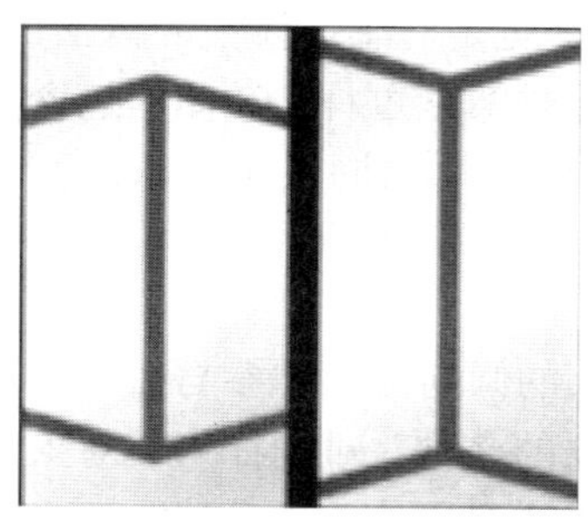

图 2-1　错觉图

错觉在实际活动中具有消极和积极两方面的作用。起消极作用的错觉常常混淆人的视听，扰乱人的心智，影响人的正确判断；起积极作用的错觉则已被人们广泛地加以应用，如军事上的伪装、化装等行业的以假乱真手法等。在对顾客的销售服务中，应合理地识别和利用错觉这一现象。

（3）知觉的特性

人对于客观事物能够迅速获得清晰的感知，这与知觉所具有的基本特性是分不开的。知觉具有选择性、理解性、整体性和恒常性等特性。

1）知觉的选择性。知觉的选择性在于把一些对象（或对象的一些特性、标志、性质）优先地区分出来。客观事物是多种多样的，人总是有选择地以少数事物作为知觉的对象，对它们的知觉格外清晰，被知觉的对象好像从其他事物中突出出来，出现在“前面”，而其他的事物就退到后面去了。

知觉的选择性揭示了人对客观事物反映的主动性，依赖于个人的兴趣、态度、需要以及个体的知识经验和当时的心理状态，还依赖于刺激物本身的特点（强度、活动性、对比）和被感知对象的外界环境条件的特点（照明度、距离）。如图 2-2 所示，你以黑色为背景，你会看到白色的花瓶；反之，你看到的则是两个人物。

2）知觉的理解性。知觉的理解性表现为人在感知事物时，总是根据过去的知识经验来解释它、判断它，把它归入一定的事物系统之中，从而能够更深刻地感知它。从事不同职业和有不同经验的人，在知觉上是有差异的。例如，工程师检查机器时能比一般人看到、听到更多的细节；成人的图画知觉与儿童相比，能更深刻地了解图画的内容和意义，知觉到儿童所看不到的细节。如图2-3所示，中间的符号是什么？

图2-2　对象与背景

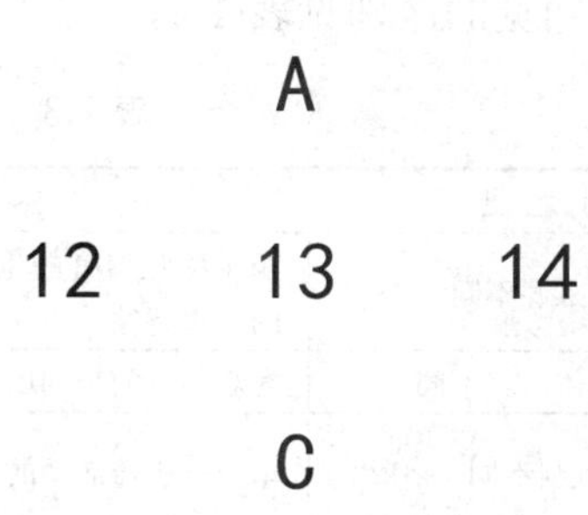

图2-3　知觉的理解性

3）知觉的整体性。人在知觉客观对象时，总是把它作为一个整体来反映。知觉对象是由许多部分组成的，各部分具有不同的特征，但是人们并不把对象感知为许多个别的、孤立的部分，而总是把它知觉为一个统一的整体。例如，走进教室，人们不是先感知桌椅，后感知黑板、窗户……而是完整地同时反映它们，这是多种感知器官相互作用的结果。

知觉的整体性与感知的快慢，同过去经验和知识的参与有关，阅读速度就是随着人的阅读经验的积累及把较小的单元（词）组成较大的单元（句子）而逐渐加快的。知觉的整体性如图2-4所示。

4）知觉的恒常性。当知觉的条件在一定范围内发生改变时，知觉的映象仍然保持相对不变。例如，顾客不会因为鞋子的款式变了而不认为它是一双鞋子。知觉的恒常性对营销工作有很大的作用，它可以使商家在不同市场条件下，按照人的本质需要进行方向性经营决策，从而满足顾客的实际需求去适应市场环境。知觉的恒常性如图2-5所示。

图2-4　知觉的整体性

图2-5　知觉的恒常性

3. 感觉和知觉的区别与联系

在心理学的意义上，感觉和知觉是有严格区别的，它们是不同的心理过程，但同时又存在着一定的必然联系。

（1）两者的区别

感觉和知觉的区别见表 2-3。

表 2-3 感觉和知觉的区别

不同之处	感觉	知觉
产生的来源不同	源于感觉器官的生理活动以及客观刺激的物理特性	以感觉为基础，表现出一定知识经验和主观因素的参与
反映的具体内容不同	客观事物的个别属性的反映	客观事物各个属性的综合整体的反映
生理机制不同	单一分析器活动的结果	多种分析器协同活动对复杂刺激物或刺激物之间的关系进行分析综合的结果

（2）两者的联系

1）感觉是知觉产生的基础，没有感觉就不可能有知觉。感觉是知觉的有机组成部分，是知觉产生的基本条件。例如，音乐曲调实际上是由许多单音组成的，如果人们听不到这些单音，也就不可能听到一个旋律很完整的曲调。

2）知觉是感觉的深入与发展。知觉反映事物个别属性之间的联系和关系，它比感觉复杂得多，各种感觉一经有机地发生联系才构成知觉。一般来说，若能对某客观事物现象感觉到的个别属性越丰富，越完善，那么对该事物的知觉就越完整，越准确。例如，看到一个水果，呈黄色，弯管状，闻之清香，吃则香甜，根据这些个别属性（感觉），通过大脑的分析、综合并凭借以往的体验判断，它是一个香蕉（知觉）。正确的判断只有通过适当的知觉认识过程才能获得。

3）知觉是高于感觉的心理活动。知觉不是感觉的简单相加之总和，它是在个体知识经验的参与下以及个体心理特征，如在需要、动机、兴趣、情绪状态等影响下产生的。

4. 感觉和知觉在顾客认识过程中的功用

（1）感知觉是顾客认识的开端

人对客观世界的认识过程是从感知觉开始的，也就是说，是从客观事物的个别属性的认识开始的。通过感知觉，人们获得了关于周围事物的特性以及自己身体方面的最初的感性知识。假如顾客没有对某种商品颜色、款式等的感知觉，就不可能形成对该商品喜欢与否的想法。

（2）感知觉是顾客一切心理现象的基础

感知觉是比较简单的心理过程，但是它却给高级的、复杂的心理过程提供了必要基础。顾客对商品有关特性的记忆、想象、思维等高级心理过程无不建立在对商品表象感知觉的基础上。

（3）感知觉的信息维持着顾客与环境之间的平衡

人们为了适应环境，必须保持一种信息平衡。信息过载以及信息不足，甚至感觉隔绝都会造成严重的机能障碍。商场的光线过强或噪声过大对顾客的心理影响是人所共知的；而如果剥夺了他们的感觉，完全不受外界刺激，也会损害他的心理机能。顾客需要不断地通过感知觉与外界保持直接的、经常的联系，不断获得适量的信息，使其和环境之间保持平衡，保证在环境中正确定向。

2.1.2 记忆和注意

1. 记忆

（1）记忆的含义

记忆是人脑对经历过的事物的反映，如见过的人或物、听过的声音、嗅过的气味、品尝过的味道、触摸过的东西、思考过的问题、体验过的情绪和情感等。这些经历过的事物都会在头脑中留下痕迹，并在一定条件下呈现出来。一个顾客光临某大酒店，其某些情境，如服务员仪容仪表、店堂环境氛围、特色菜肴等都会在头脑中留下各种印象，当别人再提起时或在一定的情境下，这些曾经的感受就会被重新唤起，出现在头脑中，这就是记忆。

记忆同感知一样也是人脑对客观现实的反映，但记忆是比感知更复杂的心理现象。感知过程是反映当前直接作用于感官的对象，它是对事物的感性认识。记忆反映的是过去的经验，它兼有感性认识和理性认识的特点。

（2）记忆的心理过程

记忆是一种复杂的心理过程，一般包括识记、保持和再现三个阶段。

1）识记。识记是记忆活动的开端，是一种有意识地反复感知，是大脑对刺激物的信息进行输入编码的过程。顾客要想形成对商品的记忆，就要用各种感官去接触商品，留下商品整体印象的痕迹，从而识记商品。

2）保持。保持是把识记阶段中获得的刺激物信息储存，并在脑中巩固的过程。它是识记活动的延伸，也是识记和再现的中间环节。保持在记忆活动中起着十分重要的作用，任何记忆内容，只有被保存下来存储在大脑之中，才能在需要时被提取出来。因此，没有保持，就没有记忆。

同保持相矛盾的一面是遗忘，记忆的内容不能保持或者在需要提取时产生错误，这就是遗忘。遗忘是一种自然现象，人的大脑每天接收到大量的信息，没有必要都记住。一方面，我们要保持住对生活、学习和工作有价值的信息；另一方面，我们还应该遗忘那些过时的、无用的信息。

3）再现。再现又叫回忆，就是在需要时及时提取识记和保持阶段所储存的信息，在大脑中重现保持下来的记忆内容。例如，当一位顾客在商场看到一款鞋子时，想到他的一位朋友曾穿过这种鞋，这就是再现。

（3）记忆的种类

1）根据记忆内容的不同，可分为形象记忆、运动记忆、情绪记忆和逻辑记忆。

① 形象记忆。形象记忆是以感知过的事物形象为内容的记忆，如我们参观所得的

印象就是形象记忆。形象记忆可以是视觉的、听觉的、嗅觉的、味觉的、触觉的，我们见到过的人或物、看到过的画面、听过的音乐、嗅过的气味、尝过的滋味、触摸过的物体等的记忆都属于形象记忆。

② 运动记忆。运动记忆是以过去做过的运动或动作为内容的记忆，如对游泳的一个接一个的动作的记忆就属于运动记忆。运动记忆是运动、生活和劳动技能的形成及熟练的基础，对形成各种熟练技能技巧是非常重要的。运动记忆一旦形成，保持的时间往往很长久，大肌肉的动作不易遗忘，而小肌肉的动作易遗忘，如游泳一旦学会往往终身不忘，若长期不练就难以保持动作快、姿势美。

③ 情绪记忆。情绪记忆是以体验过的某种情绪和情感为内容的记忆，如顾客对曾经受到商家的热情接待、优质服务等一些美好的记忆，对过去曾经受过的一次惊吓的记忆，或对过去曾做过的错事的记忆等都属于情绪记忆。情绪记忆的印象有时比其他记忆的印象表现得更为持久、深刻，甚至终身不忘，在某种条件下，它还可以引起习惯性恐惧等异常症状。

④ 逻辑记忆。逻辑记忆是以词语、概念、原理为内容的记忆，这种记忆所保持的不是具体的形象，而是反映客观事物本质和规律的定义、定理、公式、法则等。

2）根据记忆材料保持时间的长短，记忆可分为感觉记忆、短时记忆与长时记忆。

① 感觉记忆。感觉记忆是指客观刺激物停止作用后，它的印象在人脑中只保留一瞬间的记忆。对于刺激停止后，感觉印象并不立即消失，仍有一个极短的感觉信息保持过程；但如果不进一步加工的话，就会消失。

感觉记忆又叫瞬时记忆、模像记忆或感觉储存阶段。感觉记忆的特点：在感觉记忆中，信息是未经任何加工的，按刺激原有的物理特征编码的。例如，听觉性刺激通过耳朵被登记在音像记忆中。感觉记忆以感觉痕迹的形式保存下来，具有鲜明的形象性，其内容保存的时间很短。在感觉记忆中呈现的材料如果没有受到注意，则很快消失；如果受到注意，就转入记忆系统的第二阶段——短时记忆。

② 短时记忆。短时记忆是指记忆的信息在头脑中储存、保持的时间比感觉记忆长些，但一般不超过一分钟的记忆。例如，顾客打电话查询到某商店的电话号码后，马上就能根据记忆拨出这个号码，但打完电话后，刚才拨打过的电话号码就忘了，这就是短时记忆。学生听课时边听边记下教师讲课的内容，也是靠的短时记忆。短时记忆的内容若加以复述、运用或进一步加工，就被输入长时记忆中；否则，很快消失。

③ 长时记忆。长时记忆是指信息在记忆中的储存时间超过一分钟，直至数日、数周、数年乃至一生的记忆。长时记忆的容量是没有限制的，它储存信息的时间长，可随时提取使用，与短时记忆相比，受干扰小。短时记忆的内容经过复述可转变为长时记忆，但长时记忆也可由印象深刻一次而形成。

记忆的三种类型若按信息加工的理论来划分，它们的关系如下：外界刺激引起感觉，其痕迹就是感觉记忆；感觉记忆中呈现的信息如果受到注意就转入短时记忆；短时记忆的信息若得到及时加工或复述，就转入长时记忆。其关系如图 2-6 所示。

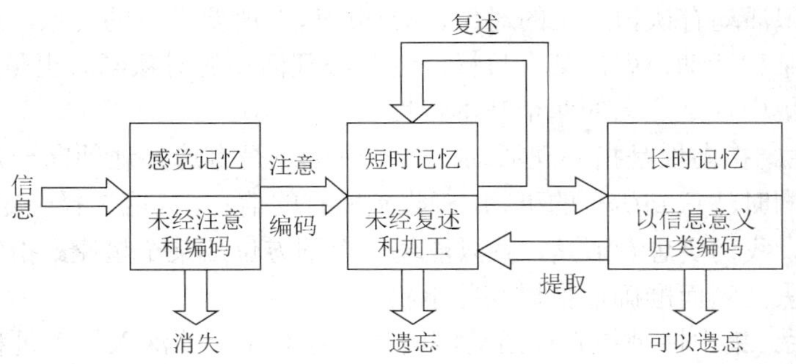

图 2-6　记忆系统模式图

3）按记忆的意识参与程度划分，记忆可以分为外显记忆和内隐记忆。

① 外显记忆。外显记忆是指当个体需要有意识地或主动地收集某些经验用以完成当前任务时所表现出的记忆。外显记忆能随意地提取记忆信息，能对记忆的信息进行较准确的语言描述。例如，自由回忆、线索回忆以及再认等，都要求人们参照具体的情境将所记忆的内容有意识地、明确无误地提取出来，因而它们所涉及的只是被明确地意识到的，并能够直接提取的信息。

② 内隐记忆。内隐记忆是指在不需要意识或有意回忆的情况下，个体的经验自动对当前任务产生影响而表现出来的记忆。它是未意识其存在又无意识提取的记忆，强调的是信息提取过程的无意识性，而不管信息识记过程是否有意识。如果人们在完成某种任务时受到了先前学习中所获得的信息的影响，或者说由于先前的学习而使完成这些任务更加容易了，就可以认为内隐记忆在起作用。

（4）影响顾客记忆效果的因素

1）记忆的目的性。根据记忆是否具有明确目的，可将其分为有意记忆和无意记忆。如果顾客去商场是在某种确定需求和购买动机的支配下去搜集商品信息的，那么他对相关信息的印象会较深，记忆效果要比闲逛商场时好得多。

2）记忆的理解性。建立在理解基础上的记忆，其效果会明显优于单纯机械记忆基础上的记忆。如果商店的营业员能够对其所出售的商品作较详细、生动的介绍，并且被顾客所理解和接受，那么顾客对该商品信息的记忆效果会比其自己仅阅读一下商品说明书更好。

3）记忆的活动性。当记忆的信息内容成为人们活动的对象或结果时，由于记忆者的积极参与，记忆的效果一定会明显提高。例如，当生产厂家利用商店的营业现场推销某种新型饮料时，让感兴趣的顾客免费品尝一小杯，那么顾客对这种饮料的口味、色泽、饮用后感觉等信息的记忆就会非常深刻。

2. 注意

（1）注意的含义

注意是心理活动对一定对象的指向和集中。这里的心理活动既包括感知觉、记忆、思维等认识活动，也包括情感过程和意志过程。心理过程的出现，都有一定的针对性和实质内容。认识活动有认识加工的对象，情感过程有所要表达的对象，意志过程也是有目的性地从事某种活动，朝向某个目标。这些心理活动的对象同时也是注意的对象。

指向性和集中性是注意的两个基本特性。

1）指向性。指向性是指心理活动在某一时刻总是有选择地朝向一定对象。人不可能在某一时刻同时注意到所有的事物，接收到所有的信息，只能选择一定对象加以反映。就像满天星斗，我们要想看清楚，就只能朝向个别方位或某个星座。指向性可以保证我们的心理活动去清晰而准确地把握某些事物。

2）集中性。集中性是指心理活动停留在一定对象上的深入加工过程，注意集中时心理活动只关注所指向的事物，抑制了与当前注意对象无关的活动。例如，当我们集中注意去读一本书的时候，对旁边的人声、鸟语或音乐声就无暇顾及，或者有意不去关注它们。注意的集中性保证了我们对注意对象有更深入完整的认识。

指向性和集中性统一于同一注意过程中，保证了注意的产生和维持。当学生上课的时候，他的心理活动不可能指向教室内外的各种事物，只能选择教师的教学活动作为自己的注意对象。另外，在听课过程中，他必须始终关注教师的教学，抑制与听课无关的小动作。只有在正确指向的基础上加以集中，才能使一个学生在一堂课中清晰、完整、深入地理解教学内容。

（2）注意的功能

注意的基本特性决定了注意的一些主要功能，这些功能表现在以下三个方面。

1）选择功能。注意使得人们在某一时刻选择有意义的、符合当前活动需要和任务要求的刺激信息，同时避开或抑制无关刺激的作用。这是注意的首要功能，它确定了心理活动的方向，保证顾客在搜集商品信息、选购商品时能够次序分明、有条不紊地进行。

2）保持功能。注意可以将选取的刺激信息在意识中加以保持，以便心理活动对其进行加工，完成相应的任务。如果选择的注意对象转瞬即逝，心理活动无法展开，也就无法保证顾客心理与行为的一致性与连贯性。

3）调节监督功能。注意可以提高活动的效率，这体现在它的调节和监督功能。在注意集中的情况下，错误减少，准确性和速度提高。另外，注意的分配和转移保证活动的顺利进行，并适应变化多端的环境。

（3）注意的种类

根据注意过程中有无预定目的和是否需要意志努力的参与，可以把注意分为无意注意、有意注意和有意后注意，见表 2-4。

表 2-4　注意的种类

类　型	含　义	特　点	举　例
无意注意	没有预定目的，也不需要意志努力的初级形式	外部刺激直接作用、不由自主、不易产生疲劳	顾客在商店闲逛，听到某柜台播放着广告音乐和商品信息，音量较大且悦耳，便会不由自主地扭头观望
有意注意	有预定目的，也需要作意志努力的高级形式	积极主动、服从任务需要、易产生疲劳	顾客急需购买一只手机，他在商场内就会把注意力直接集中于与手机相关的信息上，并积极寻找与收集

续表

类　型	含　义	特　点	举　例
有意后注意	有预定目的，但不需要意志努力的更高级状态	在有意注意的基础上学习、训练、培养兴趣达到	顾客随着收集过程的深入，对手机型号、功能有了一定认识，后面就毫不费力地掌握各种信息

值得一提的是，有意后注意既有一定的目的性，又因为不需要意志努力，在活动进行中不容易感到疲倦，这对完成长期性和连续性的工作有重要意义。

（4）注意的特征

1）稳定性。稳定性指能长时间地将注意集中到某一对象上而没有松弛或分散，以保证心理活动的高效率。具有良好稳定性的注意，是在实践过程中，通过锻炼而形成的，也与主体自身的状态有关，精力充沛，注意稳定的时间就长。

注意的稳定性程度与对象本身的特点有关，一般地说，对象越丰富、复杂，注意就越稳定、持久；而内容贫乏、单调的对象，人们不能从不同方面去观察，就不易稳定和持久。一则成功的商品广告，内容丰富、贴切，画面优美，就会引起顾客长时间的关注，就是这个道理。

2）广度。广度也叫注意的范围，指一个人在同一时间内能清楚地注意到的对象的数量。

注意的范围与感知对象的特点、相互联系性有关，还和个人的经验有关。因此，商家在做商品宣传时，要充分考虑顾客的注意广度、兴趣和已有的知识经验。

3）分配。分配是指在同一时间内人们可以把注意指向不同的对象和活动，当然是有条件的：一是同时进行的两种活动必须有一种是自动化的或比较熟练的；二是同时进行的几种活动应有一定的联系。例如，顾客可以边观察商品，边和营业员交谈有关商品信息。注意的分配是在生活实践过程中锻炼出来的，而不是先天就有的。

4）转移。注意的转移不同于分散，它是指根据任务的需要，有目的地被注意从一个对象转移到另一个对象上。注意转移的快慢和难易依赖于原来的紧张度，原来的注意越紧张，注意的转移就越困难。对顾客来说，注意力的转移如能够及时、迅速，就能更好地适应市场环境的变化，提高购买过程的效率。

（5）注意对顾客的作用

1）从销售终端营销行为来看对顾客的影响。可以让顾客看到产品后有购买的冲动，希望了解和尝试使用、产生记忆，在选择产品的时候会优先考虑你的产品。

2）从市场终端营销行为来看对顾客的影响。可以让消费者被环境吸引、引导关注你的产品，在看到你的产品品牌及产品的图像时产生需要了解的欲望，并能够感受到你的产品或品牌的利益或结果。

2.1.3　学习和思维

1. 学习

（1）学习的概念和意义

学习是大脑的重要功能之一，是人及动物在生活过程中获得个体行为经验的过程，由练习或经验引起的行为或知识的较持久的变化。它是在理解、态度、知识、信息、能力及经验技能方面学到相对恒定变化的一种过程，是机体通道与其环境相互作用导致能力或倾向相对稳定变化的过程。

学习是个体生存的必要手段，是动物和人与环境保持平衡、维持生存和发展所必需的条件，也是适应环境的手段；学习可以促进人的生理和心理逐渐成熟，但并不是完全脱离环境和学习影响的纯自然过程；学习可以提高人的素质，特别是人的文化修养；学习是文明延续和发展的桥梁和纽带。

（2）学习的进程

学习是经验的习得，就某个体而言，学习的具体方法、途径和形式有所不同，学习的速度、效果也各有差异。但从总体上讲，学习进程还是有一定规律性的，这些规律在顾客消费活动的许多方面有着不同程度的体现，可用曲线来描述其规律。

1）开始的突进。学习者初学时效果大、进步快，呈直线上升趋势，如图 2-7 所示。其原因主要是由于学习者初学时兴趣浓厚，情绪高涨，注意力集中；有许多知识技能，在正式学习前，从实际生活中已有经验，故在正式开始时，显得进步较快；一般知识技能的学习，往往由浅入深，由简而繁，由易而难，故在初学的阶段进步较快；以前所学的知识技能，对当前所学的发生若干迁移的功用。

2）学习高原。随着时间的推移，学习者进步逐渐放慢，进步曲线变得比较平坦，到某一阶段停滞不前，往往使人灰心失望，学习不仅不见进步，甚至退步，心理学上称之为高原现象，如图 2-8 所示。在高原时期内，并不完全是毫无进步，而是一部分进步，一部分退步，两者相抵，导致进步缓慢；若不努力，则会原地踏步或倒退。

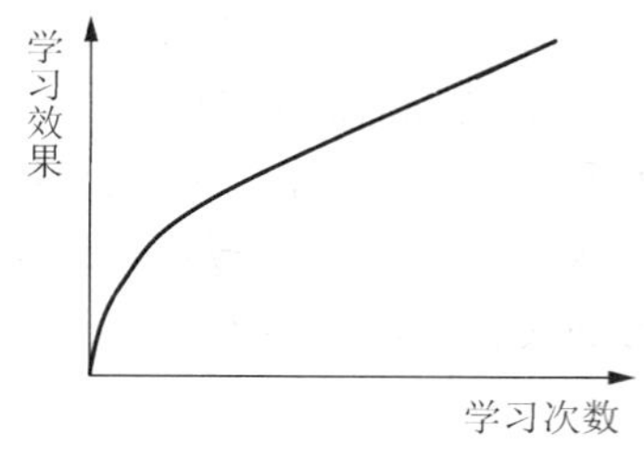

图 2-7　开始的突进

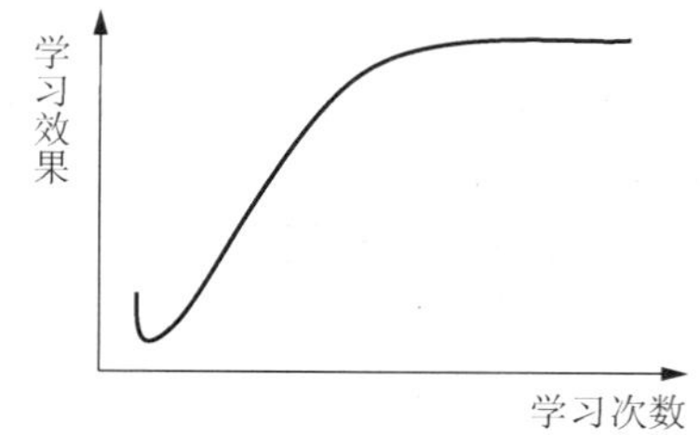

图 2-8　学习高原

顾客对商品学习过程也是如此，开始兴趣浓厚、认识进步很快，但随着他对商品知识学习的深入和拓展，体会和感受逐渐变淡，只有更加努力，才能进一步提高。

（3）学习方法与效果

1）学习方法的含义及研究意义。学习方法有广义和狭义两种理解。广义指在学习过程中，一切为达到学习目的、掌握学习内容而采取的手段、方法、途径，以及学习所应遵循的一些操作性原则、组织管理等环节。狭义指学习过程中学习者所采取的具体活动措施与策略。学习方法既可表现为经验，又可表现为理论，两者都来自人们的学习实践，正确的学习方法本身也是学习的对象。

研究和把握学习方法，可以更高效地学习，提高学习效果。古人所说“温故而知新”“学而时习之”“学而不思则罔、思而不学则殆”等，在很大程度上体现了人们通常所讲学习方法的内涵和本质。比如“学而时习之”，这和现代心理学的研究成果“遗忘规律”不谋而合，只有及时复习所学知识，才能保证不遗忘。

2）学习方法的类型。学习方法从所采取的具体手段上讲可分为模仿法、试误法、发现法和对比法。

① 模仿法是指按一定的模式进行学习，在顾客学习过程中起着重要作用。

② 试误法是指顾客在积累经验的过程中，也经历了一些错误的尝试，以后错误逐渐减少，成功不断增加。

③ 发现法是顾客建立在对消费过程各方面认识、发现基础上的和其他主动应用自己头脑获得知识的方法。

④ 对比法是指顾客将消费的对象、方式、时间、地点等进行对比，从而获得知识、形成认识的一种方法。

举个例子：随着燃油价格的不断攀升，车辆的使用费用较之以前已经有了大幅增加，因此消费者在购车时，越来越关心汽车油耗。但以往只能从汽车生产企业和销售商在产品宣传材料上得到似是而非的油耗信息，使消费者选择节能型产品时充满疑惑。假如顾客多去几家汽车销售店，选择几款市场中表现比较突出的微轿车型，并进一步了解它们在空间、油耗、品质等方面的差异，或者从使用这几款汽车的朋友那里了解相关信息并进行比较，那么究竟哪一款微轿车型更超值就会比较清楚，对汽车的有关知识认识就更加深入。这就是对比学习法。

此外，学习方法从“战略、战术”角度可分为维持型学习、创新型学习、探究型学习、合作型学习等，也包括人们常说的“苦学与巧学”，这实际上是一个学习方略问题，这里就不多介绍了。

3）如何提高学习效果。学习能获得知识，学习能使人聪明，学习能使人保持青春活力。愉快的工作和美好的生活需要知识来支撑。怎样学习才能获得好的效果，吸收较多的知识。现从几个方面作简单介绍，供读者参考。

① 要明确学习目的。学习的目的在于巩固已知、获得未知、提高素质、服务社会。

② 要制定科学的学习计划。要根据学习内容和学习内容的难度制定科学的学习计划。集中时间、集中精力系统和扎实有效地学习，最大限度地提高学习效果。

③ 确定学习内容。学习内容要有利于提高理论水平和发现问题、理解问题、解决问题的能力，有利于提高综合素质。

④ 选择学习方法。正确认识记忆的规律，处理好暂时记忆、短期记忆、长期记忆的时间关系，及时、多次重复复习，变短期记忆为长期记忆；遵循记忆步骤，把握登录、保存、提取三部曲；坚守记忆原则，运用记忆的三个有效方法，即重复记忆法、联想记忆法和排序记忆法。

2. 思维

（1）思维的概念

思维是人脑对客观现实的间接的、概括的反映，是认识的高级形式，它反映了客观事物的本质属性和规律性的联系。思维只有在人们反映及认识事物的过程中才能加以理解和认识，体现了高等动物及人类对事物的反映和认识能力。

（2）思维的主要特征

思维具有概括性和间接性两个方面的明显特征。

1）概括性。思维的概括性是建立事物之间的联系，把有相同性质的事物抽取出来，对其加以概括，并得出认识。例如，商场来了11位顾客，营业员发现有两位老年顾客、三位中年妇女顾客、六位少年儿童顾客，这就是根据某一类顾客的共同特性，使用数量来进行概括的。

2）间接性。思维的间接性是通过其他表象来推断事物的能力。例如，营业员根据顾客进入店堂的速度、表情、神态、语言等，判定顾客的来意。思维的这种能力，把本无直接关系的现象联系在一起，使得人们不必去直接地接触某些信息，便可以成功地揭露出这些事物的本质。

（3）思维的种类

1）根据思维的凭借物和解决问题的方式，可以把思维分为直观动作思维、具体形象思维和抽象逻辑思维，见表2-5。

表2-5 思维的种类

种 类	含 义	举 例
直观动作思维	又称实践思维，是凭借直接感知，伴随实际动作进行的思维活动	幼儿在学习简单计数和加减法时，常常借助数手指，实际活动一停止，他们的思维便立即停下来
具体形象思维	运用已有表象进行的思维活动	消费者要考虑走哪条路能更快到达商店，便须在头脑中出现若干条通往该商店道路的具体形象，运用这些形象进行分析、比较来做出选择
抽象逻辑思维	以概念、判断、推理的形式达到对事物的本质特性和内在联系认识的思维	初中一些学科中的公式、定理、法则的推导、证明与判断等，都需要抽象逻辑思维

2）根据思维过程中是以日常经验还是以理论为指导来划分，可以把思维分为经验思维和理论思维。

① 经验思维是以日常生活经验为依据，判断生活及经营活动中问题的思维方式。例如，人们通常认为“顾客越拥挤的商场，其商品越好、价格越合理”等就属于经验思维。

② 理论思维是以科学的原理、定理、定律等理论为依据，对问题进行分析、判断的思维。例如，顾客认为功能越多的商品故障发生的概率越大，维修越困难。

3）根据思维创新成分的多少，可以把思维分为常规思维和创造性思维。

① 常规思维是指人们运用已获得的知识经验，按惯常的方式解决问题的思维。例如，学生按例题的思路去做练习题和作业题，利用学过的公式解决同一类型的问题等。

② 创造性思维是指以新异、独创的方式去解决问题的思维。例如，新品的研制、商场内部重新布置、教学方法的改革等所用到的思维都是创造性思维等。

（4）思维的过程

思维是高级的心理活动形式，其最基本的过程包括人脑对信息的处理分析、综合、抽象、概括、对比系统和具体的过程。

1）分析。分析是把一个事件的整体分解为各个部分，并把这个整体事件的各个属性都单独地分离开的过程。

2）综合。综合是分析的逆向过程，它是把事件里的各个部分、各个属性都结合起来，形成一个整体的事件。

3）抽象。抽象是把事件的共有的特征、共有的属性都抽取出来，并对与其不同的，不能反映其本质的内容进行舍弃。

4）概括。概括是以比较作为其前提条件的，比较各种事件的共同之处以及不同之处，并对其进行统一归纳。

以上几种大概包含了思维过程的基本形式。

2.1.4 联想和想象

1. 联想

（1）联想的概念

联想是由于某人或某事而想起其他相关的人或事物（包括由某一概念而引起其他相关的概念）的心理活动过程。联想是暂时联系的复活，反映了事物的相互联系。例如，营业员看到老年顾客，同时想到了中年顾客；顾客看到款式新颖的电视机，就想到性能齐全的影碟机。这都是联想的具体表现。

（2）联想的类型

按照所反映的事物间的关系不同，一般把联想分为接近联想、相似联想、对比联想和关系联想四种不同的种类。

1）接近联想。接近联想指人们对空间或时间上接近的事物，在经验中容易形成联系，由一事物想到另一事物。空间上的接近和时间上的接近是相互联系的。例如，提到天安门就容易想到人民英雄纪念碑，因为二者在空间上接近；“桃花流水鳜鱼肥”则是在时间上的接近。

2）相似联想。由于人们对一件事物的感知或回忆，引起对与它在性质上接近或相似事物的回忆，称为相似联想，它反映事物间的相似性和共性。例如，由冷风机想到空调器，由春天想到繁荣。人们使用比喻也都是借助相似联想，如以“众志成城”形容抗击灾难的决心，用“苍松翠柏”比拟坚强的意志等。

3）对比联想。由某一事物的感知或回忆引起和它具有相反特点的事物的回忆称为对比联想。对比联想既反映事物的共性，又反映事物相对立的个性，有共性才能有对立的个性。例如，由光线昏暗的小商店想到宽敞明亮的大商场，由冬天想到夏天等。黑暗和光明都是“亮度”（共性），只不过前者亮度小，后者亮度大；夏天和冬天都是季节，不过一个炎热，一个寒冷。对比联想使人容易看到事物的对立面，对于营业人员认识顾客以及顾客识别、分析商品有着重要的作用。

4）关系联想。由于事物的相互联系而形成的联想称为关系联想。事物间的联系是多种多样的，反映事物种种联系的关系联想也是多种多样的。一种是部分与整体或从属关系的联想，如顾客买文具时会想到钢笔，买钢笔时也会想到文具；另一种是因果关系联想，如由冰雪想到寒冷，或由寒冷想到羽绒服等。

（3）联想在顾客心理活动中的作用

联想在心理活动中占有重要地位，是回忆的常见形式，人们在识记时往往会形成联想，帮助回忆。在思维中也经常通过联想，想到有关的资料、原则、事件，为解决问题提供帮助。例如，当一个新同事被介绍给我们的时候，如果能把他的姓名、容貌特征、言谈举止、工作任务等联系起来，以后再看到他或提起有关工作任务时，就比较容易想起那位同事的姓名来。

利用联想还可以帮助探索人的心理状态。在顾客消费心理过程中，广泛地采用自由联想和控制联想进行营销策划、广告宣传，可使商家和工作人员更多地赢得顾客信任，促进商品销售。

2. 想象

（1）想象的概念

想象是人脑对记忆表象进行分析综合、加工改造，从而形成新的表象或者创造新的形象的心理过程。我们可从以下三个方面来理解：①想象是以感知过的事物形象为基础，即以记忆表象为原材料进行加工改造而形成的；②人的头脑不仅能够产生过去感知过的事物形象，而且能够产生过去从未感知过的事物形象；③想象过程所产生的新形象称为想象表象。

想象是思维的一种特殊形式，是一种有目的、创造性的思维活动，也可称为形象思维，它应具备三个条件：

1）必须有个人过去的经历或已经感知过的经验。

2）必须依靠于人脑的创造性。

3）想象的结果是主体没有直接感知的事物，是一个新的形象。

（2）想象的种类

根据新形象的形成有无目的性，可以把想象分为无意想象和有意想象。

1）无意想象。无意想象也称不随意想象，它是没有预定目的，在一定的刺激影响下，不由自主地引起的想象。例如，我们看到天上的云，不自觉地把它想象成蘑菇、大象、羊群等。

2）有意想象。有意想象也称随意想象，它是有预定目的、自觉进行的想象。例如，学生在学习过程中为完成某项学习任务，获得某些知识的想象。对于有意想象，根据形象的新颖性、独特性和创造性的不同，又可分为再造想象和创造想象，幻想是创造想象的一种特殊形式。

① 再造想象：根据词语的描述或非语言（图样、图解、符号等）的描绘，在头脑中产生有关事物新形象的过程。其形成的新形象只是对自己来说是新的，是根据别人的描述或制作的图表、模型等在头脑中再造出来的，新颖性、独立性、创造性成分比较小；其次，新形象差异较大，因为人们的经验、兴趣、爱好和能力不同，再造的形象也就不会相同。

② 创造想象：不依据现有描述而独立地创造出新形象的过程。在创造新产品、新技术、新方案时，人脑所构成的新事物的形象都是创造想象。它的特点是新颖、独创、

奇特，是一切创造性活动的必要组成部分。

再造想象与创造想象既有异同点，又有联系，见表2-6。

表2-6　再造想象与创造想象的异同点与联系

	再造想象	创造想象
不同点	1）具有再造性，构造出的形象与原物相符合； 2）再造的想象所代表的事物是已被他人创造出来的； 3）在一般性活动中的作用较大	1）具有创造性，构造出的形象是崭新的； 2）创造的形象所代表的事物是前所未有的； 3）在创造性活动中的作用较大
共同点	1）都是根据已有表象构造出新形象； 2）想象中的事物都是以前没有直接感知过的	
联系	1）再造想象是创造想象的基础，创造想象是再造想象的发展； 2）创造想象中有再造性的成分，再造想象中有创造性的成分	

③ 幻想：与个人愿望相联系并指向未来事物的想象，是对未来的希望与向往，也是独立创造新形象的过程。它是创造想象的一种特殊形式，但它又不同于创造想象。

（3）想象在为顾客消费服务中的作用

1）想象可以促使顾客心理活动的丰富和深化。想象是智慧的翅膀，是思维的特殊形式。它是人脑对已有的感知材料经过加工改造后进一步深化的认识，具有更丰富的内容。借助想象，女性顾客在购买服装时可以将其穿在身上，边照镜子边欣赏，引发美好遐想。

2）想象可以促进商家和营业人员创造性地进行各种营销活动。如果没有想象，人们的活动就无法进行和提高。人们对未来的预见，一切新发现、新发明、新作品，都是和人的想象活动密切联系的。优秀的营业员应该能够想象出哪种商品、哪种接待方式更适合某种被接待的顾客，以自己的想象去丰富顾客的想象力。

3）想象有助于调节人们的情感和意志活动，提高服务效果。想象的形象会引起人的情感体验，从而调节人的情绪。人们可以借助想象一起欢笑、流泪，一起紧张、悲愤；借助想象获得精神的陶冶，发展具有积极倾向性的情感；同时，想象也是构成人的意志行动的内部推动力的不可缺少的因素之一。如果没有想象的作用，商家就不可能预瞻活动的结果，不可能确定清楚的目标，顾客也不可能预定具体的购买计划，买卖双方就不可能有意志活动，商家的服务效果就会大打折扣。

通过以上学习我们可以发现，想象与联想既有相通之处又有所区别。想象是由具体事物引起的，想出来的是不在眼前的形象或情景，但又有具体的形象化情景描写，内容既比较丰富又相对比较虚幻；联想指由于某人或某事物而想起其他相关的人或事物，一般不出现具体的形象化的情景描写，内容既比较单薄又相对实在。

2.2　顾客的情感过程

通过前一节的学习，我们已经知道认识活动在日常生活和工作中发挥着重要作用，同时人们还会发现，伴随着认识活动的进行还有其他一些心理现象出现。例如，当人们看一场感人的电影时，会激动得落泪；遇到违背社会公德的人和事，会义愤填膺；购买的商品心满意足时，会高兴不已等。这种伴随着认识活动所产生的喜、怒、哀、乐等心理现象属于人的情绪和情感过程。

2.2.1 情绪和情感的含义、类型

情绪和情感指人对客观事物是否符合自己的需要、愿望而产生的态度和内心体验，是伴随着认识活动和意志行动而出现的。它具有独特的主观体验形式和外部表现形式、极为复杂的神经生理和生化机制，包括有机体在心理和生理许多层次上的整合。情绪和情感在人的心理活动中有着广泛的影响，并在人们日常生活和社会活动中起着十分重要的作用。

人在认识世界和适应社会的过程中，与周围事物交互作用，发生多种多样的联系和关系，对这些事物就抱有这样或那样的态度，带有某些特殊色彩的体验形式表现出来。例如，营业员顺利完成销售任务时会感到轻松和愉快，遇到要求苛刻的顾客时觉得麻烦和不安；顾客走进宽敞明亮的店堂时觉得精神爽朗，得到优质服务时感到倍受尊重、心情舒畅。这些都是人们具有某种独特色彩的体验，而这些不同的体验，是以人的不同的态度为转移的。

对客观事物采取怎样的态度，要以某事物是否满足人的需要为中介。同人的需要毫无关系的事物，人对它是无所谓情感的；只有那种与人的需要有关的事物，才能引起人的情绪和情感。凡能满足人的需要的事物，会引起肯定性质的体验，如快乐、满意等；凡不能满足人的渴求的事物，或与人的意向相违背的事物，则会引起否定性质的体验，如哀怨、憎恨等。情绪和情感的独特性质正是由这些需要、渴求或意向所决定的。

关于情绪和情感的类别，长期以来说法不一，但通常有以下分类方法。

1. 按情绪的基本性质分类

一般认为有四种基本情绪，即快乐、愤怒、恐惧和悲哀。

（1）快乐

快乐指一个人盼望和追求的目的达到后产生的情绪体验。由于需要得到满足，愿望得以实现，心理的急迫感和紧张感解除，快乐随之而生。快乐有强度的差异，从愉快、兴奋到狂喜，这种差异和所追求的目的与自身的意义以及实现的难易程度有关。

（2）愤怒

愤怒指所追求的目的受到阻碍，愿望无法实现时产生的情绪体验。愤怒时紧张感增加，有时不能自我控制，甚至出现攻击行为。愤怒也有程度上的区别，当一般的愿望无法实现时，只会感到不快或生气，但当遇到不合理的阻碍或恶意的破坏时，愤怒会急剧爆发。这种情绪对人的身心的伤害也是明显的。

（3）恐惧

恐惧是企图摆脱和逃避某种危险情景而又无力应付时产生的情绪体验。恐惧的产生不仅仅由于危险情景的存在，还与个人排除危险的能力和应付危险的手段有关。一个初次购物的孩子怕被人欺骗会有恐惧感，而一个经验丰富的成年人对购物已经司空见惯，

泰然自若。

（4）悲哀

悲哀指心爱的事物失去时，或理想和愿望破灭时产生的情绪体验。悲哀的程度取决于失去的事物对自己的重要性和价值。悲哀时带来的紧张释放，会导致哭泣。丢失一袋方便面人们不会悲伤，遗失一只手机会感到伤心。

人类这些最基本的情绪与动物的情绪表现有本质的不同，因为即使是人的生理性需要也会考虑适当的方式和现有的社会条件，其社会烙印不可泯灭。因此，商家以及营销人员应充分研究、仔细揣摩顾客心理，营造宽松氛围，让顾客带着良好的情绪愉快购物。

2. 按情绪情感发生的强度、持续性和紧张度分类

（1）心境

这是一种较持久而又微弱的情绪状态，有积极和消极之分，表现得比较缓和、微弱，但持续时间较长。生活中我们常说“人逢喜事精神爽”，指发生在我们身上的一件喜事让我们很长时间保持着愉快的心情；但有时候一件不如意的事也会让我们很长一段时间忧心忡忡，情绪低落。这些都是心境的表现。

导致心境产生的原因很多，生活中的顺境和逆境，工作、学习上的成功和失败，人际关系的亲与疏，个人健康的好与坏，自然气候的变化，都可能引起某种心境。但心境并不完全取决于外部因素，还同人的世界观和人生观有联系。一个有高尚的人生追求的人会无视人生的失意和挫折，始终以乐观的心境面对生活。

心境对人们的生活、工作和健康都有很大的影响。心境可以说是一种生活的常态，人们每天总是在一定的心境中学习、工作和交往，积极良好的心境可以提高学习和工作的绩效，帮助人们克服困难，保持身心健康；消极不良的心境则会使人意志消沉、悲观绝望，无法正常工作和交往，甚至导致一些身心疾病。所以，保持一种积极健康、乐观向上的心境对每个人都有重要意义。

（2）激情

这是一种强烈的、暴风雨般的、激动而又短促的情绪状态，有双重作用，指向性较为明显。其表现得激动和冲动，力量强烈；但发作短促，冲动一过，迅速弱化或消失。欣喜若狂就是最好的例子。

激情常由生活事件所引起，那些对个体有特殊意义的事件会导致激情，如找到满意的工作、买到一心想要的商品等；出乎意料的突发事件同样会引起激情，如多年失去音信的亲人突然回归，常会欣喜若狂；另外，违背个体意愿的事件也会引起激情，如春秋战国时期的伍子胥过昭关，因担心被抓回楚国，父仇不能报，一夜之间竟然愁白了头。可见，不同的生活事件会引起不同的激情。

激情对人的影响有积极和消极两个方面。一方面，激情可以激发内在的心理能量，成为行为的巨大动力，提高工作效率并有所创造；另一方面，激情也有很大的破坏性和危害性。激情中的人有时任性而为，不计后果，对人对己都造成损失。营业员在接待服务中应该适当地控制激情并有效调节顾客情绪，多多发挥其积极作用。

（3）应激

应激又称应激状态，是出乎意料的紧张与危险情境所引起的情绪状态。这种状态改变了机体的激活水平，增加机体的活动能量，以应付紧急情景，有积极作用和消极作用之分。

应激的生理反应大致相同，但外部表现可能有很大差异。积极的应激反应表现为沉着冷静、急中生智，全力以赴地去排除危险，克服困难；消极的应激反应表现为惊慌失措、一筹莫展，或者发动错误的行为，加剧了事态的严重性。这两种截然不同的行为表现，既同个人的能力和素质有关，也同平时的训练和经验积累有关。例如，接受过防火演习和救生训练的人，遇到类似的突发事故，就能正确及时地逃生和救人。

3. 按人的社会观念及评价系统分类

（1）道德感

它是人们运用一定的道德标准评价自身或他人行为时所产生的一种情感体验，是人所特有的一种高级情感。

不同时代有不同的道德标准，在我们社会主义国家，崇尚爱国主义、集体主义、见义勇为和互帮互助等，在人们理解的基础上产生的情感体验。在青年期，随着世界观的初步形成和人生理想的确立，人的情感也更为独立和稳定，对人的行为有一种持久而强大的推动力。当他的行为符合自己的理想和价值追求时，就会感到自尊、自重，有一种自豪感；而当他的所作所为同自己坚持的理想和价值标准相违背时，就会感到痛苦、懊悔，甚至丧失自尊心。显然，这种情感体验具有明显的自觉性，能对自己的行为产生调控和监督作用。

（2）美感

它是由具有一定审美观点的人对外界事物的美进行评价时产生的一种肯定、满意、愉悦、爱慕的情感，是人对客观事物美的特征的情感体验。

在客观世界中，凡是符合我们的审美标准的事物都能引起美的体验。一方面，美感可以由客观景物引起，如桂林山水的秀丽、长城的蜿蜒壮美，可以使人体验到大自然的美和人的创造之美；另一方面，人的容貌举止和道德修养也常能引发美感，一个性格纯朴善良、品性率直坚强的营业员，甚至比其优越身材和外貌等条件更能体现人性之美。

人在感受美的时候通常会产生一种愉快的体验，也表现出对美的客体的强烈的倾向性。所以，美感体验有时也能成为人的行为的推动力。生活中，由于人的价值追求和审美情趣的多样化，对美的见解也多有不同，如有的人喜欢花好月圆的美，有的人却以丑木、怪石为美；有的人喜欢绚丽和精致的美，有的人却喜欢悲壮和苍凉之美。

（3）理智感

它是人对认识活动成就进行评价时产生的情感体验，与认识成就的获得、需要、兴趣的满足、对真理的探索追求及思维活动的解决相联系。例如，营销人员在探索新的促销方式时表现出的兴趣、好奇心和求知欲；顾客选择商品时碰到新问题时的惊讶、怀疑和困惑，问题得以解决并有新的发现时的喜悦感和幸福感。这些都是人们在探索活动过程中产生的理智感。

人们越积极地参与智力活动，就越能体验到更强烈的理智感。理智感是人们从事学习工作和探索活动的动力。当一个员工认识到工作的价值和意义，感受到为他人服务的乐趣，以及追求职业目标过程中的幸福感时，他就会不计名利得失，以一种忘我的奉献精神投入学习和工作中。

2.2.2 情绪与情感的比较

1. 两者的区别

1）从需要角度看，情绪是与人的生理需要相联系的态度体验；情感是与人的社会需要相联系的态度体验。

2）从发生角度看，情绪发生较早，是人类与动物所共有的，多与人的生理性需要相联系；情感发生较晚，是人类独有的，多与人的社会性需要相联系。例如，婴儿一生下来，就有哭、笑等情绪表现，而且多与食物、水、温暖、困倦等生理性需要相关；情感则是在幼儿时期，随着心智的成熟和社会认知的发展而产生的，多与求知、交往、艺术陶冶、人生追求等社会性需要有关。

3）从稳定性程度看，情绪带有环境性、情境性和暂时性；情感既有环境性，又具有稳定性、深刻性和长期性。情绪常由身旁的事物所引起，又常随着场合的改变和人、事的转换而变化；情感可以说是在多次情绪体验的基础上形成的稳定的态度体验。人的情绪常会表现得喜怒无常，很难持久；而对一个人的爱和尊敬这种情感，可能是一生不变的。

4）从表现角度看，情绪带有冲动性和明显的外部表现；情感有意识性，比较内隐，始终在意识的控制之下。人在情绪左右下常常不能自控，高兴时手舞足蹈，郁闷时垂头丧气，愤怒时又暴跳如雷；情感更多的是内心的体验，深沉而且久远，不轻易流露出来。

2. 两者的联系

情绪和情感同认识活动一样，都是人脑对客观现实的反映，包括事物的过去、现在和将来，以及它们的外部特征和内在联系。情绪和情感具体表现为以下几个方面的联系：

1）情感是在情绪基础上产生的，情感对情绪有巨大的反作用。

2）情绪是情感的外在表现，情感是情绪的本质内容。

3）同一种情感在不同条件下可以有不同的情绪表现。

关注顾客情绪 提高情感价值

2.2.3 影响顾客情绪和情感的主要因素

顾客的情绪和情感的表现，大多数是通过其神态、表情、语气和行为等来表达的。各种情绪情感的表达程度也有着明显的差异。顾客在购买活动中的情绪表现，大致可以分为三大类：积极的、消极的和中性的。在购买活动中，其情绪主要受购买现场环境、商品本身、个性特点和社会因素的影响。

1. 购物环境

购买现场环境条件是影响顾客情绪的重要因素。宽敞明亮、色彩柔和、美观典雅、气氛祥和的商场，会引起顾客愉快、舒畅的情绪反应，使顾客处于喜悦、欢快的积极情绪之中，从而刺激顾客的购买欲望；反之，环境条件差的场所，则会使顾客产生厌恶、烦躁的情绪。

随着人们生活水平的不断提高，顾客对消费环境的要求越来越高，去商场购物不仅仅是为了买东西，同时还想体验一下商场轻松而幽雅的消费环境。有调查结果显示，有着良好环境的商场，更能够吸引消费者的光顾。

2. 商品因素

商品本身是影响顾客情绪的另一个因素，当商品能使顾客产生符合自己过去经验所形成的愿望需要的想法时，就会产生积极的情绪，从而导致购买；反之，就会形成消极情绪，打消购买欲望。在购买商品时，顾客发现某种商品的外观好，造型、色彩、包装等符合其实际需求，则会引起愉快情绪；但在深入认识商品时，发现商品的品质较差，则会转变情绪，产生对商品的不满意态度。因此，商家在生产及购进商品时，应十分重视商品自身的各种因素。

3. 个性特点

顾客自身的生理特点、性格倾向、生活经历、事业成败、需求顺逆、道德观念、社会地位、理想信念，乃至生活环境、身体状况和社会关系等心理背景的差异，构成了各自不同的情绪状态，而这种状态使顾客在购买过程中染上了不同的情绪和情感色彩。

4. 社会因素

人往往都有一定的社会性需要，由此所引起的情感，是人类的高级社会性情感。这种情感具有稳定的社会内容，往往以鲜明的、突发性的情绪表现形式表达出来。这种情感在顾客的购物过程中必然会表现出来，对其购买行为的影响也是很明显的，因为它代表了人的社会需求。

职业素质养成训练

“发泄会馆”

——顾客发泄情绪的场所

近日，某市出现一家供人们发泄情绪的“发泄会馆”。会馆提供锅碗瓢盆、家用电器等物品供顾客任意打砸，甚至还有“泄愤模特”供顾客拳打脚踢，让顾客达到发泄情绪的目的。这家会馆本着“释放心情、缓解压力、消除郁闷、宣泄焦虑”的宗旨，但是仍受到人们的质疑。有人士指出，用发泄来调整人的情绪，一定要正确、健康地引导，应避免形成暴力发泄倾向。

“情绪发泄、压力释放”是否就会心理稳定？请大家结合情感心理过程相关知识分析上述案例。

2.3 顾客的意志过程

2.3.1 意志的含义

1. 概念

意志过程是指人们在社会实践中，为达到既定目的而采取的自觉行动，包括自觉地确定行动的目的、有意识地支配和调节其行动以实现预定目的的心理现象。意志受情感的影响，也是认识过程进一步发展的结果，对人们的社会实践具有积极的促进作用。

消费者的意志过程就是消费者在购买活动中有目的地、自觉地支配和调节自己的行动，克服各种困难，实现既定的购买目标的心理过程。意志使认识活动更加广泛、深入，调节着人的情绪、情感，对人的自我修养具有重要意义。

2. 特征

（1）意志行动的目的性

人的意志由于具有明确的目的性，它才能既发动符合目的的某些行动，又能制止不符合目的某些行动。顾客意志行动效应的大小，是以其目的水平的高低和价值观念为转移的，目的越高、越远、越有社会价值，意志表现水平就越高。

（2）意志行动与克服困难相联系

克服困难的过程也就是意志行动的过程。顾客的意志坚强与否、坚强程度如何，是以困难的性质和克服困难的难易程度来衡量的。

（3）意志行动以随意动作为基础

人的行动是由动作组成的，动作有不随意动作和随意动作两种。随意动作是指有预定目的、受意识指引的动作，是意志行动的基础。有了随意动作，顾客就可以根据目的组织、支配和调节一系列的购买行为，实现预定的目的。

2.3.2 意志过程和意志品质

1. 意志过程

（1）采取决定阶段

采取决定阶段是意志行动的开始阶段，它决定着意志行动的方向和行动计划。任何顾客的消费行为都是由一定的需要、动机引起的。但在同一时间或期间内，顾客同时有多种需要，也就会同时产生多种购买动机。对于多数顾客来说，不可能在同一时间内满足所有需要，因而就会发生购买动机的冲突。意志活动的第一表现就是解决这种冲突，根据需要的重要程度和轻重缓急，确定出最主要的购买动机。顾客在购买动机确定之后，还有一个具体购买对象的确定问题，因为同类商品会有牌号、质量、档次、价格等方面的差异。购买对象确定之后，还要制定购买行动计划，保证购买目标的实现。例如，购物时间的确定，购买场所的选择，先购哪些物品、后购哪些等，这些都需要在意志活动的参与下进行。

（2）执行决定阶段

执行决定阶段是顾客意志过程的完成阶段，它是根据既定的购买目的购买商品，把主观观念上的东西变为现实的购买行动的过程。在执行过程中，仍然有可能遇到种种困难和障碍。执行购买决定是真正表现意志的中心环节，它不仅要求消费者克服自身的困难，还要排除外部的障碍，为实现购买目的付出一定的意志努力。

（3）体验执行效果阶段

体验执行效果阶段主要指顾客购买商品后，在消费过程中的自我感觉和社会评价。

2. 意志品质

意志品质对顾客的行为方式具有重要的影响作用，是构成意志的某些比较稳定的方面。例如，在采取决定购买阶段，会发生激烈的思想冲突，当购买那些有异于传统观点、习惯，具有强烈时代感的商品时，常常担心会遭到别人的非议。能否冲破传统观念的束缚和社会舆论的压力，取决于消费者的勇气和意志，而这与顾客自己的意志品质有直接关系。具有意志果断性的顾客往往能抓住时机，及时做出购买决策；而缺乏意志果断性的顾客则优柔寡断、缺乏主见、坐失良机。意志品质一般表现为以下几个方面的特性：

（1）独立性

不屈服于周围人的压力，不随波逐流，能根据自己的认识与信念，独立采取决定，执行决定。其与武断和受暗示性的差别在于个体的认知能力和自信。

（2）果断性

有能力及时采取有充分根据的决定，并且在深思熟虑的基础上实现这些决定。与武断的差别只在于结果，与优柔寡断相反。

（3）坚定性

坚定性也叫顽强性。长时间坚持自己决定的合理性，并坚持不懈地为执行决定而努力，有明确的行动方向，与执拗的差别只在于结果。

（4）自制力

善于掌握和支配自己行动的能力，也表现为对情绪状态的调节。意志品质的几个属性相互关系可用如下公式表示为

决策时的独立性和果断性＋执行时的坚定性＝自制力

2.3.3 意志过程与认识过程和情感过程的联系

1. 意志与认识过程的关系

（1）认识过程是意志产生的前提和基础

首先，意志的重要特征是具有自觉目的性。人们只有在认识了客观事物的发展规律，并运用规律去改造客观世界时，才能确定行动目的，并选定实现目的的计划和方法；若没有对客观世界的认识，则意志行动也无从产生。

其次，意志行动还要随形势的变化不断调整。这也需要通过认识活动把握事态发展，分析主客观条件，以决定是加速意志行动过程，还是调整意志行动的进程和方向。

再次，意志行动是与克服困难相联系的。对困难性质和大小的估计，是离不开认识过程的。如果对困难的性质认识不清，严重性估计不足，就可能使人盲目地采取行动，付出了很多的意志努力却事与愿违，半途而废。

（2）意志对认识过程也会产生重要影响

人对外部世界的认识活动，总是有目的、有计划的，离不开精细的观察、持久的注意和专注的思考。没有意志的参与，这些都是无法做到的。另外，在认识过程中常常还会遇到各种困难，要克服这些困难，也需要意志的努力。在认识过程中，一些意志薄弱、不能做到坚持不懈的顾客，其购物也缺乏成效，不能完成复杂的购物任务。

2. 意志与情感过程的关系

（1）情感过程推动或阻碍着意志行动的实现

积极的情感可以使人斗志旺盛，对人的行动起促进作用；消极的情感则会削弱人的斗志，阻碍人的意志行动的实现。热衷收藏古玩的人会认认真真，几十年如一日地投入资金收集各式古玩并进行潜心研究；只是一时心血来潮的人，则是三天打鱼两天晒网。当前很多家长强迫自己的孩子去学音乐或练体操，孩子以一种“不乐意”的情绪被迫去学，缺乏主动积极的意志活动的参与，结果是可想而知的。

（2）意志对情感也具有调节作用

良好的意志品质可以控制不良情绪的影响，保持积极乐观的心境。“理智战胜情感”也是指在理智认识的基础上，靠意志的力量去克服和抑制不合理智的情感。例如，《三国演义》中诸葛亮不念师友之情，挥泪斩马谡；又如，某一顾客非常想买一部外观新颖而功能又十分强大的手机，但由于价格昂贵、收入微薄难以承受，最终放弃此想法仅买了一部经济价廉的手机。这些都是意志对情感直接控制的例子。反之，意志薄弱的人常常受情感左右，或者难以控制不良情绪，导致背离理智的冲动行为。

本 章 小 结

早在 19 世纪末和 20 世纪初期，心理学家就把人的心理过程划分为三个阶段，即认识过程、情绪过程和意志过程。认识过程是对客观事物本身的品质和属性以及它们之间的联系和关系的反映过程；情绪和情感是消费者对客观事物所产生的一定态度和体验，反映了客观事物与人的需要之间的关系，是伴随着认识活动出现的；意志是人所特有的心理现象，是人自觉地确定目的、选择手段，并根据目的调节支配自身活动、排除干扰、克服困难，达到预定目的的心理过程。

本章知识对学习下一章个性心理及进一步研究顾客心理有很大的帮助作用。本章知识学习重点如下：顾客一般心理过程的三个阶段、感觉的一般规律；感觉、知觉、记忆、注意、联想、情绪和情感意志、意志品质等心理现象的含义；感觉、知觉、注意、思维、想象、情绪和情感的类型；知觉、思维、意志的特性；感觉和知觉、情绪和情感、意志过程与认识过程和情感过程的区别与联系；感觉和知觉、注意、联想、想象在为顾客消费服务中的作用。

练 习 题

一、单项选择题

1．顾客的基本心理活动和首要的心理功能是（　　）。

A．认识　　B．情感　　C．情绪　　D．意志

2．感觉是由感觉器官的刺激作用引起的（　　）。

A．客观反应　　B．主观经验　　C．变化　　D．反映

3．借助已有的知识、经验来理解和把握那些没有直接感知过的事物，这表现了思维的（　　）。

A．直接性　　B．间接性　　C．整体性　　D．概括性

4．由经验而产生的行为或行为潜能的持续不断的变化即（　　）。

A．学习　　B．记忆　　C．注意　　D．态度

5．在营销活动中，刺激物的强度、新异性、对比度、活动性等客观因素易于引起顾客的（　　）。

A．无意注意　　B．有意注意　　C．外部注意　　D．内部注意

二、多项选择题

1．顾客的心理活动过程包括（　　）。

A．认识过程　B．情感过程　C．意识过程

D．想象过程　E．知觉过程

2．在认识过程中，顾客通过（　　）等心理活动对客观事物形成大概的了解。

A．感觉　B．知觉　C．记忆

D．情感　E．思维

3．知觉的特性包括（　　）。

A．恒常性　B．间接性　C．理解性

D．整体性　E．选择性

4．影响消费者记忆与遗忘的客观因素包括（　　）。

A．消费者自身的生理特征　B．消费者学习的程度

C．消费者注意与兴趣的程度　D．消费者所受刺激的强弱程度

E．信息的顺序位置

5．引起消费者无意注意的因素包括（　　）。

A．刺激物的活动性　B．与背景反差明显的商品陈列

C．消费者的心境　D．广告

E．商品包装

三、判断题

1．顾客对作用于感官的客观事物的整体、全面的直接反映是知觉。（　　）

2．在确定了购买目标以后，顾客自觉地支配和调节行动的心理活动是思维活动。（　　）

3．收入有限的顾客依据需要的轻重缓急做出购买决定体现了的意志品质自制力。（　　）

4．情感过程是指顾客在认识的基础上，对所选商品产生独特的体验和态度。（　　）

5．经过情感过程，顾客需要对所认识的商品进行处理，并为此而采取进一步行动，这一阶段心理过程即兴趣过程。（　　）

四、思考讨论题

1．描述顾客消费心理活动过程的一般规律。

2．列举提高顾客对商品信息记忆效果的两到三个途径。

3．假如你是某商家营业员，会从哪些方面培养勤于分析顾客心理的习惯？

五、案例分析题

美国某公司雇用了数十名女打字员，为便于管理，将她们集中在同一办公室工作。可事与愿违，在最初的三个月中，打字员们情绪不安，打字错误率较高。经研究发现，过于严格的管理和高达 80 分贝的室内噪声是导致打字员工作效率差的重要原因。后来，公司配备了防音、消音设施，使室内噪声下降，打字员的情绪开始稳定，错误率也随之降低。

分析：通过以上案例分析人的情绪与行为的关系，并举例阐述顾客情绪与行为的关系。

第 3 章
顾客的个性心理

学习任务

1. 知识目标

1）理解气质、性格、能力的基本概念、类型与特征。
2）掌握气质、性格、能力对顾客购买行为的影响。

2. 实操目标

能根据顾客的不同个性心理特征采取相应的营销策略。

3. 职业素质目标

1）培养研究顾客心理的意识和兴趣。
2）培养以顾客个性为导向的经营与服务理念。

案例引入

某剧院的演出正式开始五分钟后，剧院门口来了四个迟到的观众，工作人员按照惯例，禁止他们入场。

先到的A面红耳赤地与守门员争执起来，他争辩说，戏院的时钟快了，打算推开工作人员径直跑到自己的座位上去，并说他不会影响任何人，结果与工作人员闹得不可开交。

迟一点到来的B立刻明白，人家是不会让他进入剧场里去的，但楼上还有个检票口，他认为从那里进入或许便当一些，就跑到楼上去了。

差不多同时到达的C看到不让进入正厅，就想："第一场大概不太精彩，我还是暂且去小卖部转转，到幕间休息时再进去吧。

最后到来的D说："我真不走运，偶尔来一次戏院，就这样倒霉！"接着就回家去了。

点评：四个人的心理活动都涂上了个人独特的色彩。A直率、热情、精力旺盛，情绪容易激动，心境变化剧烈；B活泼、好动、敏感、反应迅速，注意力容易转移。A、B两人的性格都具有外向性。C安静、稳重、反应缓慢，沉默寡言，情绪不易外露，善于忍耐；D则孤僻、自卑、行动迟缓，多愁善感。C、D两人的性格都属于内向的类型。）

3.1 顾客的气质

3.1.1 气质的含义

气质是一个人生来就有的，俗话说“一母生九子，九子各不同”说的就是这个道理。它使一个人的全部心理活动都染上了自己独特的色彩和风貌。心理学中所说的气质与日常人们所说的气质不完全一样，日常人们所说的气质常常指一个人的风格、风度，或某职业所具有的非凡特点；而心理学的气质指的是一个人生来就具有的典型而稳定的心理活动动力特征，是指在人的认识、情感、言语、行动中，心理活动发生时力量的强弱、变化的快慢和均衡程度等稳定的人格特征。其主要表现在情绪体验的快慢、强弱、表现的隐显以及动作的灵敏或迟钝方面。

较强的稳定性是气质最重要的特点，气质很早就表露在儿童的游戏、作业和交往活动中。但是，在环境和教育的影响下，气质也会发生变化。它的特点一般是通过人们处理问题、人与人之间的相互交往显示出来的，并表现出个人典型的、稳定的心理特点。所谓心理活动的动力是指心理过程的速度和稳定性（如知觉的速度、思维的灵活程度、注意集中时间的长短）、心理过程的强度（如情绪的强弱、意志努力的程度）以及心理活动的指向性特点（有的人倾向于外部事物，从外界获得新印象，有的人倾向于内部，经常体验自己的情绪，分析自己的思想和印象），等等。气质仿佛使一个人的整个心理活动表现都涂上个人独特的色彩。

心理活动的动力与活动的内容、目的和动机有关。任何人，无论有什么样的气质，遇到愉快的事情总会兴高采烈，情绪高涨；反之，遇到不幸的事情会垂头丧气，情绪低落。但是，有着某种类型的气质的人，会在不同的活动中显示出同样性质的动力特点。例如，一个学生每逢考试表现出情绪激动，等待与友人的会面时会坐立不安，参加体育比赛前也总是沉不住气，等等。就是说，这个学生的情绪易于激动，会在各种场合表现出来，具有相当固定的性质。只有在这种情况下才能说，情绪易于激动是这个学生的气质特征。

气质具有典型的、稳定的心理特点。据 N.B.斯特拉霍夫的研究，在 39 名作为研究对象的小学生中，有 34 名明显地表现出各自独特的气质类型。其中，多血质的有九名，胆汁质的十名，黏液质的九名，抑郁质的六名。说明气质具有稳定性的特点，它在环境和教育的影响下虽然也有所改变，但是这种改变非常慢。

3.1.2　气质的类型与特征

最早的气质研究就是从人体内的血液、胆汁、黏液等体液的多少对人的性情有什么影响这个问题开始的。古希腊哲学家根据人体内血液、黄胆汁、黑胆汁、黏液的混合比例中哪一种占优势，将人的气质划分为四类：性情活跃，动作灵敏的多血质；性情急躁，动作迅猛的胆汁质；性情脆弱，动作迟钝的抑郁质；性情沉静，动作迟缓的黏液质。这种气质分类的方法，虽然缺乏充分的科学依据（黄、黑胆汁的区分本身就是不科学的），但对气质分类的做法一直为以后的气质研究所沿用。

德国心理学家克雷默尔用体格的基本类型来区分气质。例如，瘦高型体格的特征是脑廓狭长，四肢修长，肌肉不发达。这种人的气质特点是感情脆弱，多愁善感，性格孤僻、内向，容易冲动。矮胖型体格的特征是胸部开阔，身材矮壮，圆脸，凸肚。这种人的气质特点是性情开朗，态度自然大方，情绪不稳定。

苏联生理学家巴甫洛夫从高级神经活动学说出发，认为气质是高级神经活动类型特点在人的行为中的表现。他指出，与四种高级神经活动类型（兴奋型、活泼型、安静型、弱型）相对应的四种气质型是胆汁质、多血质、黏液质、抑郁质。胆汁质人的神经系统是强有力的，但不均匀；抑郁质人的神经系统却是弱而无力的；多血质人的神经系统灵活、均匀；而黏液质人的神经系统惰性较大。

德国心理学家冯特的气质分类学说在国际心理学界最具有说服力。冯特根据人的神经系统对外界反应的快慢和意志力的强弱，将气质分为四大类：

1）胆汁质型（反应速度快、意志力强）。特点是性情急躁，神经系统坚强，不怕困难，缺乏自制能力，缺乏持久而有系统进行工作的能力。

2）抑郁质型（反应速度慢、意志力强）。特点是多愁善感，神经系统较敏感，抑制性较强，固执而容易生气，不善于交际，不能经受长期的紧张工作。

3）多血质型（反应速度快、意志力弱）。特点是见异思迁，神经系统坚强，感觉和行动都是均衡的，活泼好动，善于交际，能适应各种情况，常常容易做出妥协。

4）黏液质型（反应速度慢、意志力弱）。特点是性情孤僻，感觉和行动是均衡的，表情不显于色，感情稳定，反应迟钝，难以适应生活条件的改变，工作埋头苦干。

实际上每个人的气质往往不是孤立的，而是两三种气质型的交叉融合。

人们如果注意到自己在气质方面的特点，对选择职业和发展的道路都有帮助。例如，偏向胆汁质型的人如果报考艺术院校，可以选择戏剧文学专业或作曲专业，不要选择表演专业，前者的发展前途肯定比后者好一些。又如，偏向胆汁质型的人由于缺乏持久进行工作的能力，如果定要他从事那种需要长时间集中注意力的工作（如操作机床进行精密切削），就比较容易因注意力分散而出次品。

人的气质类型没有好坏之分。不能认为一种气质类型是好的，另一种气质类型是坏的，每一种气质都有积极和消极两个方面。例如，多血质的人情感丰富，工作能力强，易适应新的环境，但注意力不够集中，兴趣容易转移，无恒心等。抑郁质的人工作中耐受能力差，容易感到疲劳，但感情比较细腻，做事小心翼翼，观察力敏锐，善于察觉到别人不易察觉的细小事物。

气质不能决定一个人活动的社会价值和成就的高低。气质相同的人可以成为对社会做出重大贡献、品德高尚的人，也可以成为一事无成、品德低劣的人。例如，俄国的四位著名作家就是四种气质的代表，但他们同样在文学上取得杰出的成就，普希金具有明显的胆汁质特征，赫尔岑具有多血质的特征，克雷洛夫属于黏液质，而果戈理属于抑郁质。

气质不仅影响活动进行的性质，而且可能影响活动的效率。例如，要求做出迅速灵活反应的工作对于多血质和胆汁质的人较为合适，而黏液质和抑郁质的人则较难适应。反之，要求持久、细致的工作对黏液质、抑郁质的人较为合适，而多血质、胆汁质的人又较难适应。

但是，在一些特殊职业中（如飞机驾驶员、宇航员、大型动力系统调度员或运动员等），要经受高度的身心紧张，要求人们有极其灵敏的反应，敢于冒险和临危不惧。在这种情况下，气质的特性影响着一个人是否适合于从事该种职业。因此，在培训这类职业的工作人员时应当测定人的气质特性。

教育工作者在工作中要考虑学生的气质特点。例如，严厉的批评对于胆汁质或多血质的学生会促使他们遵守纪律，改正错误，但对抑郁质的学生则可能产生不良后果。又如，在改变作息制度和重新编班时，多血质的学生很容易适应，无须特别关心，而对于黏液质、抑郁质的学生则需给予更多的关怀和照顾，才能使他们逐步适应新的环境。

3.1.3 气质对顾客购买行为的影响

认识和掌握不同气质特征的顾客行为，有助于提高营销活动的接待技巧。

1. 兴奋型气质

这类顾客在购买过程中反应迅速，一旦感到某种需要，就会很快产生购买动机；决策过程短，情绪易于冲动；购买目标一经决定，就会付诸行动。在购买过程中，如果遇到礼貌热情的接待，便会迅速成交；如果营业人员欠佳或等候时间过长，则容易引发急躁情绪或发生冲突。

2. 活泼型气质

这类顾客在购买过程中善于表达自己的愿望；表情丰富，容易同营销人员沟通；反应灵敏，有较多的商品信息来源；决策过程迅速，但有时会由于缺乏深思熟虑而轻率做出选择，也容易见异思迁。

3. 安静型气质

这类顾客在购买过程中对商品刺激反应缓慢，喜欢与否不露声色；沉着冷静，决策过程较长；不易受广告宣传及营销人员推荐的影响；动作不多，自制力较强，购后不易退货。

4. 抑制型气质

这类顾客在购买过程中对外界刺激反应迟钝，不善于表达个人的购买欲望和要求；决策过程较慢且表现犹豫；对他人的介绍将信将疑，挑选仔细，交易时间较长。

在购买活动中，顾客带个性的言谈举止、反应灵敏度、精神状态等都会不同程度地将其气质反映出来，这有助于商家利用顾客气质特征的积极方面，控制其消极方面，提高商品营销艺术。

知识拓展

不同气质类型顾客的服务对策

服务员要按照人的四种不同气质类型，进行具体服务：

1）多血质——活泼型：这一类型的顾客一般表现为活泼好动，反应迅速，善于交际，但兴趣易变，具有外倾性。他们常常主动与餐厅服务人员攀谈并很快与之熟悉并交上朋友，但这种友谊常常多变而不牢固；他们在点菜时往往过于匆忙，过后可能改变主意而退菜；他们喜欢尝新、尝鲜，但又很快厌倦；他们的想象力和联想力丰富，受菜名、菜肴的造型、器皿及就餐环境影响圈较大，但有时注意力不够集中，表情外露。

服务对策：服务员在可能的情况下，要主动同这一类型的消费者交谈，但不应有过多重复，否则他们会不耐烦。要多向他们提供新菜信息，但要让他们进行主动选择，遇到他们要求退菜的情况，应尽量满足他们的要求。

2）黏液质——安静型：这一类型的顾客一般表现为安静、稳定、克制力强、很少发脾气、沉默寡言；他们不够灵活，不善于转移注意力，喜欢清静、熟悉的就餐环境，不易受服务员现场促销的影响，对各类菜肴喜欢细心比较，缓慢决定。

服务对策：领位服务时，应尽量安排他们坐在较为僻静的地方；点菜服务时，尽量向他们提供一些熟悉的菜肴，还要顺其心愿，不要过早表述服务员自己的建议，给他们足够的时间进行选择，不要过多催促，不要同他们进行太多交谈或表现出过多的热情，要把握好服务的“度”。

3）胆汁质——兴奋型：这一类型的顾客一般表现为热情、开朗、直率、精力旺盛、容易冲动、性情急躁，具有很强的外倾性；他们点菜迅速，很少过多考虑，容易接受服务员的意见，喜欢品尝新菜；比较粗心，容易遗失所带物品。

服务对策：点菜服务时，尽量推荐新菜，要主动进行现场促销，但不要与他们争执，万一出现矛盾应避其锋芒；在上菜、结账时尽量迅速，就餐后提醒他们不要遗忘所带物品。

4）抑郁质——抑制型：这一类型的顾客一般沉默寡言，不善交际，对新环境、新事物难以适应、缺乏活力，情绪不够稳定；遇事敏感多疑，言行谨小慎微，内心复杂，较少外露。

服务对策：领位时尽量安排僻静处，如果临时需调整座位，一定要讲清原因，以免引起他们的猜测和不满。服务时应注意尊重他们，服务语言要清楚明了，与他们谈话要恰到好处。在他们需要服务时，要热情相待。

个人的气质类型指标

职业素质养成训练

“捣蛋”的学生李晓

学生刘力无意中碰翻了李晓的笔盒，李晓马上跳起来骂刘力。李晓平时爱玩，上课铃声响了几分钟后才跑进教室，数学老师狠狠批评了他。李晓就在数学课上捣乱，把一只青蛙放在了讲台上，引起课堂秩序混乱。班主任多次批评教育他，可收效甚微。有一天上体育课，有位同学不小心摔破了手臂，鲜血直流，李晓自告奋勇背起这位同学向校医务室跑去。老师表扬了他，而他却腼腆地笑了。

案例中李晓的气质具有什么特点？

（**提示**：从心理学上气质的涵义来看，李晓属于典型的胆汁质。他性格外向，活泼好动，有正义感和同情心，正直善良，性情直率，但是面子观念比较强，难以接受批评，喜欢表扬，但是并不刻意追求表扬。）

3.2 顾客的性格

3.2.1 性格的含义

在日常生活中，我们常常讲到人的个性，实际上主要是指人的性格。性格贯穿着一个人的全部心理活动，调节着整个行为方式。恩格斯说："人的性格不仅表现在他做什么，而且表现在他怎样做。"

性格是指个体对现实的稳定态度与习惯化了的行为方式的人格特征，是后天学习得到的。它是个人对现实的态度和行为方式中的较为稳定而有核心意义的心理特征，是一个人心理面貌本质属性的独特结合，是人与人相互区别的重要方面。对现实的态度包括对自己，对他人，对群体的态度，对集体对国家的态度，对工作对学习对事业的态度等。对现实的态度决定了个体的行为方式，态度稳定则行为习惯化。

1. 性格是个性的核心部分

性格是个性心理中最重要、最具核心意义的心理特征，它反映一个人独特的处事态度和行为方式，是一个人区别于别人最主要的标志。生活在现实社会中的每个人，都意识到现实社会给予他的影响，他对这种影响有其特定的反映方式。如果其中某些反映已经巩固，成为他经常采取的态度和行为方式，这就是他的性格特征。一个人做什么、如何做，一般总是与他对别人、对世界、对社会、对事业，以及对自身的态度相联系，并由他的观点、信仰所支配，且在自己的情感中体验着。个人的性格一经形成就具有相对稳定性。

2. 性格和气质的区别和联系

性格和气质是两个容易混淆的概念，两者既有区别，又有联系。

（1）两者的区别

1）性格与气质的性质是不同的。性格更多受到后天环境的影响，而气质更多地受先天因素的影响。

2）性格与气质的生理基础有所区别。气质的生理基础是高级神经活动的类型特点，气质的特征因高级神经活动的类型特点而异；而性格的生理基础是高级神经活动的类型特点与暂时神经联系系统的"合金"，性格的基本机制是在高级神经活动的类型基础上，后天建立的条件反射系统。

3）气质没有好坏优劣之分，性格有好坏优劣之别。

（2）两者的联系

1）性格可以隐蔽和改造气质，指导气质的发展，使它更有利于个体适应周围的生活环境。

2）气质会影响一个人对待事物的态度和行为风格，使性格带上某种气质的色彩。

3）气质还影响性格的形成和发展，对一定的性格特性起着促进或阻碍的作用。

4）气质不同的人可能形成相同的性格品质，同一气质类型的人也可能形成不同性格。

3.2.2 性格的类型与特征

1. 性格的类型

性格是在社会生活实践过程中逐步形成的。由于各人所处的客观环境不一样，先天的素质不同，形成了各种各样类型的性格，它是一个人稳定的态度系统和相应习惯了的行为风格的心理特征。

（1）按性格结构中的主要成分划分

理智型：深思熟虑，沉着冷静，善于自控。

疑虑型：犹豫不决，过敏多疑，易受暗示。

情绪型：心境多变，多愁善感，容易冲动。

（2）按心理活动的主要倾向划分

外倾型：活泼开朗，善于交际，独立性强，不拘小节。

内倾型：沉郁文静，不善交际，处事拘谨，应变力差。

混合型：以上特点都有，多数人属于这种类型。

2. 性格的特征

（1）态度特征

态度特征主要包括三个部分：与社会、集体、他人态度有关的性格特征，如正直、勇敢；与对劳动和劳动产品态度有关的性格特征，如勤奋、认真；与对自己的态度有关的性格特征，如自信、自尊。

（2）意志特征

意志特征是个性特点的一个重要方面。自觉性、果断性、坚毅性、自制力等，都属于这类特征。

（3）情绪特征

情绪特征指影响人的活动的情绪体验性。主要表现在情绪反应的强弱、快慢、波动性、持续性和主导心境，以及主体对于个人情绪的控制能力等方面。

（4）认知特征

认知特征指人们在各种认识心理活动中表现出来的个体差异，如感知倾向、思维倾向、想象特征等方面的不同。

3. 性格的形成

（1）遗传的作用

性格受遗传的作用较小。例如，在不同环境中长大的双胞胎，气质非常接近，但性格迥然而异，而且随着年龄的增长和分开的时间越长，性格的差别就越大。

（2）家庭和环境的影响

在性格的形成过程中，家庭和环境起着重要的引导作用。环境包括家庭环境、学校环境、社会环境和社会关系。例如，在和睦家庭中成长的人，通常性格完善，待人礼貌、诚恳；而在严厉的家庭中成长的孩子往往胆小怕事，缺乏自信，甚至丧失自尊，自暴自弃。

（3）学校教育的影响

学校教育在儿童性格的形成中有着特殊的地位。儿童通过对知识的学习和掌握，逐渐形成世界观，从而影响到特定性格的形成。

（4）社会实践对性格形成的作用

环境对性格的影响，需要通过人在环境中的实践活动去实现。因此，对性格起决定作用的不是环境本身，而是人与环境的相互作用。人的性格就是通过他在社会活动的过程中与环境发生作用而逐渐形成、发展起来的。

3.2.3 性格对顾客购买行为的影响

1. 从经济性方面来看，可以分为节俭型和享受型

（1）节俭型

节俭型顾客把绝大多数的钱用来购买生活必需品，而且非常注重商品的价格优惠性和实用性。

（2）享受型

享受型顾客讲究享受消费多功能和高品质的商品而带来的快乐，不会太在意商品的价格，而且会格外注重商品的名牌效应。

2. 从忠诚性方面来看，可以分为保守型和开放型

（1）保守型

保守型顾客在消费态度上比较严谨，怀旧心理浓厚，忠诚于消费老品牌的商品，不信任新产品，轻易不会购买不熟悉的商品。

（2）开放型

开放型顾客在消费态度上比较乐观，消费兴趣广泛，喜欢新产品，不会计较价格高低等因素。

3. 从完美性方面来看，可以分为挑剔型和随意型

（1）挑剔型

挑剔型顾客追求消费结果的完美性。在购买过程中，会在自身消费经验的指导下精挑细选，绝不购买不符合其标准的商品。

（2）随意型

随意型顾客的消费态度随和，生活方式大众化，消费行为没有固定的模式，不会刻意追求某种商品的消费，易受外界因素的影响，多发生随机性购买行为。

4. 从时尚性方面来看，可以分为现实型和浪漫型

（1）现实型

现实型顾客的消费态度比较理性，能够从自身的实际条件出发，进行科学、合理的消费，消费行为的目的性和计划性都较强，追求消费效益的实效性。

（2）浪漫型

浪漫型顾客的消费态度比较情绪化，在消费过程中会注重商品的艺术性、时尚性、情感性。

知识拓展

各血型的性格特征分析

1. A型：黑胆汁质，性格特征是内向、思考、悲观

A型男性的自信心最易受到伤害。在自信尚未丧失之前，通常在各方面表现非常积极；自信心一旦受损，便会立刻变得消极起来，自卑感随之而生。此外，他们往往对穿着的品位非常讲究，经常会刻意打扮，引起别人的注意。

A型女性主要的魅力是温柔、体贴、能干。她们大都心思细密，待人和蔼，脸上总持着亲切的笑容。哪怕正与丈夫吵架，客人来访她们也会立刻从脸上露出笑容。A型女性给人的印象是缺乏通融性，有时会更显固执，想不开。

2. B型：多血质，性格特征是外向、多言、乐观

B型的男性似乎永远保持着无尽的活力，每天忙忙碌碌地埋首于工作。他们的能量之源来自于兴趣及本身所具备的能力，一旦他们无法获得适合的场合发挥所长，或是能力不足，或是对工作缺乏兴趣时，他们的野心便会顿时消失，甚至逐渐变得懒惰。

B型女性不甘寂寞，闲来无事时总要找些同伴闲聊一番。B型女性既热心又粗心，她们可以毫无拘束地同初次见面的人谈笑风生。由于她们没有心机，过于随和，极易给人爱管闲事、“多事婆”印象。B型女性喜欢助人，热衷于家务事及工作，能够胜任家庭主妇一职。

B型女性最大的弱点便是过于粗心大意，不擅于察言观色，不会去留意别人的感受，许多时候她们可能得罪别人或惹人厌烦而不自知。

3. AB型：黏液质，性格特征是内向、旁观、悲观

AB型是综合了A型与B型的双重性格的人。AB型男人最擅长人际关系的调停，斡旋于复杂的人事之间，八面玲珑，但这只是针对事务性的范畴而言，对于亲情关系的维系，他们往往兴味不浓。AB型男性在社会上相当活跃，擅于经营。AB型男性的共同特点是喜欢和平，不愿与人作正面冲突。其共同弱点是一旦失去经济上的支持，便极易软弱无能，不知所措，甚至有些神经质。

AB型女性同AB型男性一样，有些较偏向A型性格，有些较偏向B型性格。AB型女性若有神经质倾向，其情况通常比AB型男性更严重，许多女性甚至出现对人恐惧症和对异性恐惧症等症状。AB型女性最没有野心，只求温饱、生活稳定便心满意足。AB型女性的丈夫通常认为她们是可爱的女人，但是她们既任性又放纵，因而是“可爱的坏女人”。

4. O型：黄胆汁质，性格特征是外向、行动者、乐观

无论男性或女性，O型的人给人的印象是能干而又充满信心。O型的人往往显得自我主张太强，常让人感到难以应付。有时他们会因为过度专心于事业而忽略了周围其他人。

O 型男人一旦对自己在社会上的地位及立场产生不满足感时，就会经常抱着输给别人的意识，而这种意识常常根深蒂固。这么一来，他对任何人都很容易生气，而当他的伙伴减少，逐渐孤立之后，便会对周围的人产生警戒心，并因此而产生反抗意识，变得固执起来，这种心态与 O 型人常有的赌博嗜好结合之后，其生活极易脱离常轨，甚至做出犯法的行为。

O 型的女性是“可爱的女人”。O 型女性似乎与生俱来便擅于获取他人的保护。她们除了在爱情方面敢爱敢恨之外，还有撒娇的天分，O 型女性所表现出的纯真快活的样子，也往往给人十足“可爱的女人”的印象。但 O 型女性很难把这种可爱的魅力维持到中年以后。她们常会做出不小心的言谈举止，并因此得罪他人而不自知。

3.3　顾客的能力

人们进行任何一项社会活动，都需要一定的能力作保证，才能顺利地达到预期目的。能力是顾客的心理能量，也是进行消费的资源，它会直接影响顾客的购买行为。

3.3.1　能力的含义

能力是直接影响活动效率，使活动顺利完成的个性心理特征，如敏锐的观察力、稳定的注意力、良好的记忆力、深邃的思考力等。能力是在遗传的基础上，通过环境与教育的作用，在实践活动中逐步形成与发展起来的，同时与一个人的主观努力有着十分密切的联系。

能力和每个人的个性相联系，人的能力总是表现在人的活动当中。离开活动很难辨别人的能力的高低，离开社会活动也很难形成人的能力。一个人的先天素质为能力的形成和发展提供了前提和基础，素质只是能力发展的自然前提和可能性，这种可能性变成现实性还要有其他条件的作用，如环境、教育和实践活动等。

3.3.2　能力的类型与形成

1. 能力的种类

（1）一般能力与特殊能力

一般能力是指在不同的活动中表现出来的共同能力，它是从事一切活动所必备的能力的综合，其中抽象概括能力是一般能力的核心。特殊能力是指从事某项专业活动所必备的能力，它是顺利完成某专业活动的心理条件。有的人音乐能力突出，成为演奏家、歌唱家；有的人绘画能力突出，成为画家、美术家；有的人体育运动能力过人，常常体坛夺冠；有的人数学能力强，勇摘数学皇冠上的明珠；有的人动手能力强，可以巧夺天工；有的人口头表达能力强而文才一般，有的人文才横溢而口才却较差，等等。

（2）模仿能力与创造能力

模仿能力是指通过观察被认可的行为、活动，然后以相同的方式做出反应的能力。

创造能力是指按照预先设定的目标，利用一切已知的信息，创造出新颖、独特、具有个性或社会价值产品的能力。

（3）液态能力与晶态能力

液态能力是指受神经系统的成熟影响较大，受到后天文化和知识影响较小的能力。晶态能力是指受后天经验影响较大，主要表现在运用已有的知识和技能去吸收新的知识和解决问题的能力。它取决于后天的学习并与社会文化有密切关系。

（4）认知能力、操作能力与社交能力

认知能力是指人脑加工、储存和提取信息的能力。它是人们完成活动的最基本和最主要的条件，即我们一般所讲的智力。操作能力是指人们操纵自己的肢体以完成各种活动的能力，人们通过它与外界发生联系。社交能力是指人们在社会交往活动中所表现出来的能力，主要有人际关系敏感性、人际关系调整能力和自我协调能力。

2. 能力形成的原因和条件

能力的形成受多方面因素的影响，下列这些因素对能力的形成和发展具有不同的作用。

（1）先天素质

在心理学上，把这些造成人们之间天生差异的解剖、生理特点称为素质。素质是能力发展的自然基础，决定着能力发展的潜力。

（2）环境和教育

学前环境、家庭环境、学校环境和社会环境，都会对能力的形成和发展产生影响，尤其是早期环境。

（3）实践活动

人的各种能力是在社会实践活动中最终形成和发展起来的。个人直接经验的积累在人的能力发展中有着不可替代的作用。

（4）主观能动性

一个人能力的提高，离不开他的主观努力。一个人追求的目标越远大，付出的努力越多，经历的范围越广、程度越深，他的能力也就相应地获得越大、越多、越广和越深的发展。

3.3.3 能力对顾客购买行为的影响

在购买活动中，顾客要能买到满意的商品，必须具备各种能力，其中主要是对商品的感知、记忆、辨别能力；对信息的综合分析、比较评价能力；购买过程中的选择、决策能力，以及记忆力、想象力等。例如，顾客在购买服装或者布料时，需要用手摸一摸服装或布料的质地，即所谓手感如何；需要以眼观察服装或布料的颜色，需要以想象力感觉哪种款式、花色穿在自己身上更好看。

顾客能力具体包括观察力、识别力、记忆力、鉴赏力、决断力和使用能力等。

1. 观察力

观察力是指顾客根据确定的购买目标，对商品迅速而准确的感知能力。一般来说，观察力比较强的顾客，能够迅速地注意到自己关心和需要的商品信息，在琳琅满目的商品中很快找到自己感兴趣和需要购买的商品；而观察力差的顾客对相关的商品信息反应比较迟钝，面对各种各样的商品有些不知所措，一时不知道去哪里寻找自己所需要的商品。

2. 识别力

识别力是指顾客识别和分辨商品优劣的能力。识别能力强的顾客不仅了解和熟知某种商品的外观造型、商标型号、包装等外部标志和特征，而且能够根据自己掌握的专业知识和实践经验，充分利用自己的感官和各种识别资料，细致、全面地识别商品。

3. 记忆力

记忆力是指顾客在头脑中保持商品印象的能力。记忆力强的顾客在购买某种商品时，能够很快回忆起曾经购买、使用过的同类商品，相互进行比较、鉴别，以此来指导自己的购买行为。

4. 鉴赏力

鉴赏力是顾客对商品评价和审美的能力。审美和鉴赏能力强的顾客善于发现商品美的价值，并根据自己的审美观点和情趣选择所需商品来美化自己的生活和环境。

5. 决断力

决断力是指顾客经过一定的观察、识别以后，对是否购买做出决定的能力。决断力强的顾客在对商品进行观察和抉择后，通过比较，会迅速、果断地做出是否购买的决定。

6. 使用能力

顾客的使用能力是指正确使用和简单维修的能力。相当多的顾客只会使用所拥有商品的功能效用的一部分，尤其是一些高档复杂的商品。这样，一方面影响了消费水平的提高；另一方面，也会给顾客带来生活上的不便和烦恼，影响顾客的生活质量。

总之，能力和顾客的购买行为紧密相连，提高顾客的各项能力有利于促进商品的销售和顾客消费的理性化。

快速识别顾客的个性类型

本 章 小 结

气质是人的个性心理特征之一，它是指在人的认识、情感、言语、行动中，心理活动发生时力量的强弱、变化的快慢和均衡程度等稳定的人格特征。冯特根据人的神经系统对外界反应的快慢和意志力的强弱，将气质分为四大类：胆汁质型、抑郁质型、多血质型和黏液质型。顾客的气质类型特点必然影响消费行为，认识和掌握不同气质特征的顾客行为有助于提高营销活动的接待技巧。

性格是指个体对现实的稳定态度与习惯化了的行为方式的人格特征，是后天学习得到的。它是个人对现实的态度和行为方式中的较为稳定而有核心意义的心理特征，是一个人心理面貌本质属性的独特结合，是人与人相互区别的重要方面。性格是由多种心理特征组成的，包括态度特征、意志特征、情绪特征和认知特征。不同性格对顾客购买行为会产生较大的影响。

能力是直接影响活动效率，使活动顺利完成的个性心理特征。能力的种类包括一般能力与特殊能力、模仿能力与创造能力、液态能力与晶态能力和认知能力、操作能力与社交能力。能力形成的原因有先天素质、环境和教育、实践活动的影响和主观能动性。顾客能力如何，对能否顺利完成购买活动影响很大。

练 习 题

一、单项选择题

1.（　　）是指顾客根据确定的购买目标，对商品迅速而准确的感知能力。

A．观察力　　B．记忆力　　C．想象力　　D．决断力

2．顾客的（　　）是指顾客在头脑中保持商品印象的能力，此能力强的顾客在购买某种商品时，善于清醒地回忆起曾经购买、使用过的同类商品的优缺点，相互进行比较、鉴别，以此来指导自己的购买行为，帮助自己进行消费。

A．观察力　　B．记忆力　　C．想象力　　D．决断力

3.（　　）是指通过观察被认可的行为、活动，然后以相同的方式做出反应的能力。

A．一般能力　　B．特殊能力　　C．模仿能力　　D．创造能力

4.（　　）顾客的消费态度随和，生活方式大众化，消费行为没有固定的模式，不会刻意追求某种商品的消费。在购买过程中的计划性不强，易受外界因素的影响，多发生随机性购买行为。

A．随意型　　B．挑剔型　　C．现实型　　D．浪漫型

5.（　　）气质类型的顾客在购买过程中反应迅速，一旦感到某种需要，就会很快

产生购买动机，表现也比较强烈；决策过程短，情绪易于冲动，满意与否的情绪反应强烈并表现明显；购买目标一经决定，就会付诸行动。

A．活泼型　　B．安静型　　C．抑制型　　D．兴奋型

二、多项选择题

1．根据对商品认识程度的不同可将消费者能力划分为（　　）。

A．盲目型　　B．不确定型　　C．知识型　　D．略知型

E．无知型

2．引起消费者无意注意的因素包括（　　）。

A．刺激物的活动性　　B．与背景反差明显的商品陈列

C．消费者的心境　　D．广告

E．商品包装

3．反映个性差异的特征包括（　　）。

A．理想　　B．动机　　C．气质　　D．性格

E．能力

4．德国心理学家冯特根据人的神经系统对外界反应的快慢和意志力的强弱，将气质分为（　　）、（　　）、（　　）和（　　）四大类。

A．胆汁质　　B．多血质　　C．黏液质　　D．抑郁质

5．从经济性方面来看，性格可以分为（　　）和（　　）。

A．节俭型　　B．多血质　　C．黏液质　　D．享受型

三、判断题

1．性格是指个体对现实的稳定态度与习惯化了的行为方式的人格特征，是后天学习得到的。（　　）

2．顾客的气质类型特点，不一定影响消费行为。（　　）

3．认知能力是指人脑加工、储存和提取信息的能力。它是人们完成活动的最基本和最主要的条件，即我们一般所讲的智力。（　　）

4．人的气质类型有好坏之分，每一种气质都有积极和消极两个方面。（　　）

5．气质能决定一个人活动的社会价值和成就的高低。（　　）

四、名词解释题

1．气质　2．性格　3．特征

五、填空题

1．一个人的气质，具有极大的________，它很早就表露在儿童的游戏、作业和交往活动中。

2．心理活动的________是指心理过程的速度和稳定性、心理过程的强度以及心理活动的指向性特点。

3．1789 年，德国哲学家康德从气质是受性格和血液影响的观点出发，把气质分为________气质与________气质两大类。

4．苏联生理学家巴甫洛夫从________学说出发，认为气质是高级神经活动类型特点在人的行为中的表现。

5．巴甫洛夫指出，与四种高级神经活动类型（兴奋型、活泼型、安静型、弱型）相对应的四种气质型是________、________、________和________。

6．________根据人的神经系统对外界反应的快慢和意志力的强弱，将气质分为四大类。

7．________型的特点是性情急躁，神经系统坚强，不怕困难，缺乏自制能力，缺乏持久而有系统进行工作的能力。

8．性格是个性的________部分。它决定着个体活动的性质和方向，人与人的差异首先表现在性格上。

9．按性格结构中的主要成分划分，有________、________和________。

10．________顾客在消费观念上崇尚节俭，讲究实惠，他们把绝大多数的钱用来购买生活必需品，而且非常注重商品的价格优惠性和实用性。

第4章
顾客的群体心理

学习任务

1．知识目标

1）熟悉不同顾客群体的心理特征。
2）掌握针对不同顾客群体特征制定相应营销策略的方法。

2．实操目标

能快速判断顾客群体的消费心理特征，并进行差别化的心理沟通与营销。

3．职业素质目标

1）培养可以准确、及时、全面反映顾客需求的工作态度和创新意识。
2）树立关注不同年龄层次顾客心理的意识。

案例引入

在刚刚过去的 2016 猴年春节，旅游已成为国人过年新潮流。从驴妈妈旅游网最新出炉的《2016 春节旅游人气盘点报告》（以下简称《报告》）里看到，猴年春节期间，购买景区门票人次量是去年同期 3.43 倍，周边游人次量是去年同期 2.2 倍，国内游人次量是去年同期 2.3 倍，出境游人次量是去年同期 4.05 倍。春节出游人群中，80 后占总出游人数 41%，70 后、90 后依次为 22%和 17%。随着年龄、收入的增长，中国 80 后用户已成为中国旅游消费的绝对主力。

受到签证放宽、航班航线增加、消费环境改善等因素影响，2016 年春节期间中国游客出境游热情再创新高，“驴妈妈”出境游人次量是去年同期的 4.05 倍，“猴”火爆。春节期间，出境旅游目的地人气榜单 Top10 依次为菲律宾、越南、泰国、日本、韩国、中国香港、印度尼西亚、马来西亚、新加坡和毛里求斯。《报告》显示，年假叠加春节假期成为都市白领出境游新趋势，超过 50%用户选择在春节前“拼假”出游。上海白领王小姐表示，超过十天的悠长假期让忙碌一年的她在海外彻底放松身心，回国后还能适当调整 1～2 天，应对全新一年的工作。

春节假期多数市民会在传统节庆之余，同家人朋友在本市或近郊来一次 1～3 日“微旅游”体验。注重满足游客家庭爱好、体验和消费心理的“主题旅游”逐渐成为猴年春节旅游市场的新风潮，温泉、亲子、祈福、滑雪主题类旅游产品深受游客的追捧，其中，选择温泉游的用户占 45%，已接近周边游人群的一半。春节期间，京津冀区域的周边游 Top5 目的地依次为北京、张家口、天津、廊坊、唐山；长三角区域为杭州、苏州、常州、无锡、湖州；珠三角区域为珠海、广州、厦门、深圳、惠州等。

点评：2016 年春节，旅游已成为国人过年新潮流之一。春节出游人群中，中国 70 后、80 后和 90 后是不同的顾客群体，80 后用户占总出游人数的 41%，已成为中国旅游消费的绝对主力。根据以顾客需求为导向的理念，各大旅行社纷纷组织各种出境游，推动中国游客出境游热情再创新高。是否能敏捷地发现顾客群体的消费需要，是商家在市场竞争中能否获胜的关键因素。

4.1 女性和男性顾客心理

从社会总体来看，顾客群体是社会消费活动的客观存在，顾客行为具有明显的群体性。顾客由于年龄、性别、职业、收入水平、社会地位、宗教信仰相同或接近，在消费需求、观念、习惯以及能力等方面表现出很大的相似性或接近，构成了一定的顾客群体。研究不同顾客群体的心理特点与差异，对于把握社会总体消费运动规律、准确细分顾客市场、制定最佳营销服务策略具有非常重要的指导意义。

顾客群体是由具有某种共同特征的若干顾客组成的，具有同一特征的顾客在消费心理特征、购买行为及购买习惯等方面都有许多共同之处。顾客的心理与其年龄及性别有着一定的关系，不同年龄阶段和性别的人，不仅在生理上存在差异，在心理上也存在着很大的差异。因此，按年龄及性别将市场进行细分，具有十分重要的意义。

4.1.1　女性顾客的心理特征及营销策略

女性是现代社会最庞大的消费群体，在市场销售中，应当充分重视女性顾客的重要性，挖掘女性消费市场。

1. 女性顾客的消费心理特征

（1）追求时尚新颖

女性都愿意将自己打扮得美丽一些，充分展现自己的女性魅力，“爱美之心，人皆有之”。不同年龄层次的女性在购买某种商品时，首先想到的就是这种商品能否展现自己的美，能否增加自己的形象美，使自己显得更加年轻和富有魅力。例如，她们往往喜欢造型别致新颖、流行时尚、包装华丽、气味芬芳的商品。

（2）追求美观大方

女性顾客还非常希望自己买到的商品美观大方，将外观与商品的质量、价格当成同样重要的因素来看待，因此，在挑选商品时，她们会非常注重商品的色彩、式样。

（3）从众心理强

女性一般从众心理比较强，喜欢和朋友同事购买类似的商品。这种心理特征表现在商品消费中，主要是用情感支配购买动机和购买行为，喜欢购买和他人一样的东西。

（4）喜欢攀比炫耀

有些女性顾客购买自己并不十分需要的商品，目的是显示自己的社会地位和身份，向别人炫耀自己的与众不同。她们会追求高档产品，而不注重商品的实用性。

2. 面对女性顾客的营销策略

商家要想赢得女性顾客的信任和偏爱，就要研究和适应女性顾客的心理和行为特征，在产品的设计上，既保证产品质量、性能的可靠性，又要注意外形、包装的美观、新颖。既要注意商品的实际效用，还要注重商品的心理功能和情感特征。商店的橱窗布置应表现得明朗、热烈，广告宣传应突出商品的实用性和具体利益。为尊重女性消费者的自尊心，营业员接待顾客时用语要规范、讲究语言的艺术性，以博得女性消费者的好感。

4.1.2　男性顾客的心理特征及营销策略

1. 男性顾客的心理特征

（1）较强的理智性和自信性

男性顾客具有较强的理智性、自信性、独立性和自尊心。这些个性特点直接影响他们在购买过程中的心理活动，如他们善于控制自己的情绪，处理问题时能够冷静地权衡各种利弊因素，能够从大局着想，动机形成要比女性果断迅速，并能立即导致购买行为，即使是处在比较复杂的情况下，如当几种购买动机发生矛盾冲突时，也能够果断处理，迅速做出决策。特别是许多男性不愿“斤斤计较”，不喜欢花较多的时间去比较、挑选，即使买到稍有毛病的商品，只要无关大局，也不去计较。

（2）较强的被动性

在日常生活中，男性顾客不经常料理家务，照顾老人、小孩，购买活动远远不如女性频繁，购买动机也不如女性强烈，主动性、灵活性都比较差。购买动机的形成往往是由于外界因素的作用，如家里人的嘱咐、同事朋友的委托、工作的需要等。许多男性顾客在购买商品时，事先记好所要购买的商品品名、式样、规格等，如果商品符合他们的要求，就采取购买行动。

（3）较少的感情色彩

男性顾客在购买活动中不喜欢联想、幻想，感情色彩也比较淡薄，当动机形成后，稳定性较好，其购买行为也比较有规律。即使出现冲动性购买，也往往自信决策准确，很少反悔退货。男性消费者的审美观同女性有明显的差别，如一般男性顾客认为，男性的特征是粗犷有力，他们在购买商品时，往往对具有明显男性特征的商品感兴趣，如烟、酒、服装等。

2. 面对男性顾客的营销策略

尽管消费市场中女性占据的位置比较重要，但男性消费市场同样存在着巨大的潜力。除了以烟酒、书报、家电、装修材料为主的传统消费市场外，越来越多的男性顾客在家庭中分担家务，采购家庭消费品。由于男性购物者的增加，因此吸引男顾客兴趣的促销方式以及专门针对男性的广告信息就值得营销者精心策划。男性顾客群体与女性顾客群体对采购活动、购物计划和购买中的节省，都有不同的看法。商家应该着重设计迎合男性顾客的商品包装和售点广告（POP 广告），大力开拓男性消费品市场。

知识拓展

工薪职员的四种类型

1. 交际型

这种类型的人不喜欢整天待在家里。他们既是酒店的常客，也是各类体育场馆和俱乐部的主要参加者。

2. 自我型

这些人不被工作缠身，又有事业来充实自身的生活。他们对健康极为关心，兴趣趋向从跑步到散步，新型的散步鞋受到这些人的青睐。

3. 工作型

这是有志于事业的人，这些人对公司的事业忠贞不贰，决不推辞单身赴职的命令。一个明显的迹象是，面向单身赴任者的家具租赁业和家务代理业越来越多了。一切便利于出差的衣、食、住、行服务系统都是这些人乐于接受的。

4. 家庭型

这些人是典型的“家庭爸爸”，他们对自己的家庭投入了满腔热情。轻便的摄像机是他们的兴趣所在，因为这种东西会使他们在运动场、大型活动中出尽风头。他们热心于孩子的教育，为子女教育不惜大量投资。

家庭主妇的四种类型

1. 交际型

这些人不安于待在家里，喜欢与人交际。她们是面向妇女的酒店业的座上宾。对爱打长途电话的人来说，关注的是新型的“时装型电话”，并热心打听那些进口花卉和高级化妆品的情况。

2. 自立型

她们更需要正式的工作，并热衷于学习。她们会花钱去租用缝纫机来做针线活，喜欢用自然化妆品，偏爱自选商场，巧妙地将“睡衣当作外衣穿”的这种大胆倾向也会被这个类型的主妇所接受。

3. 家庭型

这种类型的人是喜欢被人称为“幸福的妈妈”的女性形象，她们感兴趣的是那些有益于家人健康的商品，如电子体温计、电子血压计、净水器、低热量清酒等。用真人头发和衣服做出的“人体木偶”也被这些主妇所喜爱。

4. 家务型

这类妇女不在外面工作，但又有某种意义的“专业”，如室内装饰、烹调等。她们喜欢的商品有电磁炉、不锈钢厨房用具、带电脑的洗衣机、抽象色彩的窗帘等。

4.2 儿童和少年顾客心理

少年儿童消费者群体是由 0～14 岁的消费者组成的。这部分消费者在人口总数中占有较大比例。从世界范围看，年轻人口型国家中，0～14 岁的少年儿童占 30%～40%；老年人口型国家中，儿童占 30%左右。少年儿童这一年龄阶段的消费者构成了一支庞大的消费大军，形成了具有特定心理的消费者群体。

这一部分消费者又可根据年龄特征分为儿童消费者群体（0～11 岁）和少年消费者群体（11～14 岁）。这里分别就这两个年龄阶段的消费者群体的心理特征进行分析。

4.2.1 儿童和少年顾客的心理特征

1. 目标明确，购买迅速

少年儿童购买商品多由父母确定，决策的自主权十分有限，购买目标一般比较明确。加上少年儿童缺少商品知识和购买经验，识别、挑选商品的能力不强，所以，对营业员推荐的商品较少异议，购买比较迅速。

2. 从众心理较强

学龄前和学龄初期的儿童的购买需要往往是感觉型、感情性的，非常容易被诱导。在群体活动中，儿童会产生相互的比较，如“谁的玩具更好玩”“谁的零食更好吃”等，并由此产生购买需要，要求家长为其购买同类同一品牌同一款式的商品。

3. 好奇心强烈

少年儿童虽然已能进行简单的逻辑思维，但仍以直观、具体的形象思维为主，对商品的注意和兴趣一般是由商品的外观刺激引起的。因此，在选购商品时，往往选择那些流行时尚、新颖独特的商品。

4. 依赖性明显

由于少年儿童没有独立的经济能力和购买能力，几乎由父母包办他们的购买行为，因此在购买商品时具有较强的依赖性。父母不但代替少年儿童进行购买行为，而且经常地将个人的偏好投入购买决策中，忽略儿童本身的好恶。

4.2.2 面对儿童和少年顾客的营销策略

少年儿童顾客构成了一个庞大的消费市场。根据少年儿童的消费心理及行为特点，满足他们的心理和物质需求，积极培养、激发和引导他们的消费欲望，在营销活动中应采取相应的心理策略，以更好地满足少年儿童顾客的需要，从而大力开发这一具有极大潜力的消费市场。

1. 明确对象，采取策略

少年儿童用品的购买者不一定是他们自己，少年儿童的消费行为对家长都具有不同程度的依赖性。乳婴期的儿童，一般由父母为其购买商品。企业对商品的设计要求、广告诉求和价格制定可以完全从父母的消费心理出发。商品质量要考虑父母对儿童给予保护、追求安全的心理，生活用品和服装要适应不同父母审美情趣的要求，玩具的价格要适当。学龄前期的儿童不同程度地参与了父母为其购买商品的活动。因此，企业既要考虑父母的要求，也要考虑儿童的兴趣。玩具用品的外观要符合儿童的心理特点，价格要符合父母的要求，用途要迎合父母提高儿童智力及各方面能力的需要。例如，在商品的外观上，要符合儿童的心理特点，对儿童具有吸引力，但在商品的性能、质量及价格上，要符合父母的要求，使父母能够满意。对于一些小件商品，特别是小件文化用品的设计和营销方式，则可以完全直接以少年儿童的心理要求来确定；而对于一些大件的商品，如高档学习用品、服装鞋帽等，则主要考虑到父母的购买动机和接受程度，要促使父母产生购买的欲望，或使父母能够同意孩子的购买要求，从而做出购买的决定。

2. 注重外观，增强吸引力

少年儿童虽然已能进行简单的逻辑思维，但直观的、具体的形象思维仍起主导作用。企业在保证商品性能、质量的前提下，应强化商品的外观形象设计，使之符合少年儿童的心理特征。通过丰富多彩的商品外观形象设计，来吸引少年儿童消费者的注意，赢得他们的好感和偏爱，促使他们产生购买欲望并引发他们的购买行为。例如，在商品的造型上要新颖、别致，富有趣味性；构图宜采用具体形象的图案，并采用少年儿童所喜欢的事物，如用动物头像做成笔帽，用儿童喜爱的卡通形象作为服装装饰图案等，以此增强商品的吸引力。

3. 注重品牌，加深印象

少年儿童的记忆力较强，能记住一些广告词以及商标。那些别具特色，为少年儿童所喜爱的品牌、商标和商品，一旦通过电视、广播等媒介以及同学、朋友的相互影响被他们所认识，就很难被忘记。相反，如果他们对某商品产生不良印象，甚至厌恶情绪，则很难改变。这种记忆的保持将会对他们以后的消费态度、观念及行为产生很大的影响。因此，企业在给商品命名、设计商标图案和进行广告宣传时，要针对少年儿童的心理偏好，使他们能够对品牌产生深刻印象，并且还要不断努力在产品质量、服务态度上狠下功夫，使少年儿童能够长期保留对企业及商品的良好印象。

4.3 青年和中年顾客心理

4.3.1 青年顾客的心理特征及营销策略

在我国，青年顾客人口众多，在消费市场上也有非常重要的位置。

1. 青年顾客的心理特征

（1）强调个性

青年人的自我意识比较强，力图表现出自我个性。这一心理特征反映在消费行为上，就是喜欢购买一些具有特色的商品，而且这些商品最好是能体现自己的个性特征，对那些一般化、不能表现自我个性的商品，他们一般都不屑一顾。

（2）追求时尚和新颖

青年人的特点是热情奔放、思想活跃、富于幻想、喜欢冒险，这些特点反映在消费心理上，就是追求时尚和新颖，喜欢购买一些新的产品，尝试新的生活。在他们的带领下，消费时尚也就会逐渐形成。

（3）容易冲动，注重情感

由于年龄的关系，青年人的思想感情、兴趣爱好、个性特征还不完全稳定，因此在处理事情时，往往容易感情用事，甚至产生冲动行为。他们的这种心理特征表现在消费行为上，那就是容易产生冲动性购买，在选择商品时，感情因素占了主导地位，往往以能否满足自己的情感愿望来决定对商品的好恶，只要是自己喜欢的东西，一定会想方设法，迅速做出购买决策。

2. 面对青年顾客的营销策略

商家要想争取到青年顾客消费市场，必须针对青年顾客群体的心理特征，制定相应的市场营销心理策略。

（1）满足多层心理需要

青年顾客进入社会后，除了生理、安全需要之外，还产生了社会交往、自尊、成就感等多方面的精神需要，这就要求产品的设计、开发要能满足青年顾客多层次的心理需要，以商品刺激他们产生购买动机。商家开发的各类商品，既要具备实用价值，更要满足青年顾客不同的心理需要。例如，个性化的产品会使青年消费者感到自己与众不同。名牌皮包、时装会表现拥有者的成就感和社会地位感，特别受到青年消费者的青睐。

（2）研发新颖时尚的商品

青年顾客学习和接受新事物快，富于想象力和好奇心，因此在消费上追求时尚、新颖。因此，商家要研究预测国际国内消费的变化趋势，适应青年顾客的心理，开发各类时尚产品，引导青年顾客消费。

（3）强调个性化的商品

青年人喜欢与众不同的，富有个性的产品。商家在产品的设计、生产中，要改变传统思维方式，要面向青年顾客开发个性产品。尤其是服装、装饰品、书包、手袋、手机、MP3 等商品的设计生产，要寻求特性，以树立顾客的个性形象。在市场销售过程中也应注重个性化，如在商场设立形象设计顾问，帮助顾客挑选化妆品、设计发型。在时装销售现场，帮助青年顾客进行个性化的着装设计，推荐购买穿着类商品和饰物。

（4）追求商品的共同点

青年顾客由于职业、收入水平不同，产生了不同的消费阶层。他们在商品的购买上，也有因收入不同带来的差别。但是，青年人好胜、不服输的天性又使这种差别的表现方式不十分明显。例如，城市中青年人结婚的居室布置也广为农村青年所模仿，房屋装修、家用电器一应俱全。但是其商品的品牌、质量还是有所不同。商家在开拓青年顾客市场时，要考虑到这些不同的特点，生产不同档次、不同价格水平、面向不同收入水平的同类产品。这些产品在外观形式上差别不太大，但在质量价格上应能形成多种选择，以满足不同收入水平青年顾客的需要。

（5）做好售后服务工作

青年顾客购买商品后，往往会对购买行为进行评判，把他的购买预期与产品性能进行比较。若发现性能与预期相符，就会基本满意，进而向他人推荐此产品。如果发现产品性能超过预期，就会非常满意，进而大力向他人展示、炫耀，以显示自己的鉴别能力。相反，若发现产品达不到预期，就会感到失望和不满，会散布对此商品的否定评价，进而影响这种商品的市场销路。商家在售出商品后，一定要做好售后服务工作，了解顾客反映以改进产品。同时，要及时处理好顾客投诉，以积极的态度解决产品存在的问题，使青年顾客对企业的服务感到满意。

4.3.2 中年顾客的心理特征及营销策略

中年人的心理已经相当成熟，个性表现比较稳定，他们不再像青年人那样爱冲动，爱感情用事，而是能够有条不紊、理智分析处理问题。

1. 中年顾客的心理特征

（1）理智性购买

中年顾客的冲动情绪日趋平稳，理智行动占据上风，他们在选购商品时，很少受商品的外观因素影响，而比较注重商品的内在质量和性能，往往经过分析、比较以后，才做出购买决定，尽量使自己的购买行为合理、正确、可行，很少有冲动、随意购买的行为。

（2）计划性购买

人到中年，上要赡养父母，下要养育子女，肩上的担子非常沉重。他们虽然掌握着家庭中大部分收入和积蓄，但很少有像青年人那样盲目购买。中年顾客在购买商品前常常对商品的品牌、价位、性能要求都详细了解，做到心中有数，对不需要和不合适的商品他们绝不购买，很少有计划外开支和即兴购买。

（3）实用性购买

生活的重担、经济收入的压力使中年人比较实际，他们不追求时尚，更多的是关注商品的结构是否合理，使用是否方便，是否经济耐用、省时省力，能够切实减轻家务负担。例如，减轻劳务的自动化耐用消费品，半成品、现成品的食品等，这些商品往往能被中年顾客认识并促成购买行为。当然，中年人也会被新产品吸引，但他们更多的是关心新产品是否比同类旧产品更具实用性。商品的实际效用、合适的价格与较好的外观的统一，是引起中年顾客购买的动因。

（4）独立性购买

由于中年人的购买行为具有理智性和计划性的心理特征，使得他们做事大多很有主见。他们经验丰富，对商品的鉴别能力很强，大多愿意挑选自己所喜欢的商品，对于营业员的推荐与介绍有一定的判断和分析能力，对于广告一类的宣传也有很强的评判能力，受广告这类宣传手段的影响较小。

（5）稳定性购买

中年人不像青年人那样完全根据个人爱好进行购买，需求逐渐稳定。他们更关注别的顾客对该商品的看法，喜欢买一款大众化的、易于被接受的商品，尽量不使人感到自己花样翻新和不够稳重。

2. 面对中年顾客的营销策略

（1）培养忠诚顾客

中年顾客一般是习惯性购买，习惯去固定的场所购买经常使用的品牌。生产者、经营者要满足中年顾客的这种心理需要，使其消费习惯形成并保持下来。不要轻易改变本企业长期形成历史悠久的商品品牌包装，以免失去顾客，而且商品的质量标准和性能价格比，也不要轻易变动。

（2）注重实用性和便利性

中年顾客消费心理稳定，追求商品的实用性、便利性，华而不实的包装，热烈、刺激的造型，强烈对比、色彩动感的画面往往不被中年顾客喜爱。在商品销售现场，要为顾客着想，提供良好的服务，应根据中年人的消费习惯，提供各种富有人情味的服务，如提供饮水、休息、物品保管、代为照看小孩等，这样会收到良好的促销效果，使中年顾客成为下次光顾、经常光顾的忠诚顾客。

（3）提高售后服务

中年顾客购物后发现问题，多直接找经营者解决，而且态度坚定、理由充分。商家应切实给他们解决问题，冷静面对，切忌对他们提出的问题推诿、扯皮、不负责任，因而失去忠诚顾客。

（4）做好广告促销

中年顾客购物多为理性购买，不会轻易受外界环境因素影响和刺激。商家开展商品广告宣传或现场促销活动要理性化，要靠商品的功能、效用打动顾客，要靠实在的使用效果、使用人的现身说法来证明。在现场促销时，营业员面对中年顾客要以冷静、客观的态度及丰富的商品知识说服顾客，并给顾客留一定思考的空间和时间，切忌推销情绪化、过分热情而招致中年消费者反感。

综上所述，面向中年顾客开展市场营销，要充分认识中年顾客的消费心理特征，采取适宜的策略。

知识拓展

日本年轻消费者购买行为类型透视

1. 流行领导型

这类年轻人主动搜集来自各个方面的市场消费信息，购买那些被认为最优的商品，带动起一个又一个的消费潮流，如数码摄像机、电子宠物、高科技材料制成的旅游用品、新型的运动汽车等。总之，他们想要获得的是那些人们还没见到过、没听说过的新产品。

2. 投资先行型

这些人对目前流行的东西不感兴趣，对未来充满幻想，热衷于面向未来的计划。为了实现自己的计划，他们肯花钱去学习，如白天上大学或晚间赴夜校学习。商品市场对他们的吸引力并不是很大，便于就业的专业学习似乎对他们来说更有吸引力。

3. 流行追随型

这些人喜欢成群结队跟随在一个目标之后，而没有独立主见，据资料统计，他们是那些所谓“爱情旅馆”的主要客人。面向年轻人的服务业把这种类型的年轻人作为主要目标。

4. 现状不满型

消极情绪使这类人追求自动售货机、邮购和网上购物等不费吹灰之力的服务。对现实不满，又使他们目标转移到大型摩托车之类的“速度商品”上。

4.4 老年顾客心理

4.4.1 老年顾客的心理特征

在竞争日益激烈的环境中，商家必须注重分析老年顾客的心理特征。老年顾客所具有的心理特征主要表现为以下几个方面：

1. 富于理智

老年顾客由于生活经验丰富，因而情绪反应一般比较平稳，很少感情用事，大多会以理智来支配自己的行为。因此，他们在消费时比较仔细，不会像年轻人那样产生冲动的购买行为。

2. 精打细算

老年顾客一般都有家小，他们会按照自己的实际需求购买商品，量入为出，注意节俭，对商品的质量、价格、用途、品种等都会作详细了解，很少盲目购买。

3. 坚持主见

老年顾客在消费时，大多会有自己的主见，而且十分相信自己的经验和智慧。因此，对于这种顾客，商家在进行促销宣传时，不应一味地向他们兜售商品，而应该尊重和听取他们的意见，向他们“晓之以理”，而不能希望对他们“动之以情”。

4. 简洁方便

老年人大多数体力不好，行动不便。在购物的时候，常常希望比较方便，不用花费很大的精力。因此，店铺应该为他们提供尽可能多的服务，以增加他们的满意度。

5. 品牌忠诚度较高

老年消费者在长期的生活过程中，已经形成了一定的生活习惯，而且一般不会作较大的改变，因为他们在购物时具有怀旧和保守心理。他们对于曾经使用过的商品及其品牌印象比较深刻，而且非常信任，是企业的忠诚消费者。

4.4.2 面对老年顾客的营销策略

老年人在购买商品时一般比较理智，求方便、求实在、求低廉的动机比较明显，同时老年人的保守倾向也比较重，对于一些新的消费方式以及新产品不易接受，甚至加以排斥。因为他们的心理已经十分成熟和稳定，行为也已形成某种固定的模式而难以改变。因此，企业不但要提供老年消费者方便、舒适、有益于健康的消费品，还要提供适合老年人特点的健身娱乐用品和休闲方式。针对老年顾客可采取以下市场营销心理策略：

1. 注重方便性、安全性及舒适性

由于老年顾客随着年龄的增长，生理机能的衰退，行动会越来越不方便，因而特别要求商店服务简捷、方便，购物环境舒适、便利等。商品陈列、摆布是否得当，购买手续是否简便，营业员的态度是否热情，商店的售后服务是否周到等，都会影响到老年顾客的购买态度和最终决策。如可专为老年顾客生产各种食品、保健品，并直接面向他们销售，挖掘传统产品并赋予时代特色，则更能适合老年顾客的心理。日本商家就瞧准了“银色市场”的有利可图，在老年产品开发上大做文章，并将其引入高科技领域。他们生产的老年产品，由于充分考虑到了老年顾客的特殊需要，为他们解决了具体困难，因而倍受欢迎，走俏市场。例如，针对老年顾客患高血压者众多，而普通血压计又使用不便，他们就推出了体积小、易携带的“手指式自动血压计”。针对老年顾客血脉不通，冬天特别怕冷的生理特征，他们又推出了防冻背心和设计别致的暖脚器。

2. 注重实用性和实际价值

老年顾客在购买消费品时不是太注重情感，而是非常成熟和理智。他们的购买决策往往比较慎重，一般不会发生冲动性的购买。他们购买商品大多十分讲究实际，注重商品的实用性和实际价值，对于商品的性能、质量要求很高，而对商品的外观设计、包装装潢及各种情感特征和心理功能则反应淡漠。因此，供老年顾客使用的商品，在外观设计上一般应质朴无华，而对于商品的内在质量和实用性方面则要予以充分的保证。

3. 注重品牌的延续

老年人往往习惯遵从一贯的消费习惯而不愿意改变，这就使他们的购买行为也带有很大的习惯性。老年顾客在长期的消费实践中积累了各种各样的经验，通过不断地重复购买、使用某种商品，使行为得到强化，逐渐形成固定不变的消费习惯。老年人对于青年时期，甚至少年时期偏爱的商品商标和品牌往往记忆犹新，有很深的感情，念念不忘，在购买商品时给予特别的青睐，外界的刺激很难改变这种偏爱。针对老年人对商品的情感稳定而且很难转移这一特点，为争取老年顾客，商家应注意老字号、老品牌、老商标的宣传，不要轻易地加以改变或放弃。

4. 注重广告促销

广告促销活动不但针对老年顾客，还可以针对老年顾客的子女开展。有些商品，像老年人健身用品、营养品等，不但可以面向老年人设计广告，还可以面向青年人，提倡尊老敬老的社会风尚，激发青年人孝敬老人的心理，从而产生购买行为。又如专门服务于老年人的旅游团，很多情况下是子女为父母付款，有些营养保健品也是子女购买送去孝敬老人。因此，老年人用品的广告面向青年人，也常能取得较好的销售效果。

综上所述，商家在策划老年消费市场的营销策略时，要考虑老年顾客的购买特点，根据老年顾客心理制定各项营销策略，满足老年顾客群体的需求。

知识拓展

日本老年消费者购买行为类型透视

1. 挑战型

这种高龄者自立意识强，不甘于无所事事，可能仍在老年大学、文化中心学习。为了恢复青春，他们留意整容术和安装假牙，使用按人耳设计的助听器。据统计资料显示，住进价格为几万日元老年公寓的高龄者人数在增多。

2. 神仙型

缺乏社会交往，喜欢孤身一人，多用个人警报器那样的安全系统。从事自身感兴趣的工作或股票投资。关注的商品是家常菜和个人用的包装食品，个人用的罐头食品，令人喜爱的小动物、小玩意等。

3. 悠悠型

多与子女同居，是旅游市场的主顾。资金有余时，也进行金融投资，但胆子较小。买那些货真价实的高价货。逢年过节时，要在子孙身上花一大笔钱。

4. 隐居型

他们多为年老体衰之人，急需的是氧气吸入器、家用电视、家用疗养病床、康复用浴缸等商品。

本章小结

在市场销售中，应当充分重视女性顾客的重要性，挖掘女性消费市场。女性顾客的心理特征主要是追求时尚新颖、追求美观大方、从众心理强、喜欢攀比炫耀。商家要想赢得女性顾客的信任和偏爱，就要研究女性顾客的心理和行为特征，并制定相应的营销策略。

男性顾客的心理特征主要是较强的理智性和自信性、较强的被动性、较少的感情色彩。男性消费市场同样存在着意想不到的潜力，吸引男性顾客兴趣的促销方式以及专门针对男性顾客的广告信息就值得商家精心策划。

儿童和少年顾客的心理特征主要是目标明确，购买迅速；从众心理较强；好奇心强烈和依赖性明显。根据少年儿童的消费心理及行为特点，在营销活动中应采取相应的心理策略，以更好地满足少年儿童顾客的需要，从而大力开发这一具有极大潜力的消费市场。

青年顾客的心理特征主要是强调个性；追求时尚和新颖；容易冲动，注重情感。中年顾客的心理特征主要是理智性购买、计划性购买、实用性购买、独立性购买和稳定性购买。老年顾客的心理特征主要是富于理智、精打细算、坚持主见、简洁方便和品牌忠诚度较高。商家要想争取到不同年龄的顾客群体市场，必须针对他们的心理特征，制定相应的市场营销心理策略。

练　习　题

一、单项选择题

1．消费者认牌购货反映出来的动机是（　　）。
A．情感动机　B．情绪动机　C．理智动机　D．惠顾动机

2．针对消费者的文明消费，企业应采取的策略是（　　）。
A．心理营销　B．文明营销　C．现代营销　D．心理沟通

3．从性别与职业差异上看，求美消费心理较强的群体是（　　）。
A．职业男性　B．职业女性　C．自由职业者　D．公务员

4．从年龄差异上看，时间消费心理较强的群体是（　　）。
A．少年儿童　B．青年　C．中年　D．老年

5．从年龄层次上看，时尚消费心理较强的群体是（　　）。
A．老年　B．中年　C．青年　D．少年儿童

二、多项选择题

1．女性顾客的消费心理特征有（　　）。
A．追求时尚新颖　B．追求美观大方
C．较强的理智性和自信性　D．从众心理强
E．喜欢攀比炫耀

2．儿童和少年顾客的心理特征有（　　）。
A．目标明确，购买迅速　B．好奇心强烈
C．从众心理较强　D．从众心理强
E．依赖性明显

3．稳定性较强的消费习俗包括（　　）。
A．节日消费习俗　B．宗教消费习俗
C．服饰消费习俗　D．居住消费习俗
E．交际消费习俗

4．设计老年用品包装应突出的特性包括（　　）。
A．实用性　B．科学性　C．简单性
D．时尚性　E．变动性

5．导致消费习惯产生的原因包括（　　）。
A．心理原因　B．生理原因　C．经济原因
D．气候原因　E．职业原因

三、判断题

1．为尊重女性消费者的自尊心，营业员接待顾客时用语要规范，讲究语言的艺术性，以博得女性消费者的好感。（　　）

2．男性消费者的审美观同女性没有明显的差别。他们在购买商品时，往往对具有明显男性特征的商品感兴趣，如烟、酒、服装等。（　　）

3．少年儿童能进行简单的逻辑思维，不以直观、具体的形象思维为主，对商品的注意和兴趣一般是由商品的外观刺激引起的。（　　）

4．少年儿童的记忆力较强，能记住一些广告词及商标。（　　）

5．商家要研究预测国际国内消费的变化趋势，适应老年顾客的心理，开发各类时尚产品，引导老年顾客消费。（　　）

四、填空题

1．________是由具有某种共同特征的若干顾客组成的，具有同一特征的顾客在消费心理特征、购买行为及购买习惯等方面都有许多共同之处。

2．女性顾客还非常希望自己买到的商品________，将外观与商品的质量、价格当成同样重要的因素来看待，因此在挑选商品时，她们会非常注重商品的色彩、式样。

3．女性一般________比较强，喜欢和朋友同事购买类似的商品。这种心理特征表现在商品消费中，主要是用情感支配购买动机和购买行为，喜欢购买和他人一样的东西。

4．男性顾客具有较强的________、自信性、________和自尊心。这些个性特点直接影响他们在购买过程中的心理活动，如他们善于控制自己的情绪，处理问题时能够冷静地权衡各种利弊因素，能够从大局着想，动机形成要比女性果断迅速，并能立即导致购买行为。

5．男性顾客在购买活动中不喜欢联想、幻想，感情色彩也________，当动机形成后，稳定性较好，其购买行为也比较有规律。即使出现冲动性购买，也往往自信决策准确，很少反悔退货。

6．少年儿童虽然已能进行简单的逻辑思维，但仍以直观、具体的形象思维为主，对商品的注意和兴趣一般是由商品的外观刺激引起的。因此，在选购商品时，往往选择那些流行________的商品。

7．由于少年儿童没有独立的经济能力和购买能力，几乎由父母包办他们的购买行为，因此在购买商品时具有较强的________。父母不但代替少年儿童进行购买行为，而且经常地将个人的偏好投入购买决策中，忽略儿童本身的好恶。

8．企业既要考虑父母的要求，也要考虑儿童的兴趣。玩具用品的外观要符合________的心理特点、价格要符合父母的要求、用途要迎合父母提高儿童智力及各方面能力的需要。

9．少年儿童虽然已能进行简单的逻辑思维，但直观的、具体的形象思维仍起主导作用。企业在保证商品性能、质量的前提下，应强化商品的________，使之符合少年儿童的心理特征。

10．青年人的自我意识比较强，力图表现出________。这一心理特征反映在消费行为上，就是喜欢购买一些具有特色的商品，而且这些商品最好是能体现自己的个性特征，对那些一般化、不能表现自我个性的商品，他们一般都不屑一顾。

五、思考讨论题

1．简述青年顾客的消费心理特征及市场营销策略。

2．简述女性顾客和男性顾客的消费心理特征及市场营销策略。

3．简述儿童和少年顾客的消费心理特征及市场营销策略。

六、案例分析题

同一阶层的消费者在行为、态度和价值观念等方面具有同质性，不同阶层的消费者在这些方面存在较大的差异。

1．支出模式上的差异

不同社会阶层的消费者所选择和使用的产品是存在差异的。在美国，上层消费者的住宅区环境优雅，室内装修豪华，购买的家具和服装档次和品位都很高。中层消费者一般有很多存款，住宅也相当的好，但他们中的很大一部分人对内部装修不是特别讲究，服装、家具不少但高档的不多。下层消费者住宅周围环境较差，在衣服与家具上投资较少。

2．休闲活动上的差异

社会阶层从很多方面影响个体的休闲活动。虽然在不同阶层之间，用于休闲的支出占家庭总支出的比重相差无几，但休闲活动的类型却差别颇大。马球、壁球和欣赏歌剧是上层社会的活动；桥牌、网球、羽毛球在中层到上层社会的成员中均颇为流行；玩老虎机、拳击、职业摔跤是下层社会的活动。

3．信息接收和处理上的差异

信息搜集的类型和数量也随社会阶层的不同而存在差异。处于最底层的消费者通常信息来源有限，他们在购买决策过程中可能更多地依赖亲戚、朋友提供的信息。中层消费者比较多地从媒体上获得各种信息，而且会更主动地从事外部信息搜集。而上层消费者获得信息的渠道会日益增多。

不同社会阶层的消费者所使用的语言也各具特色。人们实际上可以在很大程度上根据一个人的语言判断他所处的社会阶层。一般而言，越是上层消费者，使用的语言越抽象；越是下层消费者，使用的语言越具体，而且更多地伴有俚语和街头用语。西方的很多高档车广告，因为主要面向上层社会，因此使用的语句稍长，语言较抽象，画面或材料充满想象力。相反，那些面向中、下层社会的汽车广告，则更多的是宣传其功能属性，强调图画而不是文字的运用，语言上更加通俗和大众化。

4．购物方式上的差异

人们的购物行为会因社会阶层而异。上层消费者购物时比较自信，喜欢单独购物，他们虽然对服务有很高的要求，但对于销售人员过于热情的讲解、介绍反而感到不自在。

通常，他们特别青睐那些购物环境优雅、品质和服务上乘的商店，而且乐于接受新的购物方式。中层消费者比较谨慎，对购物环境有较高的要求，但他们也经常在折扣店购物。对于这一阶层的很多消费者，购物本身就是一种消遣。下层消费者由于受资源限制，对价格特别敏感，多在中、低档商店购物，而且喜欢成群结队逛商店。

对于某些产品，社会阶层提供了一种合适的细分依据或细分基础。依据社会阶层制定市场营销战略的具体步骤，第一步是决定企业的产品及其消费过程在哪些方面受社会地位的影响，然后将相关的地位变量与产品消费联系起来。为此，除了运用相关变量对社会分层以外，还要搜集消费者在产品使用、购买动机、产品的社会含义等方面的数据。第二步是确定应以哪一社会阶层的消费者为目标市场。这既要考虑不同社会阶层作为市场的吸引力，也要考虑企业自身的优势和特点。第三步是根据目标消费者的需要与特点，为产品定位。最后是制定市场营销组合策略，以达成定位目的。

不同社会阶层的消费者由于在职业、收入、教育等方面存在明显差异，因此，即使购买同一产品，其趣味、偏好和动机也会不同。例如，同是买牛仔裤，劳动阶层的消费者可能看中的是它的耐用性和经济性，而上层社会的消费者可能注重的是它的时尚性和自我表现力。所以，根据社会阶层细分市场和在此基础上对产品定位是有依据的，也是非常有用的。事实上，对于市场上的现有产品和品牌，消费者会自觉或不自觉地将它们归入适合或不适合哪一阶层的人消费。例如，在美国啤酒市场，消费者认为 Heineken 和 Michelob 更适合上层社会消费，而 Old Style 则更适合中下层社会的人消费。

分析：

1．不同社会阶层消费者的行为有哪些差异？

2．针对不同社会阶层的消费群体，应该采取哪些相应的市场营销战略？

第 5 章 顾客需要与购买过程

学习任务

1. 知识目标

1）识记顾客需要、购买动机、购买行为与购买决策等基本概念、类型与作用。

2）学会区分需要、需求与兴趣；理解顾客购买行为的模式；熟悉顾客购买决策的原则；了解影响顾客购买决策的因素。

2. 实操目标

1）能敏捷地发现顾客的需要，激发顾客的购买欲望。

2）能正确识别顾客来店的动机与目的，做出针对性的营销反应。

3）能分析不同的购买行为，提高营销能力。

4）能正确判断顾客购买决策所处的不同阶段并提供相应的优质服务。

3. 职业素质目标

1）树立顾客至上的服务意识。

2）培养以顾客需要为导向的经营与服务理念。

案例引入

据“中国投资资讯网”2015 年 10 月 28 日消息，苹果公司发布了 2015 年第四财季业绩，数据亮眼。报告显示，苹果公司第四财季营收为 515.01 亿美元，比 2014 年同期的 421.23 亿美元增长 22%；净利润为 111.24 亿美元，比 2014 年同期的 84.67 亿美元增长 31%。其中，苹果第四财季售出的 iPhone 为 4804.6 万部，比 2014 年同期的 3927.2 万部增长 22%，贡献营收为 322.09 亿美元，比 2014 年同期的 236.78 亿美元增长 36%。在苹果第四财季中，大中华区的数据相比其他地区要高出一倍不止。财报显示，欧洲部门营收同期增长仅为 2%，日本部门增长 9%，亚太其他地区增长 27%，大中华区的增长则惊人地达到了 99%。大中华区指包含中国大陆，以及港澳台在内的市场。据公布，苹果大中华区第一财季营收为 161.44 亿美元，第二财季为 168 亿美元，第三财季为 132 亿美元，第四财季为 125.18 亿美元。如果从同比的角度看，苹果大中华区 2015 年每个季度都同比有了 70%以上的增长。

点评：苹果产品在大中华区销售势头锐猛，纵然有一些客观因素，如中国中产阶级的壮大；苹果市场战略的改变，加快了对中国市场的拓展步伐等。但苹果公司始终保持创新品质，以更人性化的设计与科技服务于消费者，这是根本原因。比如 iOS 系统的独特专属性满足了众多消费者的商务应用需要，使他们感受到了该系统最灵光的移动操作性能；再如去物理键盘的设计理念，开启了更加便捷高效的触摸屏时代等，无一不是苹果公司对消费者需要的发掘和满足。当然苹果产品的“高售价”标签打造了一种身份象征，也更加刺激了消费者的购买欲望。所以作为商品的生产者和经营者，是否能敏捷地发掘或发现顾客需要，是其在市场竞争中能否获胜的关键因素。

5.1　顾客需要与兴趣

顾客购买某种商品是有目的的，是在寻找最能满足自己需要和要求的商品，所有的商品交易都是因满足了顾客的需要和要求而实现的，顾客的需要和要求是商业活动的基石。为此，我们必须能敏捷地发现顾客需要，激发顾客的购买欲望，引导顾客做出购买决策。

5.1.1　需要的含义及特性

1. 需要的含义

需要是指个体由于缺乏某种生理或心理因素而产生内心的紧张，从而形成与周围环境之间的某种不平衡状态。它常以一种“缺乏感”来体验，例如，饥思食是人因饥饿感而产生对食物的生理需要；孤求友则是人因孤独感而产生社会交往的心理需要。

这种个体生理或心理的不平衡，有的是人能意识到的，也有的是人尚未意识到的。但它是推动消费者进行各种购买活动的内在原因和根本动力。因此，商家要想在日益激烈的竞争中保持领先地位，发现与挖掘顾客的潜在需要是关键因素。

2. 需要的特性

在营销活动中，销售人员必须对顾客的需要进行具体分析，把握顾客需要的鲜明特性。需要的特性及其表现见表 5-1。

表 5-1　需要的特性及其表现

需要的特性	表　现
多样性	顾客个体的差异及个体自身生理或心理的差异性缺失而必然使得需要呈现多样性
发展性	需要一般呈现出由简单向复杂、由低级向高级、由数量上的满足向质量上的满足发展，同时，由物质上的满足向精神上的满足发展的状况
层次性	按美国心理学家马斯洛的理论，人的需要有五个层次，即生理需要、安全需要、社交需要、自尊需要和自我实现需要
伸缩性	在实际生活中，顾客需要具有很强的伸缩性，可多可少，可强可弱
周期性	顾客在某种消费需要得到满足之后，会随时间和空间的推移呈现明显的消费周期性特点
关联性	需要的关联性，一方面是指多种需要之间互相关联，它们之间不是孤立的，如买了冰箱就需要买保鲜盒或保鲜纸；另一方面，需要也与劳动创造本身相关联，如知识分子需要书籍，工匠需要刀、锯、斧等
可替代性	顾客在购物时，由于某种原因可能将对某种商品的需要转向购买具有相同用途的另外一种用品
潜在性	在顾客的购物行为中，大部分属于潜在需要。商家要善于创造促使潜在需要向显现需要转化的外在条件

在市场营销活动中，如若把握了顾客需要的基本特征，有意识地满足顾客需要，组织适销对路的商品，挖掘顾客的潜在需要，就可以在满足顾客需要的同时，又促进销售，从而提高企业的经济效益。

5.1.2　需要的类型与层次

1. 需要的类型

在顾客的购买行为中，其对商品或服务的需要有多种类型。根据不同的分类标准，可将顾客的需要分为以下几类，见表 5-2。

表 5-2　需要的类型

不同的分类标准	需要的类型
性质	物质需要和精神需要
作用范围	个人需要和公共需要
时间	近期需要和长远需要
强度	刚性需要和弹性需要

2. 需要的层次

（1）马克思：生存需要、享受需要、发展需要

科学共产主义学说的创始人马克思把人的需要分为三个层次：生存、享受、发展。

生存需要是最基本的需要，包括衣、食、住、行等生理和生活需要；享受需要是人在满足生存需要基础上形成的一种旨在提高生活质量、优化生存条件的需要；发展需要则是人为了提高自我、完善自我、增强自由个性而产生的需要。所以在商品经营活动中，一方面，当低层次的最基本生存需要得到满足后，就会产生高层次的享受和发展的需要；另一方面，由于个体经济水平不同，顾客必然会产生不同层次的需要。

（2）马斯洛：生理需要、安全需要、社交需要、自尊需要、自我实现需要

美国著名社会心理学家马斯洛则将人的需要分为五个层次：

生理需要：有关衣、食、住、行的商品是人类生理的必需品，是顾客需要中最基本最优先的。希望吃得饱，穿得暖，这是人们称之为“温饱型”的需要。

安全需要：它包括安全感、稳定感等，这是在生理需要相对满足的基础上产生的需要，如购买各种锁、防盗门等。在现实社会中，顾客对商品的安全需要是希望食品卫生、药物安全，避免假冒伪劣商品的侵害。

社交需要：人们生活在社会中，任何人都不能孤立地存在，每个人都希望自己能成为某一团体或组织有形或无形的成员，得到人们的重视与友谊，并为达到这个目标做出努力。在实际生活中，社交的需要是各个阶层的顾客购买商品的主要动力，如为社交的需要去购买服装、化妆品，为获得他人的喜爱而去健身、美容等。

自尊需要：人类具有自尊和荣誉感，总希望自己能获得成功，得到荣誉，受到人们的尊重和赞扬。自尊的需要包括自信的需要、完美的需要、知识的需要、地位的需要、受人尊重的需要。在这一层次支配下的顾客购买行为，最为典型的是热衷于购买名牌商品、高档商品等。

自我实现需要：主要是指通过自身的努力，充分发挥个人的才能，体现出自身的创造力，实现自己的理想和抱负，这是建立在前四种需要基本满足的前提下的最高级的需要。为此，许多人为了掌握知识和才能，以使自己能够更好地施展才华而支付的学费、训练费等，都是为了满足自我实现的需要。例如，作家为了更便捷地查找资料，购买电脑用于写作的需要等。

需要的层次由低级向高级推移，当人们的生理需要和安全需要的低层次满足之后，往往就有追求社交、自尊和自我实现等高层次的需要。已经满足的需要，不再是激励因素。人们总是在力图满足某种需要，一旦某种需要得到满足，就会由另一种需要取而代之。

5.1.3　需要、需求与兴趣

需要与需求是两个不同的概念。需求是站在需和求两个角度看问题的，即需要和追求的满足，强调需的实现；需要只强调需，虽然也要联系社会生产，但更侧重于个体心理的某种状态。

需要和需求两者之间也存在着密切的联系。人为了求得个体和社会的生存与发展，必须要求具有一定的社会生产条件与社会关系。这些需求反映在个体头脑中，就形成了他的需要。需要被认为是个体的一种内部状态，或者说是一种倾向，它反映个体对内在环境和外部生活条件的较为稳定的要求。

兴趣是个体以特定的事物、活动及人为对象，产生的积极和带有倾向性、选择性的态度与情绪。每个人都会对他感兴趣的事物给予优先注意和积极地探索，并表现出心驰神往。例如，对美术感兴趣的人，对各种油画、美展、摄影都会认真观赏、评点，对好的作品进行收藏、模仿。

兴趣受社会生活制约，不同时代、不同的社会环境、不同的阶级或阶层，兴趣和爱好都不一样。兴趣也受个体年龄、性别、文化水平、职业等影响而有所不同。

但不管人的兴趣是什么，都是以需要为前提和基础的。兴趣在需要的基础上产生，也在需要的基础上不断发展。例如，随着物质生活水平的提高，人们饭桌上的消费不再仅仅满足于吃饱，而是更加追求吃得健康美味而又有品位，因此会对食材的环保与花色品种以及制作方法的创新产生强烈的关注与浓厚的兴趣，这就要求商家必须了解顾客的兴趣所在，发现或挖掘他们的需要，在实施营销计划时，满足顾客对某种商品或服务需求的同时，也实现企业盈利的快速增长。

知识拓展

亚伯拉罕·马斯洛

亚伯拉罕·马斯洛（Abraham Maslow，1908—1970）出生于纽约市布鲁克林区。美国著名社会心理学家、人格理论家和比较心理学家，人本主义心理学的主要发起者和理论代表，也是心理学第三势力的重要领导人。1926 年入康乃尔大学，三年后转至威斯康星大学攻读心理学，在著名心理学家哈洛的指导下，1934 年获得博士学位。之后，留校任教。1935 年在哥伦比亚大学任桑代克学习心理研究工作助理。1937 年任纽约布鲁克林学院副教授。1951 年被聘为布兰代斯大学心理学教授兼系主任。1969 年离任，成为加利福尼亚劳格林慈善基金会第一任常驻评议员。第二次世界大战后转到布兰代斯大学任心理学教授兼系主任，开始对健康人格或自我实现者的心理特征进行研究，于 1967 年被选为美国心理学会主席。马斯洛的需要层次理论是研究组织激励时应用得最广泛的理论，对心理学尤其是管理心理学有着重要的影响。

学习与研究马斯洛的需要层次理论也对商家经营品类的调整与有效传递广告信息具有重要意义。

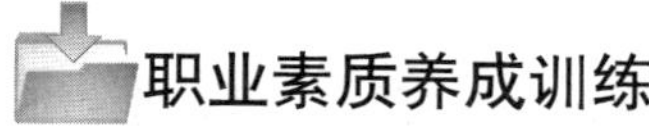

职业素质养成训练

顾客至上

（根据以下材料课堂邀请部分同学分两组模拟）

两家牛肉面馆，价格相同，口味也相差无几，但是其命运结局却大相径庭：一家生意红火，客源不断；而另一家最终门可罗雀，不得不关了门。且看这一家，一进店门，就有服务员微笑着热情地迎上来，斟上一杯茶，然后问你要宽面还是细面，要不要放辣椒，放不放香菜……面条做好端上来，服务员会很礼貌地叮嘱一声“您慢用”，吃完离开的时候，又热情地打招呼“欢迎您下次再来”；遇到客人比较多的时候，服务员还会不时歉意地说一句：“非常抱歉，今天吃饭的人多，您还得再稍等一会儿。”顾客反映：在这样的面馆用餐，即使在寒冷的冬天，心里依然感到热乎乎。而再看另一家面馆：客人走进店里，服务员爱理不理，倒茶、端面都得客人自己动手。吃完饭离开，更没有人送，一副你爱来不来的样子，既没有热情的语言，更无周到的服务，于是半年之后，客源大减，只好惨淡关门。

思考：请结合两组同学的课堂模拟活动，分析这两家面馆之所以产生截然不同结局的原因，并讨论应该从哪几个方面提高自身职业素质，达到顾客至上、让顾客满意的目的？

5.2 顾客的购买动机

顾客的购买动机是在消费需要的基础上产生的，它把顾客的需要行为化，顾客通常按照自己的动机去选择具体的商品类型。因此，研究购买动机可以为掌握顾客购买行为的内在规律提供更具体、更有效的依据。

5.2.1 动机及其形成过程

心理学将动机定义为引发和维持个体行为并导向一定目标的心理动力。动机是一种内在的驱动力量。顾客的消费行为直接源于各种各样的购买动机。

动机是一种基于需要而由各种刺激引起的心理冲动。它的形成需要具备一定的条件。

其一，动机的产生必须以需要为基础，但只有当需要的强度达到一定程度后，才能引起动机，进而引起、推动或阻止人的某种购买活动。人的需要是多方面的，甚至是无止境的，但是由于客观条件的限制，人的需要不可能同时全部获得满足，对于消费活动来说，只有那些强烈的、占主导地位的消费需要才能引发购买动机，促成现实的购买活动。

其二，动机的形成还需要相应的刺激条件。当个体受到某种刺激时，其内在需求会被激活，使内心产生某种不安情绪，形成紧张状态。这种不安情绪和紧张状态会衍化为一种动力，促进动机的产生与形成。

其三，动机的最终形成，还必须有满足需要的对象和条件。例如，有的顾客非常向往红旗 CA7600J 高级轿车，但这车是国家主席习近平在 2015 年 9 月 3 日纪念中国人民抗日战争胜利 70 周年大会上乘坐的检阅车，在市场上并不是有钱就能买到的，当然对于一般顾客来说，也就不可能产生购买红旗 CA7600J 高级轿车的动机。因此，研究顾客的购买动机比研究顾客的需要，对于市场营销来说，会更直接、更有效地激发顾客的购买行动。

顾客动机的形成过程中，上述三方面条件缺一不可，其中尤以外部刺激更为重要。因为在通常情况下，顾客的需求处于潜伏或抑制状态，需要外部刺激加以激活。外部刺激越强，需要转化为动机的可能性就越大。否则，需要将维持原状。因此，如何给顾客以更多的外部刺激，是推动其购买动机形成乃至实现购买行为的重要前提。

5.2.2 购买动机的类型

顾客的购买动机是为了满足消费需求而驱使或引导顾客向着已定的购买目标实现购买活动的内在驱力。它是复杂多样的：从大的方面来看，有生理性购买动机和心理性购买动机。

生理性购买动机是由先天的、生理的因素所引起的，为满足、维持、保持、延续和发展生命等需要而产生的各种购买动机；心理性购买动机主要是由后天的社会性或精神需要所引起的为满足维持社会生活，进行社会生产和社会交际，在社会实践中实现自身价值等需要而产生的各种购买动机。但是，在人的购买行为中，往往既有生理性的购买动机，又有心理性购买动机，两者相互交织在一起。

心理性购买动机是由人们的心理需要而引起的，它比生理性购买动机更为复杂。心理动机又可以分为一般心理动机和具体心理动机。一般心理动机带有普遍性，而具体心理动机则具有特殊性。

一般心理动机可以分为感情动机、理智动机、惠顾动机三种。

感情动机包括情绪动机和情感动机两个方面。情绪动机是指人受各种情绪的影响，产生不同的购买动机，这种购买动机具有冲动性和不稳定性特点。情感动机是由人的感情驱使，如道德观、集体观、审美观等产生的购买动机，相对稳定和持久。

理智动机是人们以商品的客观认识为基础，经过比较分析、深思熟虑而产生的购买动机，因有理智的控制与支配，所以具有客观性、周密性和控制性的特点。

惠顾动机产生于顾客对特定商品或商标的信任和偏爱，因此，顾客习惯在某一家商店购买商品，或重复购买同一商标的产品。惠顾动机与企业的经营行为、服务质量、服务态度及商品质量有直接关系。只有具有优质服务、优良商品和良好声誉的商店，才能使顾客一次次重复习惯、频频惠顾。所以，商店要在经营中培养顾客的惠顾动机，紧紧地抓住老顾客，形成良好的顾客口碑，以赢来更多的客源。

顾客的心理动机是复杂多变、多层次交织的，所以，在了解顾客一般心理动机的同时还需要研究顾客的具体心理动机。具体心理动机有以下几种类型。

1. 求实动机

求实动机是以注重商品或劳务的实际使用价值为主要目的的购买动机。顾客在购买商品或劳务时，特别重视商品的实际效用、功能质量，讲求经济实惠、经久耐用，而对商品的外观造型、色彩、商标、包装装潢等不大重视。在购买时大都比较认真仔细地挑选，也不太受广告宣传的影响。一般而言，顾客在购买基本生活资料、日用品的时候，求实动机比较突出，而在购买享受资料、较高档次的、价值大的消费品时，求实动机不太突出。此外，还要看顾客的消费支出能力和消费的价值观念。收入不高的家庭主妇以及相当一部分农民购买者具有这种购买动机，他们是中低档商品和大众化商品的主要购买者，对高档商品、非生活必需品的购买持慎重态度。

2. 求新动机

求新动机是以注重商品的新颖、奇特和时尚为主要目的的购买动机。顾客在购买商品时，特别重视商品的外观、造型、式样色彩和包装装潢等，追求新奇、时髦和与众不同，而对陈旧落后时代的东西不屑一顾。在购买时，受广告宣传、社会环境和潮流导向影响很大。具有这种购买动机的顾客一般来说观念更新较快，容易接受新思想、新观念，生活也较为富裕，追求新的生活方式。具有这种购买动机的多为经济条件比较好的青年顾客。这类顾客对社会时尚反应敏感，他们是时装、时尚商品和新产品的主要购买者。

3. 求美动机

求美动机是以注重商品的欣赏价值和艺术价值为主要目的的购买动机。顾客购买商品时，特别重视商品对人体的美化作用、对环境的装饰作用、对其身体的表现作用和对人的精神生活的陶冶作用，追求商品的美感带来的心理享受。购买时，受商品的造型、色彩、款式和艺术欣赏价值的影响较大。强调感受，而对商品本身的实用性要求不高，这样的顾客往往文化素质较高，生活品位较高。具有这种购买动机的多为中青年女顾客以及文艺界人士，他们是妇女时装、化妆品、首饰、工艺品、家庭装饰用品的主要购买者。从现在的情况看，有这样两个趋势：其一是随着人们生活水平的提高、收入的增加和用于非食物方面开支比例的增大，求美动机越来越强烈了；其二是随着时间的推移，人们休闲时间的增加，越来越多的人注重求美的动机了。

4. 求廉动机

求廉动机是以注重商品价格低廉，希望付出较少的货币而获得较多的物质利益为主要特征的购买动机。价格敏感是这类顾客的最大特点。在购买时，他们不大看重商品的外观造型等，而是受处理价、优惠价、大特价、清仓价、“跳楼价”等的影响较大。一般而言，这类顾客收入较低或者经济负担较重。有时也受对商品的认识和价值观的影响。近年来还有一种趋势，就是在目标市场营销中，较低档次的顾客对于较高档次的消费品而言，往往是求廉购买。例如，在广州不少的时装专卖店，本来是面向高收入者的，他们讲究时装的质地、款式、时髦与否，服务、购物环境等，普通大众一般时候是不会光顾的，但在换季时大减价清仓处理，普通的顾客此时会去抢购，就是求廉动机的激发。

5. 求名动机

求名动机是一种以追求名牌商品或仰慕某种传统的名望为主要特征的购买动机。顾客对商品的商标、商店的牌号等特别重视，喜欢名牌产品，在购买时受商品的知名度和广告宣传等影响较大。在这种动机驱使下，顾客购买时几乎不考虑商品的价格和实际使用价值，只是通过购买、使用名牌来显示自己的身份和地位，从中得到一种心理上的满足。具有这种购买动机的顾客一般都具有相当的经济实力和一定的社会地位。此外，表现欲和炫耀心理较强的人，即使经济条件一般，也可能具有此种购买动机。一般而言，青年人、收入水平较高的人常常具有这种购买动机。

6. 好胜动机

好胜动机是一种以争强好胜或为了与他人攀比并胜过他人为目的的购买动机。顾客购买商品主要不是为了实用，而是为了表现比别人强。在购买时，主要受广告宣传、他人的购买行为影响，对于高档、新潮的商品特别感兴趣。

7. 显耀动机

显耀动机是一种显示地位、身份和财富实力为主要目的的购买动机。顾客在购买商品或从事消费活动时，不太重视消费支出的实际效用而格外重视由此表现出来的社会象征意义，通过购买或消费行为体现出有身份、权威或名流的形象。具有显耀动机的人与具有好胜动机的人相比，通常所处的社会阶层高，而又经常与下一阶层的人在一起，为了与众不同，常常购买具有社会象征意义的商品。

8. 求同动机

求同动机是一种以求得大众认可的购买动机。顾客在购买商品时主要以大众化为主，跟上潮流即可，人有我有，不求创新，也不要落后。有时也称为从众动机，在购买时受购买环境和别人的经验、介绍推荐影响较大。

9. 便利动机

便利动机是一种以方便购买、便于使用维护为主的购买动机。在购买价值不高的日用品时，顾客常常具有这种购买动机。对于这类日用消费品，顾客经常购买，经常使用，购买时也不太认真挑选，讲求便利是其主要特征。

10. 求优动机

求优动机是以追求商品的质量优良为主要特征的购买动机。这类顾客选购商品时注重内在质量，对外观式样及价格等不过多考虑。这种购买动机多见于经济条件较好的老年顾客。

顾客购买动机产生之后，营销人员就要设法激发购买行为的产生，一般情况下，市场营销者要针对自己所营销的产品类型和特点、市场的分类、目标市场的不同及市场定位的情况，了解、分析顾客购买自己所营销产品的动机到底是什么、购买的角色如何等，继而确定如何才能激起顾客的购买动机，以引导其购买行为。

求优动机

5.2.3 购买动机的作用

购买动机是顾客需要与其购买行为的中间环节，具有承前启后的中介作用。概括来说，购买动机对购买行为具有以下几种作用：

1. 始发作用

这是引起顾客购买行为的初始动机，这种动机引导顾客购买哪一种商品，如电视机、录像机、组合音响等。动机的基本作用，就是这种激起作用。例如，要选择远程学习，可能是买电脑的始发因素。

2. 选择作用

这是动机的调节功能所起的作用。因为顾客的动机是多种多样的。这些动机目标可能是一致的，也可以是矛盾的，动机的选择作用，可以引导购买某种牌子的商品，当顾客最强烈的动机实现后，初级动机就会自动调节出高一级动机。

3. 维持作用

人的行为是有连贯性的，动机的实现也往往要有一定的时间过程，在这个过程中，动机始终起着激励作用，直至行为目标实现为止。

4. 强化作用

动机的强化机能具有正负作用。为满足动机的结果，不断保持与强化行为动因，称为“正强化”；反之，起着减弱和消退行为作用的，称为“负强化”。

5. 中止作用

当动机已经实现，或是由于刺激与需要的变化，动机都会起停止行为的作用，当然，机体的动机是不会停止的，一个动机停止了，另一个动机又会继起，发起新的行为过程。

不同的购买动机带来不同的购买行为，营销人员应学会洞悉顾客心理，根据顾客具体的购买动机来进行有针对性的销售服务，引导顾客的消费行为。

知识拓展

国外购买动机理论

1. 内驱力理论

克拉克·赫尔（Clark L.Hull，1884—1952），美国心理学家，新行为主义代表人物之一。1936 年当选为国家科学院院士，同年当选为美国心理学会主席。根据赫尔的内驱力理论，人对现行行为的决策，大部分是以过去行为所获结果或报酬进行考虑的，即动机作用是过去的满足感的函数。该理论的经济意义是：一个顾客面对某种商标的商品，如果其习惯强度、内驱力、精神动力、诱因动机各因素越强烈，那么购买这种商品的可能性就越大。

2. 认知论

这种理论与上述内驱力理论正好相反，认为人的行为的主要决定因素，是关于信念、期望和未来变故的预测。内驱力理论是着眼于过去事件的结果，认知论则面向未来事件的预测。由此可认为，认知论认为人的行为都是有目的性的，以有意识的意图为基础。例如，顾客为货币保值而去购买黄金，如果他对这种行为能达到保值的信念十分坚定，并且认为购买的结果能得到经济上的好处，那么购物保值动机会很强烈，会促使他做出种种努力去购买。反之，他预期得不到好处，那么他购买黄金保值的动机会减弱，也无须再作购买的努力。

职业素质养成训练

“双十一”狂欢节

比尔·盖茨曾说过：“21世纪要么电子商务，要么无商可务。”在这个一切皆可电子商务的时代，人类数千年来的商业行为被颠覆，人们的购物方式、消费方式和生活方式也随之发生了前所未有的改变，电商时代已经到来。

每年的11月11日，国内大型电子商务网站会利用这一天进行一些大规模的打折促销活动，以提高销售额度，并逐渐发展为中国互联网最大规模的促销狂欢的盛宴。“五折”“低价”“包邮”“7天不满意退货”等敏感的词条不断强化消费者对于“双十一”的认知，2015年11月12日，第七个天猫“双十一”全球狂欢节落下帷幕，全天交易额达912.17亿元。

思考：

1）电子商务网站“双十一”购物节的目标顾客有哪些？天猫“双十一”的促销为什么取得了成功？

2）假设你目前是一位电商，请结合你所熟悉的某一产品或服务，分析目标顾客的购买动机类型，并根据你所分析的目标顾客购买动机类型设计一则促销方案。（要求：选择分析的产品或服务具体，目标顾客锁定合理，购买动机分析正确，方案设计有针对性。）

5.3 顾客的购买行为

顾客购买行为是人类社会中最具有普遍性的一种行为方式，它广泛存在于社会生活中的各个方面，成为人类行为系统中不可分割的重要组成部分。

5.3.1 顾客购买行为的含义及特点

顾客购买行为就是顾客在一定的购买欲望（动机）的支配下，为了满足某种需要而购买商品的行为。

顾客购买行为具有动态性、互动性、自主性、多样性、易变性、冲动性等特点。严格地说，顾客购买行为由一系列环节组成，即顾客购买行为来源于系统的购买决策过程，并受到内外多种因素的影响。对于优秀的营销人员来说，掌握顾客购买决策过程及了解影响顾客做出购买决策等方方面面的因素，是促成顾客购买行为的关键。

5.3.2　顾客购买行为模式与心理过程

1. *顾客购买行为模式*

研究顾客购买行为的理论中最有代表性的是菲利普·科特勒的刺激-反应模式，如图 5-1 所示。

科特勒认为，顾客购买行为过程可以用下述模型来表达。图 5-1 的左部分表示的是两种刺激形式，即企业内部的营销刺激和企业外部的其他刺激，它们共同作用于购买者以期引起购买者的注意。营销刺激由四个因素组成，即产品（Product）、价格（Price）、地点（Place）和促销（Promotion）。其他刺激由顾客所处的经济、技术、政治及文化等环境方面的主要力量和活动组成。各种刺激因素均经达购买者的"黑箱"而产生一级如右方组图的购买者反应，即产品选择、品牌选择、经销商选择、时间选择和数量选择等。

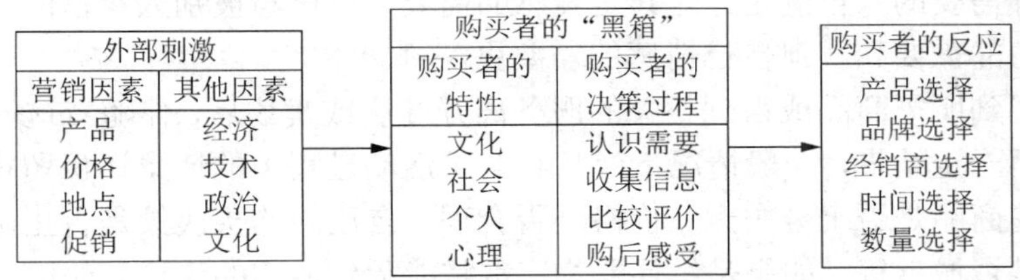

图 5-1　科特勒的刺激-反应模式

黑箱分为购买者的特性和购买者的决策过程两个中介因素，它们将得到的刺激进行加工处理，而加工处理的结果就是购买者的反应。购买者特性受其文化、社会、个人、心理因素的影响，购买者对刺激会形成不同的反应与理解。例如，当产品价格便宜时，有人认为，"一分价钱一分货，好货不便宜，便宜没好货"；也有人认为价廉物美，会立即购买，同样的信息刺激对于不同的顾客形成的认识和做出的反应不同，因此，企业就需要研究刺激反应过程中的"黑箱"，通过对顾客特性与购买决策过程的了解帮助企业有针对性地开展营销活动。

在具体营销过程中，销售人员应该对以下问题进行深入了解，见表 5-3。

表 5-3　销售人员应深入了解的问题

问题	简称
购买者是谁？	Who
购买什么？	What
为什么购买？	Why
谁参与购买？	Who
什么时候购买？	When
怎样购买？	How
何地购买？	Where

2. 顾客购买行为发生的心理过程

从产生某种购买欲望到最终完成购买行为的全部过程中，顾客的心理活动是逐渐展开的，其表现又是多样的。

在顾客产生某种购物动机到进入商店之前的这个阶段，顾客意识到自己对某种物质或服务的需要，当这种需要转化为一种强烈的购买动机时，于是顾客进行时间、货币、交通工具、产品或服务信息等方面的准备。这期间，一般来说，顾客心理活动的强度并不大，他们大都对购物成功怀有美好的愿望，追求、期待高质量的服务。

当经过了充分的购物准备之后，顾客开始了他的购物活动，进入他们事先选择好的商店或卖场，寻找自己所需要的商品或服务。这时，他们往往调动自己全部的感觉器官去看、听、摸、闻，以取得有关商品的感性材料；然后向营业人员询问并继而比较、挑选，最后付款离去。在这个阶段，顾客的心理活动是十分复杂的，既包括大量的认知活动：从感性到理性，从直接到间接，从现象到本质；还包括丰富的情感活动：对商品外在形象、内在性能及经营服务质量，顾客都可能产生强烈的内心体验，顾客追求的是物质需要与精神需要的双重满足，尤其是美感的需要、自尊与被别人尊重的需要、体现自我修养与能力的需要和宣泄自己情感的需要更深刻。

在顾客买到所需商品或得到相关的服务离开商店或卖场后，伴随着这一购物过程的心理活动并不一定结束，一般情况下商品和购买活动过程中的情景还保留在头脑中，他们会反思买的商品是否十分中意、价格是否合理、自己的购买决策是否正确、营销人员的服务态度是否诚恳等。如果是结伴购物，常常能听到他们的议论、评价及各种情感的流露。这种对购买行为结果的认识，会反过来影响其他购买者的购买动机和购买决策，影响家人或其他亲友的购买行为。总之，在购物结束之后，顾客的认识活动和情感活动并未立即结束，良好的销售服务应使顾客始终对所购商品和取得的服务产生满意的情感，这种情感是再一次光临商店的动力。

5.3.3 顾客购买行为的分类

从事实际购买活动的顾客，由于其收入、性格、素养及当时购物环境的不同而存在着购买心理的差异，选购商品时的表现也就各不相同。根据顾客购买的心理状况，可将购买行为分成不同类型：

1. 按顾客对购买目标的选定划分

（1）全确定型

此类购买行为是指在购买商品前已有明确的购买目标，对商品名称、商标、型号、规格、样式、颜色，以及价格幅度等都有明确的要求。采取这种购买行为的顾客进入商店后，一般都有目的地进行选择，并主动地提出需购商品，以及对商品的各项要求，可以毫不迟疑地买下商品，其购买目标在购买行动与语言表达等方面都能鲜明地反映出来。

（2）半确定型

此类购买行为是指顾客在购买商品前已有大致的购买目标，但其具体要求还不甚明确，最后购买决定是经过比较选择而完成的。例如，智能电视是其计划购买的商品，但购买什么牌子、型号、规格、式样尚未做出决定。持这种购买行为的购买主体，在进入商店后一般不能明确、清晰地提出所需商品的各项要求，实现购买目标需要经过较长的比较、评定才能完成。

（3）不确定型

这类购买行为在购买商品时没有明确的或坚定的购买目标，进入商店主要是参观，一般是漫无目标地观看商品，或随便了解一些商品信息，碰到感兴趣与合适的商品也会购买，否则不买商品就离去。

2. 按顾客的购买态度与要求划分

（1）习惯型

习惯型的购买行为是由信任动机产生的。顾客对某种商品的态度，常取决于对商品的信念。信念可以建立在知识的基础上，也可以建立在信任的基础上。基于对某种商品及其经销商的认识与情感形成的信念，使之在需要该商品时会不假思索地去购买，这就形成了购买行为的习惯性。属于此类行为的购买主体，往往根据过去的经验和使用习惯进行购买活动，或长期光临某商店，或长期使用某个厂牌、某个商标的商品，而很少受时尚风气的影响。

（2）理智型

此类顾客购买行为以理智为主，感情色彩较少。往往根据自己的经验和对商品知识的了解，在采取购买行动前，注意收集商品的有关信息，了解市场行情，经过周密的分析和思考，做到对商品的特性心中有数。在购买商品时，主观性较强，不愿别人介入。受广告宣传及售货员的介绍影响甚少，往往是购买者自己对商品作一番细致的检查、比较，反复地权衡各种利弊因素后，在不动声色中完成购买行为。

（3）感情型

这种购买行为兴奋性较强，情感体验深刻，想象力与联想力特别丰富，审美感比较灵敏，因此，购买主体在购买商品时容易受感情的影响，也容易受销售宣传的诱导，往往以商品品质是否符合其感情的需要来确定是否做出购买。

（4）冲动型

此类购买行为的顾客，个性心理反应敏捷，客观刺激物容易引起心理的指向性，其心理反应与心理过程的速度比较快。这种个性特征反映到购买的实施时便呈冲动型。此类行为易受商品外观质量和广告宣传的影响，以直观感觉为主，新产品、时尚产品对其吸引力较大。他们一般对所接触到的第一件合适产品就想买下，而不愿做反复选择比较，因而能快捷地完成购买活动。

（5）经济型

持这种购买行为的顾客，在选购商品时多从经济角度考虑，对商品的价格非常敏感。例如，有的从价格的高昂来确定商品的优质，选购高档商品；有的从价格的低廉来评定商品的实惠，选购廉价商品。当然，价格选择的原因，很大程度与其经济条件和心理需要有关。

（6）疑虑型

这种购买行为具有内倾性的心理特征，有这种购买行为的顾客善于观察细小事物，行动谨慎、迟缓，体验深而疑心大；选购商品从不冒失仓促地做出决定，听取商品介绍和检查商品时，往往小心审慎和疑虑重重；挑选商品动作缓慢费时，还可能因犹豫不决而中断；购买时常常“三思而后行”，购买后还会疑心是否上当受骗。

（7）不定型

这种购买行为常发生于新购买者。他们缺乏购买经验，购买心理不稳定，往往是随意购买或奉命购买；在选购商品时大多没有自己的主见，表现出不知所措的言行。有这类购买行为的顾客，一般都渴望得到商品介绍的帮助，且容易受外界的影响。

3. 按顾客在购买现场的情感反应来划分

（1）沉着型

这种购买行为是指顾客神经反应过程平静而灵活性低，反应比较缓慢而沉着，因此，环境变化刺激对他们影响不大。这种购买行为主体在购买活动中往往沉默寡言，情感不外露，举动不明显，购买态度持重，不愿谈与商品无关的话题，也不爱听幽默或玩笑式的语句。

（2）温顺型

有些人由于神经反应过程比较脆弱，在生理上不能忍受或大或小的神经紧张，对外界的刺激很少在外表上表现出来，但内心体验较持久。这种心理特征表现在购买行为上，一般称为温顺型。此类购买者在选购商品时往往遵从介绍做出购买决定，很少亲自重复检查商品的品质。这类购买行为对商品本身并不过多考虑，而更注重服务态度与服务质量。

（3）健谈型

有些人由于神经反应过程平静而灵活性高，能很快适应环境，但情感易变，兴趣广泛。这种心理特点表现在购买行为上就是健谈型或活泼型。这类购买行为的购买者在购买商品时，能很快地与人们接近，愿意交换商品意见，并富有幽默感，爱开玩笑，有时甚至谈得忘乎所以，而忘掉选购商品。

（4）反感型

此类顾客在个性心理特征上具有高度的情绪易感性，对于外界环境的细小变化都有所警觉，显得性情怪僻，多愁善感；在购买过程中，往往不能忍受别人的多嘴多舌，对售货员的介绍异常警觉，抱有不信任的态度，甚至露出讥讽性的神态。

（5）激动型

有的人由于具有强烈的兴奋过程和较弱的抑制过程，因而情绪易于激动，在言谈举止和表情神态上都有急躁的表现。这种心理特征表现在购买行为上，就是激动型或傲慢型。此类顾客选购商品时，在言语表情上显得傲气十足，甚至用命令的口气提出要求，对商品质量和服务要求极高，稍有不合意就会发生争吵。

4. 按顾客行为的复杂程度和所购商品本身的差异划分

(1) 复杂型

顾客初次购买差异性很大的耐用消费品时发生的购买行为。购买这类商品时，通常要经过一个认真考虑的过程，广泛收集各种有关信息，对可供选择的品牌反复评估，在此基础上建立起品牌信念，形成对各个品牌的态度，最后慎重地做出购买选择。

(2) 和谐型

顾客购买差异性不大的商品时发生的一种购买行为。由于商品本身的差异不明显，顾客一般不必花费很多时间去收集并评估不同品牌的各种信息，而主要关心价格是否优惠，购买时间、地点是否便利等。因此，和谐型购买行为从引起需要、产生动机到决定购买，所用的时间比较短。

(3) 习惯型

这是一种简单的购买行为，属于一种常规反应行为。顾客已熟知商品特性和各主要品牌特点，并已形成品牌偏好，因而不需要寻找、收集有关信息。

(4) 多变型

这是为了使消费多样化而常常变换品牌的一种购买行为，一般是指购买牌号差别虽大但较易于选择的商品，如糖果、蜜饯等。同上述习惯型一样，这也是一种简单的购买行为。

现实生活中，顾客的购买行为复杂多样，上述购买行为的划分只是其中的几种。即使在同类购买行为中，由于顾客的性别、年龄、职业、经济条件和心理素质等方面不同，以及购买环境、购买方式、商品类别、供求状况、服务质量等方面的不同，都会出现购买行为的差异。所以，营销人员只有结合现实的具体情况，尽可能把握顾客对商品的心理反应，晓之以理，动之以情，才能促成购买行为的实现。

菲利普·科特勒——现代营销学之父

5.4 顾客的购买决策

5.4.1 顾客购买决策的内涵

顾客购买决策是指顾客谨慎地评价某一产品、品牌或服务的属性并进行选择、购买能满足某一特定需要的产品的过程。

广义的顾客购买决策是指顾客为了满足某种需求，在一定的购买动机的支配下，在可供选择的两个或者两个以上的购买方案中，经过分析、评价、选择并且实施最佳的购买方案，以及购后评价的活动过程。它是一个系统的决策活动过程，包括需求的确定、购买动机的形成、购买方案的抉择和实施、购后评价等环节。

5.4.2 顾客购买决策的类型

购买决策是一个较为复杂的问题，它涉及面广，方法多样。为便于理解和运用决策的理论和方法，我们从不同的角度对购买决策进行分类。可借助图 5-2 进行理解。

1. 按顾客购买决策的方式来划分

（1）个人决策

这是顾客利用经验和自己手头的信息，凭借个人智慧做出的决定。人们平日大量的购买行为都是常规性的。油、盐、酱、醋之类的商品，凭着自己的购买经验，直接就可以做出决策。另外，日常生活中经常会遇到紧迫性的问题。市场供不应求的商品，偶然遇到，个人立刻决定购买。这样，既可以提高效果，又不会错过机会。

（2）家庭决策

这是指重大购买行为，由家庭成员共同商议，凭借集体的经验和智慧做出决定的决策方式。顾客购买大件商品，往往是以家庭为单位的。日常生活用品，通常由个人决策即可，但耐用消费品和重要商品的购买，一般很难由个人进行决策。所购商品的消费支出占家庭消费品的比例越大，个人决策的可能性越小。另外，个人购买重要商品的经验一般不足，因而很难做出个人决策，必须经家庭成员共同商议，凭借集体的经验共同决策。

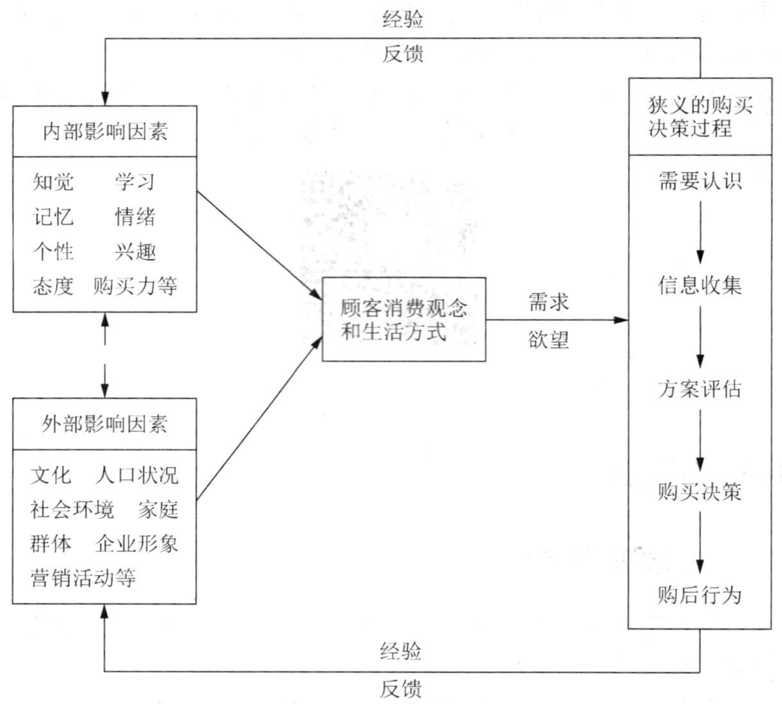

图 5-2 顾客购买决策的过程

（3）社会协商式决策

顾客在购买决策过程中，通过社会化的渠道搜集信息，进行协商，凭借社会化的经验和智慧做出集体决策。个人和家庭对于数以百万计的商品了解程度是很低的，尤其是一些非日常生活用品；而科技的发展又使商品的性能不断地改善，推陈出新。因而，仅靠个人和家庭的经验，很难做出最终的购买决策。这样，就必然要通过广告或向销售人员进行咨询等方式，吸取经验，借助社会力量和智慧做出集体决策。

2. 按购买决策问题的性质划分

（1）战略性决策

战略性决策是指顾客对未来商品购买的长期规划决策。例如，家庭未来要向物联网发展，这就要考虑在未来几年内购买什么样的智能家居，这就属于家庭发展战略上的决策。

（2）策略性决策

策略性决策是实现战略目标所采用的手段，它比战略性决策更具体、更现实，考虑的时间也较短。例如，为了实现家居智能化，顾客可能会拿出近期的储蓄购买智能门锁，以便使用手机就可以方便地控制门锁。上述两种决策的区别是相对的，而不是绝对的。

3. 按决策的目标要求划分

（1）最优决策

顾客总是力求通过决策方案的选择、实施取得最大效用，使某一方面的需求获得最大限度的满足。按照这一指导思想进行的决策即最优决策。这种决策实际上是追求理想条件下的最优目标。

（2）满意决策

事实上，理想条件很难存在，而且顾客也没有必要花费大量的时间和金钱去追求最好，只需在进行购买决策时，做出相对合理的选择，达到相对满足即可。在现实条件下，求得相对满意的购买结果的决策，称为满意决策。在购买决策中，满意决策比最优决策的实用性更强。

4. 按决策要求所获得的答案数目的多少划分

（1）一次性决策

顾客所做的购买决策，有些是单一的，有些则是相互关联的、多层次的。一次性决策所处理的问题是某一时间点的状态或某一时期总的结果，所要求的方案只有一个，达到预定目标后，这个决策就结束了。

（2）多级决策

如果顾客做出的购买决策不是一个，而是相互关联的、一连串的决策，前一项决策直接影响后一项决策，这种决策是多级决策。例如，对新居进行装修，顾客不仅要购买家具，还要购买与之配套的灯具、家电及各种装饰品。多种商品的购买决策是相互影响的。

5. 按决策问题的风险性划分

（1）确定型决策

确定型决策指一个方案只有一种确定的结果。决策时对未来的情况已掌握完整的资料，没有不确定的因素。

（2）风险型决策

风险型决策和不确定型决策由于存在不可控因素，一个方案可能出现几种不同的结果。例如，当决策购物方式时，选择托人代购或预付定金定购，有可能出现几种意外结果：可能受骗，也可能预付了定金后无货而让别人白白占用资金，等等。风险型决策对于各种可能的结果可有概率依据。

（3）不确定型决策

不确定型决策则没有任何历史资料，不可估测，只能凭顾客的判断和运气进行决策。

与其他决策活动相比，顾客的购买决策具有决策主体单一、决策范围有限、影响决策因素复杂、决策内容情景性等特性。此外，购买决策因人而异、因事而异，不能教条地、从固定的模式出发，而要因地制宜，具体问题具体分析。

5.4.3 顾客购买决策的原则和过程

1. 顾客购买决策的原则

顾客在决定购买过程中会考虑几个原则，不同的人可能会依赖于不同的原则。这些原则可分为两种类型：遗憾最小化原则与满意原则。它们是顾客制定购买决策的两个最基本的原则，贯穿于决策过程始终，起着指导与引导顾客决策的作用。

（1）遗憾最小化原则

顾客在制定购买决策过程中，当面临多种冲突方案的选择时，追求的总是购买后的遗憾最小化。这是因为任何决策方案的后果都不可能达到完全满意，都存在不同程度的遗憾。遗憾最小化原则可减少风险损失，缓解顾客因不满意而造成的心理失衡。例如，某人在挑选衣服时对某种品牌的服装的款式、颜色都十分喜欢，但因价格太高而宁愿选择另外一种款式、颜色稍逊一等而价格合理的服装，以便将遗憾减到最低程度。

（2）满意原则

满意原则是指顾客对购买结果所带来的利益和效果与预期相比，达到满足。顾客追求的满意原则有两种：一种是最大满意原则，一种是相对满意原则。

最大满意原则：通常，顾客总是力求通过决策方案的选择、实施取得最大效用，使某方面的需要获得最大限度的满足，即最大满意原则。但是，要达到最大满意，要求顾客详细地占有资料，全面地、准确无误地进行分析评价，预测各种方案的后果。现代社会商品种类繁多，市场信息变化多端，而顾客受主观环境的限制，不可能也没有必要花费许多时间和精力获得全部信息，永远不可能达到绝对的最大限度的满意。所以，最大满意原则只是一种理想化原则。

相对满意原则：在进行购买决策时，顾客只需做出相对合理的选择，达到相对满意即可，最终能以较少的代价取得较大的效果。

在顾客的购买决策中，如将其在购买过程中付出的有形支出（货币支付数量）与无形支出（时间与精力的耗费）看成是成本，购后的感觉看成是收益，则成本大于或等于收益，顾客会感到遗憾，认为所购之物与购买行动本身不值得；若成本小于收益，则会感到满意。如果不得不面对遗憾结果，则顾客追求遗憾最小化；如果是面对满意的结果，则顾客自然追求满意最大化。

以上分析了顾客决定购买过程中使用的原则。使用什么样的原则去进行决策还要受以下因素的影响：决策的重要性、决策承担的风险、可供选择的产品数量。营销者可以考虑从这些选择原则中获益，因为他们能改变顾客采用的原则，考虑到产品所有突出性能，以使他们的产品被选中。

2. 顾客购买决策的过程

在复杂的购买行为中，顾客购买决策过程由引起需求、搜集信息、比较评价、购买决策、购后感受五个阶段构成。

（1）引起需求

引起需求是顾客购买决策过程的起点，这种需求可能源于内在刺激，如顾客生理上感到饥饿和口渴等，就会刺激顾客想要食物和饮料；也可能源于外部刺激，如顾客看到亲戚、朋友购买了某一商品，自己也想购买，或者顾客看到一则商品推销广告，唤起了购买的欲望等。

商家营销应注重唤起顾客的需求，这是促使顾客购买商品的前提，可在商品的花色、品种、式样、包装、广告等方面刺激顾客，引起购买需求。

（2）搜集信息

顾客的需求被唤起以后，有的不一定能立刻得到满足。这种尚未满足的需求会造成一种心理的紧张感，促使顾客乐于接受想要商品的信息，甚至会促使顾客主动地搜集相关信息。

顾客的信息来源主要有以下四种：

个人来源：来自家庭、朋友、邻居、同事等。

商业来源：来自广告、推销员、经销商、商品包装、展销会等。

公共来源：来自大众传播媒介、顾客团体组织等。

经验来源：来自购买、使用、维护产品的经验等。

由于商品种类和顾客个人特征的不同，各类信息来源的影响力也不同。一般来说，商业来源通常起告知的作用，个人来源和公共来源则具有评价的作用，经验来源往往能起评判商品是否有价值的作用。

营销人员应及时掌握顾客搜集信息的过程和动向，了解各类信息源对顾客的影响力，了解现有信息对企业和产品的评价，并设法扩大对企业和产品有利信息的传播。

（3）比较评价

顾客从各种信息来源获取资料后，将会进行整理、分析，对各种可能选择的商品和品牌进行比较、评价，从而确定自己所偏好的品牌。

顾客进行比较评价的一般步骤：一是分析商品的性能和特点，特别是与其消费需要密切相关的各种属性；二是根据自己的需求，分析各种属性的重要性，排定考虑顺序；三是根据自己的偏好提出品牌选择方案。

营销人员应了解顾客对资料的处理过程和评价标准，以便掌握顾客的购买意向。同时，营销人员可帮助顾客比较评价各品牌之间的差异，发挥必要的参谋作用。

（4）购买决策

顾客通过对商品反复的比较评价后，已形成指向某品牌的购买意向，但从购买意向到购买决策之间，还会受以下因素的影响。一是其他人的态度，即顾客周围的人对其偏好的品牌所持的意见和看法。其他人的态度会影响顾客的购买决策，其影响的程度取决于所持态度的强度及与顾客之间关系的密切程度。一般说来，反对的态度越强烈，或与顾客的关系越密切，其影响力就越大，顾客改变购买意图的可能性也越大。二是意外出现的情况，顾客购买意图是在预期的家庭收入、预期的商品价格和预期的购买满足感等基础上形成的，如果出现了失业、涨价及听到该产品令人失望的信息等意外情况，则顾客很可能会改变购买意图。

顾客的购买意向是否能转化为购买行为，还受所购商品价格的高低、购买风险的大小和顾客自信心的强弱等因素影响。营销人员要向顾客提供详尽的有关商品的信息，以消除顾客的顾虑，促使顾客坚定地实施购买意向。

（5）购后感受

顾客购买商品以后，会根据实际使用情况和他人的评判来考虑自己的购买行为是否明智，商品的效用是否理想，从而形成购后感受。

顾客购后感受一般会有三种：

满意的感受：顾客对所购商品感到满意。这种感受会强化顾客对所购品牌的信念，增加其重复购买的可能性，还会促使其向他人进行宣传。

不满意的感受：顾客对所购商品，通过使用而感到失望。这种感受可能导致顾客要求退货，以后不再购买这一品牌的商品。

不安的感受：这种感受是介于满意与不满意之间，往往是在使用过程中遇到一些问题时，会怀疑自己的选择是否明智，如果改买其他品牌的商品会不会使自己更满意，于是产生一种不安的感受。这种不安的感受，可能会引起顾客对该品牌作反宣传。这种反宣传对其他顾客的影响相当大。

营销人员要充分重视顾客的购后感受，因为它不仅会影响到顾客重复购买，还会影响到其他顾客购买。对企业来说，要加强售后服务工作，建立售后回访制度，及时了解顾客的购后感受，改进企业的营销活动，提高顾客的购买满意度。

5.4.4 影响顾客购买决策的因素

1. 个人因素的影响

（1）稳定因素

稳定因素是指个人某些特征，诸如年龄、性别、种族、民族、收入、家庭、生活周期、职业等。稳定因素不仅能影响参与家庭决策者，而且影响人们决策过程的速度。在决策过程的某一特殊阶段，购买行为也部分地决定于稳定因素。例如，在收集信息阶段，一个人的年龄和收入就会影响信息来源的数量和类型以及用来征集信息所花费的时间。稳定性因素也能够影响顾客对某产品的使用范围。例如，假定一个大学教授每年的收入和一个行政官员一样多，然而这些收入的分配却有很大的差别，这是因为两种职业的不同引起的，他们在工作中之所需和使用的生活用品都会有明显区别。

（2）随机因素

随机因素是指顾客进行购买决策时所处的特定场合和具备的一系列条件。有时，顾客购买决策是在未预料的情况下做出的，例如，一个正在考虑购买某牌子、款式轿车的顾客可能会在评价与选择上耽搁，这种耽搁肯定会减慢决策过程或者会导致他放弃这种购买。但是，假如此人在另一种不同的环境下，譬如买的彩票突然中了大奖，购买决策过程可能很快完成。而且，随机因素对顾客行为的影响，往往还是多方面的。

2. 心理因素的影响

（1）认知

认知是指顾客对产品或服务的感觉、知觉、记忆与思维的总和。感觉与知觉是指人们通过感觉器官对产品的个别属性或整体的认知。顾客自身的兴趣爱好、个性、对品牌的偏爱及自我形象是知觉的先决条件；产品形象、企业形象及其吸引力是知觉的基本条件；广告宣传、销售人员的销售行为，则是促成顾客对产品知觉的关键因素。知觉是为了获得结果对输入的信息进行识别、分析和选择的过程。假如信息输入的强度急剧变化，注意的可能性越大。一个商店的处理降价幅度较小时，也许未加以注意。这是因为其变化太小，但是如果商店降价一半，我们注意到这种削价的可能性就大得多。记忆是指人们对过去经历过的事物在大脑中的储存并在一定条件下重新显现出来的能力。思维是指人们对事物一般属性及其内在联系的间接的概括反应。优秀的销售人员应该随时洞察顾客的心理活动，利用品牌形象、面对面交流等机会，引发顾客对产品的关心与注意，诱发其欲望和需要，促成顾客的购买行为。

（2）动机

动机是激励一个人的行动朝一定目标迈进的一种内部运力。在任何时候，一个购买者受多种动机影响而不是仅受一个动机影响，动机能降低或增大压力。当动机驱使我们朝向一些目标迈进时，他们减弱压力。但是，假如一些动机迫使我们向一个目标，另一些又把我们拖向另一目标时，压力可能会增加。许多不同动机能立即影响购买行为。例如，一个想买沙发的人可能被这种沙发的特性所吸引，诸如耐久性、经济性、式样等，从而做出购买决策。

影响人们在习惯性地点购买商品的动机被称为惠顾动机。某个购买者可能因为此动机在某一特殊商店购买商品。譬如，商品的价格、服务态度、地点、信誉、产品的多样性或者售货员的友善等方面使得顾客屡屡惠顾。利用顾客的惠顾动机，市场营销主管应该设法了解为什么顾客习惯性惠顾一个商店并在销售组合中突出这些特点，以便积极创造顾客购买决策的环境与氛围。

（3）学习

学习是指顾客在购买和使用产品过程中不断获得知识、经验和技能，不断完善其购买行为的过程。概括地说，顾客有三种主流的学习类型：一是模仿式学习，即通过获取信息、观摩效仿的方法进行学习，其结果是顾客摒弃旧的消费方式或者使用方式，适应新的需求水平；二是反应式学习，即通过外界信息或事物的不断刺激，形成一种相应的反应，通过感官和体验为顾客所接受和学习，促使其进行购买；三是认知式学习，即通过对前人经验的总结与学习，辅之以复杂的思维过程所学到的分析与解决问题的能力，用自己的学识和辨别能力，对付不断面临的购买决策问题。

一个公司要成功地推销产品，它就要帮助顾客尽可能多地了解产品。顾客也可以通过学习、模仿、体验等途径去了解，许多营销者都设法在顾客购买产品前向他们提供直接经验。通过推销人员和广告作用，营销者在顾客购买前就要向其提供学习的机会，从而增加对产品的了解，有利于顾客做出购买的决策。

（4）态度

这里的态度是指顾客在购买或者使用产品的过程中对产品或服务及其有关事物形成的反应倾向，即对产品的好坏、优劣、肯定与否定的情感倾向。通常情况下，顾客对某一品牌的产品或服务存在三种典型的态度：一是信任型，即顾客对所要购买的产品的各个方面持有完全肯定的态度，这种态度往往会导致购买行为的实现；二是怀疑型，即顾客对所要购买的产品并不十分满意或者心存疑惑；三是反对型，即顾客对所要购买的产品持完全否定的态度。顾客对公司和产品的态度，对公司营销战略的成功或失败至关重要。当顾客对公司营销实践的一个或几个方面持怀疑或反对的态度时，不仅他们自己会停止使用公司的产品，他们还会要求亲戚和朋友也这样。营销者应该充分估计顾客对价格、包装设计、品牌名称、广告、推销人员、维修服务、商店布局、现存和未来产品的特点等各方面所持的态度，积极引导顾客做出相应的购买决策。

（5）个性

个性是指人的气质、性格、兴趣和能力等心理特征的统一体，是一个人身上表现出来的经常的、稳定的、实质性的心理特征。顾客具有各种各样的个性，个性的差异将导致购买决策也具有不同的特点，如冲动、野心、灵活、死板、独裁、内向、外向、积极进取和富有竞争心。营销者要试图发现这些特点和购买决策之间的关系，促成顾客的购买行为。

3. 社会因素的影响

（1）角色和家庭

我们当中的每个人都在一定的组织、机关和团体中占有一定位置，和每个位置相联系的就是角色。由于每个人都有多种角色，因此其行为也就有多种需求，而且各种角色的需求还可能不一致，导致其购买决策受其角色的影响。另外，家庭对购买决策的影响也是显著的。家庭成员在购买决策过程中扮演不同的角色：提议者、影响者、决策者、购买者和使用者。销售人员应根据公司产品的特点及市场目标，结合当前的家庭状况，研究家庭顾客购买决策的影响因素，有的放矢地制定各种销售策略，切实地促进销售。一般说来，男主人可能主要是烟酒这些商品的购买者，而许多家庭用品的购买决策，包括保健品、洗漱用品、纸类产品和食品主要由妻子决定。丈夫和妻子、子女共同参与的购买决策，主要是耐用商品。当两个或两个以上的家庭成员参与购买时，他们就要进行分工，每个人都要完成一定的任务。

（2）参照群体

与顾客社会联系的个人或团体被称为参照群体。在参照群体的影响下，顾客的行为可以变得和群体成员的行为和信念一致。参照群体对购买决策的影响程度依赖于个人对参照群体影响的敏感性和个人与群体结合的强度。营销者有时要努力使用参照群体在广告中的影响，宣传每个群体中的人购买某种产品并获得高度的满足。这种广告宣传的成功要取决于广告在传递信息方面的效果，产品的类型和个人对参照群体影响的敏感性。

（3）社会阶层

社会阶层是指按照一定的指标，如家庭收入、受教育程度、职业、社会地位等，将社会成员划分成若干社会等级，同一社会阶层的人往往有着共同或相近的价值观、生活方式、思维方式和生活目标，并且影响着他们的实际购买行为。社会阶层对人们生活的许多方面都有影响。例如，可以影响人们的职业、信仰、小孩培养和教育娱乐。由于社会阶层对人的生活的许多方面都有影响，同样可以影响购买决策。

（4）文化

文化是人类知识、艺术、道德、法律、习俗、语言文字等，以及人作为社会成员所获得的其他能力和习惯的总称。文化是人们在社会实践中形成的，是一种历史现象的沉淀；同时，文化又是动态的，处于不断的发展变化之中。文化一般由两部分组成，即全体社会成员共同拥有的基本核心文化，以及具有不同价值观、生活方式及风俗习惯的亚文化。优秀的营销人员总是不断地加强对文化和亚文化的研究和理解，因为文化和亚文化渗透于产品的设计、定价、质量、款式、种类等整个营销活动的诸多环节之中。事实上，营销人员的活动，也是文化或亚文化结构中的有机组成部分。

当营销者在其他国家推销商品时，他们常看到文化对产品的购买和使用的强烈冲击。文化对购买决策的影响是深远的，一些国际营销人员之所以失败是因为他们没有或者不能根据文化的不同而对营销观念组合进行调整。所以，营销人员必须意识到文化对顾客购买决策的重要影响，并且积极主动地了解和学习不同的文化。

知识拓展

营销人员服务心理对策

1. 等待时机

营销者只有观察并了解顾客的购买意图，抓住最佳接近时机，才能收到良好的效果。一般来说，营销人员可以抓住以下有利时机进行沟通：①顾客长时间凝视某个商品的时候；②顾客突然放慢脚步或停步用眼睛盯着商品的时候；③顾客用手触摸商品的时候；④顾客好像在找什么的时候；⑤顾客与营销人员眼神正好对视的时候。

2. 展示介绍

了解了顾客的购买意图后，营销人员就可以根据顾客的不同态度与要求，向其展示或介绍商品。展示商品要力求诉诸多种感官的刺激，如视觉、听觉、味觉、触觉等，突出商品特性并加以适当的介绍。

3. 启发联想

诉诸多种感官的刺激后，营销人员强化了顾客的心理感受，此时要启发其兴趣和联想，促进其产生丰富的想象。

一般情形下，营销人员可以采取以下的方法：①提示法。对于拿不定主意的顾客，营销人员可以根据其要求进行符合其利益的提示，解除其疑虑。②提供经验数据法。利用他人经验、数据来证明商品的使用性能、内在质量等。③实际操作法。可以由营销人员操作表演，也可以由顾客自己试用，加深其对商品使用的感受。

4. 引导说服

营销人员应细心观察顾客的感知反应，并根据其反应进行引导说服。通常，营销人员的说服途径有以下几点：①根据顾客对展示商品的不满之处加以客观评价，委婉地说服。②尽可能提供较多的同类商品让顾客进行比较选择。③根据不同顾客的特点和需求，有针对性地进行重点说服。例如，对于讲求实用、低价的顾客，可以着重说明商品的高性价比。

5. 促进购买

通过启迪和说服，顾客增强了购买欲望。此时，营销人员就要帮助顾客坚持这种购买欲望，坚定购买信心，促成购买行为。营销人员通常会采用以下方法来促进顾客的购买行为：①提供详细材料，如商品的畅销程度、其他顾客的评价情况；②介绍售后服务内容，如商品售后服务的项目、期限、地点、方法及企业信誉等；③广泛征询意见，如陪同前来购买的顾客，特别是有影响力的顾客。

6. 成交

当顾客决定购买后，营销人员应快速、准确地办好交易手续，减少顾客等待时间，同时向顾客表示感谢，并欢迎再次惠顾。有时可适当赞美顾客的决定，或关照一些注意事项等，使顾客体验到商品和服务的双重满意。

本章小结

顾客需要是消费的动机，在消费需要的基础上产生购买动机，并继而进行购买决策，最终完成购买行为。在营销工作的开展中，商家必须不断发现与挖掘顾客的需要，以顾客需要的满足作为立足点，进行市场调研、产品调研、顾客调研；营销人员要学会洞悉顾客的购买动机，开展针对性的营销努力；懂得顾客购买决策的心理过程，顺势利导，促进顾客的购买行为，树立为顾客服务的理念，赢得顾客也即赢得了市场与效益。

本章要把握的重点内容：顾客需要的类型与层次；购买动机的形成过程与类型；顾客购买行为的分类；顾客购买决策的过程、类型以及影响顾客购买决策的因素。

练　习　题

一、单项选择题

1．买了摩托车就得买头盔与机油，这说明顾客的需要具有（　　）特性

A．发展性　　B．可替代性　　C．层次性　　D．关联性

2．马斯洛认为需要按其重要程度分，最低层次需要是（　　）。

A．生理需要　　B．社会需要　　C．尊敬需要　　D．安全需要

3．使人对某件事物或活动给予特别注意和关注，并具有向往心情的个性心理特征是（　　）。

A．气质　　B．能力　　C．性格　　D．兴趣

4．顾客习惯在某一家商店购买商品，或重复购买同一商标的产品，这是（　　）。

A．感情动机　　B．理性动机　　C．惠顾动机　　D．求名动机

5．名牌服装、奔驰轿车、酒类、收藏品等产品可以满足顾客的（　　）。

A．生理需要　　B．安全需要　　C．社交需要　　D．自尊需要

6．下列（　　）不是影响顾客购买决策的主要因素。

A．文化因素　　B．社会因素　　C．自然因素　　D．个人因素

7．在复杂的购买行为中，顾客购买决策过程的第三个阶段是（　　）。

A．确认需要　　B．收集信息　　C．备选产品评估　　D．决定购买

8．决策购物方式时，选择托人代购或预付定金定购属于（　　）购买决策类型。

A．确定型　　B．风险型　　C．不确定型　　D．策略型

9．有些产品品牌差异明显，但顾客不愿花长时间来选择和估价，而是不断变换所购产品的品牌，这种购买行为称为（　　）。

A．习惯性购买行为　　B．冲动性购买行为

C．多变性购买行为　　D．复杂性购买行为

10．易于接受营销人员介绍和帮助的购买行为大多是（　　）。

A．理智型购买行为　　B．习惯型购买行为

C．确定型购买行为　　D．不定型购买行为

11．从顾客在购买现场的情感反应看，选购商品时，在言语表情上显得傲气十足，甚至用命令的口气提出要求，对商品质量和服务要求极高，稍有不合意就会发生争吵的购买行为类型是（　　）。

A．沉着型　　B．激动型　　C．健谈型　　D．反感型

12．顾客以追求商品或服务的使用价值为主导倾向的购买动机是（　　）。

A．求实动机　　B．求新动机　　C．求美动机　　D．求名动机

二、多项选择题

1．按顾客购买决策的方式来划分，购买行为可分为（　　）。

A．个人决策　　B．家庭决策

C．非常规型决策　　D．社会协商式决策

2．顾客购买决策的原则是（　　）。

A．遗憾最小化原则　　B．满意原则

C．随机原则　　D．等待原则

3．顾客在有了购买意向之后到购买行为之间，还会受（　　）因素的影响。

A．其他人的态度　　B．意外出现的情况

C．商品价格的高低　　D．购买风险的大小

4．顾客购买行为有（　　）的特点。

A．动态性　　B．互动性　　C．易变性　　D．冲动性

5．（　　）营销因素对顾客的购买行为会产生影响。

A．产品　　B．价格　　C．地点　　D．促销

6．顾客购买动机产生的条件包括（　　）。

A．需要　　B．诱因　　C．兴趣　　D．爱好

E．冲动

7．顾客购买动机有（　　）作用。

A．始发　　B．定向　　C．强化　　D．中止

8．家庭成员在购买决策过程中通常有（　　）角色。

A．提议者　　B．决策者　　C．购买者　　D．使用者

三、判断题

1．按马斯洛的需要层次理论，只有当低一级的需要百分之百得到满足之后，才会向高一级需要推移。（　　）

2．依靠家庭成员的收入而实现的需要是一种公共需要。（　　）

3．需要是推动顾客进行各种购买活动的内在原因和根本动力。（　　）

4．兴趣是在需要的基础上产生并发展的。（　　）

5．在购物结束之后，顾客的认识活动和情感活动也随之结束。（　　）

6．研究顾客购买行为的理论中最有代表性的是刺激-反应模式。（　　）

7．顾客通过对前人经验的总结与学习，辅之以复杂的思维过程所学到的分析与解决问题的能力，用自己的学识和辨别能力，对付不断面临的购买决策问题，这是一种影响顾客购买决策的反应式学习。（　　）

8．在购买商品时，主观性较强，不愿别人介入，受广告宣传及售货员的介绍影响甚少，这是一种冲动型购买行为。（　　）

四、简述题

1．简述惠顾动机的特点及产生。

2．当顾客购买动机的总和处于平衡状态时，营销人员可以采取哪些方式进行诱导促成顾客的购买？

3．什么是购买决策？

4．可以根据哪些标准来划分顾客的购买决策类型？了解顾客的购买决策类型对营销人员有哪些好处？

五、分析说明题

1．当一些商品调低价格后，本来应该刺激顾客的购买动机，促使他们大量购买和重复购买，结果却发现相当一部分顾客做出了相反的反应，购买不但没有增加，反而减少。试分析顾客在这种情况下的心理反应。

2．某一品牌手机制造商对了解顾客购买他们产品的动机非常感兴趣。你认为为了使顾客在购买使用该手机产品时满意，制造商要了解顾客哪些方面的动机？

3．分析你参与的一次购买活动的全过程，在各个阶段受到哪些因素的影响？这次购买决策正确与否？为什么？

六、案例分析题

来北京很多年了，我一直都是租房住。由于各种各样的原因，期间经历了多次“迁徙”：由城南搬到城东，由城东搬到城北，最后又由城北搬到城西。我经常调侃自己，在一次又一次的搬家中认识了北京城。每当朋友来寒舍小聚总有人劝我：赶快买房吧，房租还月供多合适！终于在“有好房子，享受好日子”的感召下，我也加入了汹涌的买房浪潮中。心动不如行动。每天下班后开始看报纸、找资料、跑房市，还带来成堆的资料对比研究。确定了买房的地理位置之后，又看了很多个楼盘，感觉北京的房子还是太贵了，有点不敢下手，观望一段时间再说吧！于是，想看看二手房市场咋样。那时候一边看新楼盘，一边看二手房，每个周末都排得满满的，二手房价钱稍微便宜些，可是户型很难如人意，好不容易遇到比较满意的吧，价钱和新房又所差无几。结果半年下来，竟然没找到符合我理想的楼盘，不是和单位离得太远工作不方便，就是小区环境不甚理想，或者户型结构不满意等。最后竟然成为一个不是专家的专家，对买房的过程了如指掌。看房时的种种技巧，哪种房子更实用，怎么样才能不被表面现象迷惑，还了解了一大堆名词，公摊、容积率、复式、跃式……甚至有一次，还因为太过“专业”而被售楼小姐错认为是竞争对手派来的“间谍”而置之不理。又如此折腾了一段时间，眼球最终锁定在一个最接近目标值的楼盘。下单、办房贷、交首付款……然而，好景不长，等我就要过上一种叫按揭的新生活时，却突然发现，因为临街（楼前就是西长安街的延长线），比往常高出了几十个分贝的噪声让我寝食难安，咬咬牙，一跺脚，又将费尽心血“淘”来的新居给转卖了出去。（注：本材料选自新浪沧海的博客，并做了一定的删减。）

分析：

1．根据材料分析，文中的“我”购房过程体现了作者怎样的购买决策原则？为什么？

2．试运用顾客决策过程的五阶段模型分析材料中的“我”购房所经历的相关阶段，并分析影响其购房决策的主要因素。

第 6 章

社会因素与顾客心理

学习任务

1. 知识目标

1）了解政治因素、经济因素、文化因素、家庭因素所包括的内容和相关群体、习俗及流行的含义。

2）理解政治因素、经济因素、文化因素、相关群体、家庭因素、习俗和流行对顾客心理的影响。

2. 实操目标

能通过对社会因素的具体分析来正确评价顾客消费心理。

3. 职业素质目标

培养主动关注、分析宏观环境的意识，增强对影响顾客消费变动因素的敏感性；引导顾客树立正确的消费观。

案例引入

案例 1 2015 年，我国个人住房公积金贷款利率调整了四次，累计利率下调了一个百分点，五年以上公积金贷款利率由 4.25%下调至 3.25%，达到历史最低，利率调整由 2016 年 1 月 1 日起开始。根据最新的公积金贷款利率，以贷款 50 万元、期限 30 年、等额本息还款方式为例，按照 4.25%的贷款利率需要总共支出 38.5 万元的利息，月供 2460 元；而如果按照降息后此次调整为 3.25%的利率算，只需要支出 28.3 万元利息，月供降为 2176 元。另外，2015 年央行进行了五次降息，五年以上的商业贷款基准利率从年初的 6.15%降至 4.9%，30 年期 50 万元商贷每月可减负 392 元。

点评： 利率下调可以极大程度上减小顾客的还贷压力，一方面能带动房产的销量，提升房市的活跃度；另一方面省下的贷款的资金，顾客还能用于其他行业的消费，一定程度上能带动整个地方经济的进步。

案例 2 当我们打开计算机、电视机或是翻开报纸与杂志，由不同明星作为代言人的各类广告会进入我们的视野。明星与广告、明星与产品、明星与品牌，总是紧密地联系在一起，这似乎已构成我们生活的重要内容。最大的明星，不仅是其行业或领域最卓越的代表，而且往往被社会赋予某种力量。美国著名企业家比尔·盖茨意味着创新与高科技；网球运动员李娜意味着自信与成功；航天员杨利伟意味着勇敢与挑战等。明星之所以为明星，在于他们的成功与个性形象在公众之中产生了相当大的影响，一些人自发地形成了追捧明星，视明星为偶像的群体，这就是人们常说的各式各样的“迷”，如影迷、球迷、歌迷等。

点评： 企业请明星为其产品、品牌做代言，就是借用明星独有的人格魅力，向顾客传递产品或品牌的个性，让顾客对企业的产品、品牌快速产生美好的联想和印象。

6.1 政治与经济因素对顾客心理的影响

6.1.1 政治因素的影响

影响顾客心理活动的政治因素主要包括政治制度和国家政策。

1. 政治制度

政治制度是指一个国家或地区所奉行的社会政治制度，它对顾客的消费方式、内容、行为具有很大的影响。例如，中国封建社会时期，统治阶级压迫广大妇女，缠足裹脚，妇女只能穿尖头小鞋。清王朝灭亡后，妇女缠足现象逐渐消失。为了适应这种变化，其他样式的女式鞋子出现了。中国是社会主义国家，商品生产和商品交换都要符合社会主义的政治、文化和道德的原则。所以，政治制度对顾客心理的影响是客观存在的，对顾客的购买行为有着不可忽视的影响。

2. 国家政策

国家政策对顾客的影响表现在当时国家提倡什么、反对什么，以政策形式对顾客心理进行规范，其对顾客的心理影响是最直接、最有效的。

从 2009 年起中国就已经超过美国，成为全球第一大汽车消费市场，汽车产业逐渐成为中国国民经济的支柱产业。但是，迅速增长的汽车消费带来了能源短缺、环境污染等一系列问题。在能源制约、环境污染等大背景下，中国政府把发展新能源汽车作为解决能源及环境问题、实现可持续发展的重大举措，各汽车生产企业也将新能源汽车作为抢占未来汽车产业制高点的重要战略方向。在政府与企业的共同努力下，中国新能源汽车行业近几年展现出良好的发展势头。前瞻产业研究院发布的《中国新能源汽车行业市场前瞻与投资战略规划分析报告》显示，2008～2013 年，中国新能源汽车产销量逐年增长，年复合增长率超过 28%。2013 年，中国新能源汽车销量约为 1.76 万辆，同比增长 37.60%。据中国汽车工业协会发布的数据显示，2014 年中国新能源汽车产销量高速增长，共生产 7.85 万辆，销售 7.48 万辆，比上年分别增长 3.5 倍和 3.2 倍；2015 年中国新能源汽车产量达 34.05 万辆，销量 33.11 万辆，同比分别增长 3.3 倍和 3.4 倍，中国已成为全球最大新能源汽车市场。

6.1.2 经济因素的影响

在影响顾客心理的诸多外部环境因素中，经济因素是最主要的，它对顾客心理的发展、变化起着决定性的作用。从中国目前的情况来看，这些经济因素主要包括经济发展水平、产业结构、对外开放程度、物价走势、就业水平、体制变迁及市场秩序等因素。

1. 经济发展水平对消费心理的影响

经济发展水平在总体上制约着顾客心理的发展变化。改革开放以来，中国的经济发展越来越受到世界的瞩目，生产力得到了真正解放，经济发展水平不断提高，国内生产总值（GDP）增长迅速。2014 年，国内生产总值（GDP）为 636 463 亿元，首次突破 60 万亿元，以美元计，亦首次突破 10 万亿美元大关，中国成为继美国之后又一个“10 万亿美元俱乐部”成员，同时 GDP 总量稳居世界第二（2010 年中国经济总量首次超过日本居世界第二）；人民的生活水平不断提高，2015 年全国居民人均可支配收入 21 966 元，比上年名义增长 8.9%，扣除价格因素，实际增长 7.4%，这一速度超过了同期 GDP 增长 6.9%的速度。消费结构层次也随收入增加不断地发生变化，原来标志着富裕生活的几大件，如电视机、收音机、电话、手表、自行车早已走进寻常百姓家，如今取而代之的是液晶电视、智能手机、高尔夫、别墅、小汽车、出国旅游等消费产品。具体而言，中国经济持续快速发展对顾客心理的影响主要表现在以下几个方面：

（1）新产品层出不穷，日益改变人们的消费观念

科学技术的迅速推广，使新产品的更新换代速度大大加快，从而引发了消费内容和消费方式的不断更新，使得人们的消费层次、情趣及消费的广度和深度都得到了发展。例如，纳米本是一个物理概念，它在物理量上等于米的十亿分之一，随着近几年纳米技术的发展，纳米技术在民用产品中应用很广，美容产品提到它，冰箱电器产品提到它，新式服装面料也提到它。可以说，像纳米技术一样的新技术正越来越深地融入人们的衣食住行和日常生活。高效率和快节奏的现代生活以及各种社会潮流的信息，也在潜移默化地改变着人们的消费传统和消费心理，促进了人们消费观念的更新和消费心理的转换，人们对消费的要求也越来越高，一份杂志或是报纸若是过了适销期，就可能没人买，必须低价打折才能售出，当然也有杂志社为了其产品形象按零售商进价购回的情况。人们对消费求新、求全、求实的消费心理比过去更加突出。

（2）电子商务逐渐改变了人们的消费方式

电子信息网络技术的迅速发展和广泛应用以及电子商务的出现，无疑对传统的交易模式和交易产品结构带来了强烈的冲击。在网络空间，顾客足不出户就可以得知各种产品的性能、样式、价格的商品信息，而且还可以享受送货上门的服务。当前，一些著名网站纷纷推出各自的网上商城，你所需要的各种日用百货、书籍、电器产品、IT 产品都可以买到。在 2015 年“双十一”前夕，艾瑞咨询发布的报告显示，自 2015 年 10 月 26 日至 11 月 1 日期间，几大电商网页浏览量分别为天猫 47.1 亿次、京东商城 26.3 亿次、苏宁易购 7.4 亿次、1 号店 1.7 亿次，从以上数据不难看出，顾客已经很好地接受了电子商务这种新的消费方式。根据中国电子商务研究中心发布的《2015 年（上）中国电子商务市场数据监测报告》显示，2015 年上半年，中国电子商务交易额达到 7.64 万亿元，同比增长 30.4%。其中，B2B 交易额达 5.8 万亿元，同比增长 28.8%。网络零售市场交易规模达 1.61 万亿元，同比增长 48.7%。更值得一提的是，2015 年“双十一”单日，天猫电商平台总交易额为 912 亿元人民币，达千万级别，再次刷新了纪录。

随着中国数字消费者对电子商务日益提升的接纳度以及大型零售商纷纷提供更加完善和多样的线上服务，中国电子商务的发展远超预期。麦肯锡 2015 中国数字消费者调查覆盖了中国不同级别城市以及广大农村地区共计约 6.3 亿的互联网用户，对其行为和意愿进行了深入的调查和挖掘，如图 6-1 所示。调查结果揭示了若干发展趋势，包括社交商务呈现强劲增长趋势，线下实体零售店向“展示厅”的转型，消费者对线上线下融合（O2O）服务的热情增加，食品网购需求的大幅增长，以及农村居民始料未及的线上参与程度。这些发现说明，已处于全球最积极消费者之列的中国数字消费者越来越欢迎并需要更多的创新网购体验。

（3）个性化消费突出

目前，中国人均 GDP 基本在 8000 美元左右，按照 PPI（生产价格指数）测算，已经超过 1 万美元。这时候整个消费会出现升级和加速，出现一个结构性的转换，即顾客在消费取向上越来越突出地表现为独立消费、个性消费，关注产品所带来的观念价值，在消费形态上呈现出多元化的格局，服装、食品等基本生活用品的消费额比例将会下降，

而信息、文化娱乐、化妆品、旅游、医疗健康等消费额的比例将会迅速增加；中国市场将进入精品消费时代，如服装消费将不再仅仅为满足其最基本的生存需求，而将向更高的心理需求、自我满足需求跃进，特别是几千万人口跨入中产阶级后，其对反映自身社会地位和品位的服饰的需求将越来越迫切。专家预测，中国国内的服装市场将越做越大，今后国内服装市场的消费趋势将集中在精品化和个性化上。

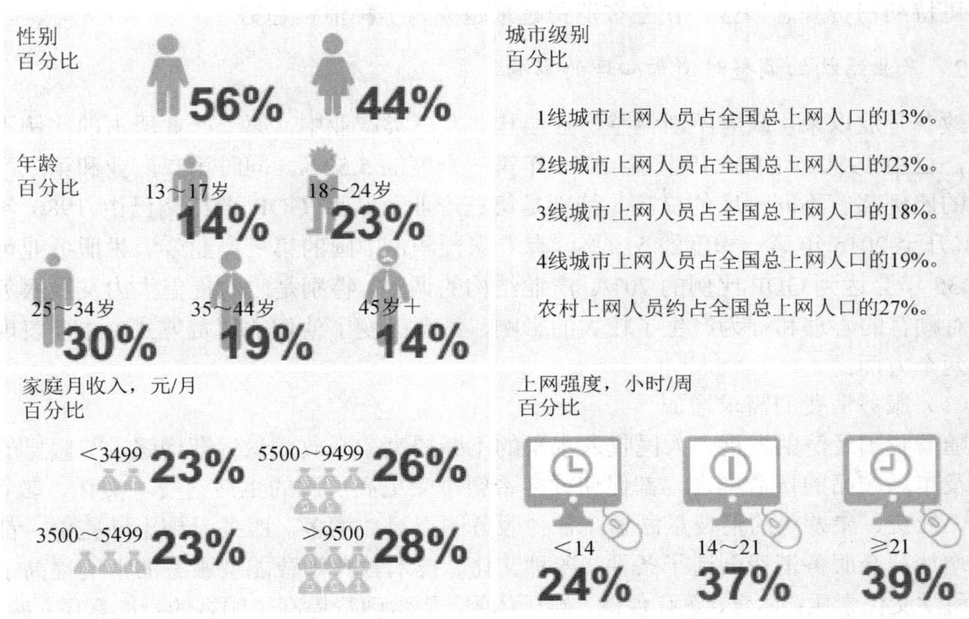

图 6-1　麦肯锡 2015 年中国数字消费者调查数据

从市场发展的角度来看，消费个性化意味着顾客个体意识的复苏和觉醒；个性化消费需求的不断满足，代表了社会体系对消费个体的尊重。

（4）生态消费模式的出现

生态消费模式是指以维护自然生态环境的平衡为前提，在满足人的基本生存和发展需要基础上的一种可持续的消费模式，是对传统消费模式的改变。生态消费模式的核心是消费的“生态性”，具体表现在：消费品本身是生态型的，即通常所说的绿色环保型商品；消费品的来源是生态型的，即生产用的原材料和生产工艺、生产过程对环境无害；消费过程是生态型的，即在消费品的使用过程中不会对其他社会成员和周围环境造成伤害；消费结果是生态型的，即消费品使用后，不会产生过量的垃圾、噪声、废水、污气等难以处理的、对环境造成破坏的消费残存物。当前，顾客的消费观念和行为正在发生转变，在个人消费方面，环保产品和绿色产品越来越成为顾客的首选对象。传统工业文明消费模式存在着追求过度包装产品、过度深加工产品、一次性消费品众多的现象，特别是一次性消费品的广泛出现，使得人类对自然资源和环境的压力大大增加，形成严重的生态破坏和环境污染。统计表明，在不少国家，伴随着人口增长和消费增长，由生活消费而导致的污染在许多领域已经超过了由工业生产而导致的污染。

从 1991 年开始，全国节能宣传周活动每年举办，旨在不断地增强全国人民的“资源意识”“节能意识”和“环境意识”。6 月 13～19 日这一周为 2015 年的全国节能宣传周，6 月 15 日为全国低碳日，全国节能宣传周活动的主题是“节能有道 节俭有德”，全国低碳日活动的主题为“低碳城市 宜居可持续”。此次全国节能宣传周的举办是为了能形成崇尚节约节能、绿色消费与低碳环保的社会风尚，推动形成绿色化生产生活方式。

由于人类文明程度的提高，经济的发展将较少地依赖自然资源的消耗性开采，而公众的可持续消费观念增强，使生态消费越来越成为一种消费趋势。

2. 产业结构的调整对消费心理的影响

改革开放以来，政府不断调整产业结构。在三类产业中，第一产业所占的比例不断下降，已由 1980 年的 30.1%降至 2015 年第一季度的 5.52%，同时第二产业和第三产业所占的比例都有不同程度的提高，特别是第三产业，其占 GDP 的比例已由 1980 年的 21.4%升至 2015 年第一季度的 51.6%。有专家预测，中国的第三产业或者说服务业可能在 2035 年会达到 GDP 比例的 70%。产业结构的调整，特别是政府提倡大力发展服务行业，对顾客的心理和行为产生了较大的影响，甚至改变了他们的消费方式，主要表现在以下两个方面：

（1）服务消费的需求增加

随着我国经济的发展，人民收入水平的不断提高，开放意识逐渐增强，节假日的增加以及市场产品的日益丰富，都促使顾客希望享受更高层次的生活消费。文化、教育、娱乐、社交、旅游等的消费量激增，各种服务网点日益增多，服务设施不断完善，都为顾客增加社会服务消费创造了条件。各种文化、技术教育等智能型服务的消费提高了顾客的科学文化素质；体育、医疗保健、娱乐休闲、旅游消费提高了顾客的身心素质；餐饮、家政服务把顾客从传统的家务劳动中解脱出来。顾客对各种服务的依赖程度越来越大。

（2）更加注重精神消费

精神消费作为一种生活质量提高的标志，不同于基本生存需要的单一化、物质型，而是越来越趋向于多元化、精神型，商品（包括产品和劳务）的价格不再是首要因素，消费者更在乎质量，或者更进一步说是一种满足。精神消费大体可分为以下几类：

第一类：自我实现型。这种消费主要是一些由对美的追求而引发的消费活动，如化妆品、各式品牌服装。

第二类：自我保养型。这种消费往往是对健康的追求，如各类货真价实的营养品的热销和体育健身产业的兴起。

第三类：自我享受型。大多是追求一种繁忙工作后压力的释放，如旅游、洗桑拿等。

第四类：自我修养型。大体上是那些培养一两个兴趣爱好，以达到提高自身修养和底蕴的活动，如钓鱼、陶吧。

第五类：自我发展型。这类活动则是为了不断地提高“身价”而采取的一种主动的学习活动，学电脑、学外语便是其中较热门和时髦的，逛书城、泡图书馆也成为了更多人的爱好。

第六类：社会交流型。生活节奏的加快，人与人工作中的接触变得越来越短暂和不稳定，但是人毕竟是社会动物，渴望从与他人的交流中得到心理的满足，网吧的出现，为电子时代人际交流打开了一扇窗。

精神消费作为一种消费的形态，只是众多消费行为中的一种，它有对应的消费群体。目前这群人并不是社会的大多数，但是他们在社会中起着决定性的作用。

第一种是 30～40 岁的成功人士。如今的社会收入结构不再是计划经济时代年龄越大收入越高的固有模式，而是以 30～40 岁这个年龄段的人为主角，现在这些人经过拼搏正逐步走上各单位的要职，收入较高。他们的消费观念是随着改革开放的步伐而成熟起来的。因此没有上一代保守，眼界开阔，重视长远利益，明白健康与工作收益的关系，重视生活的质量。

第二种是 25～30 岁的年轻白领。他们的思想更为开放，收入高，但大多数未婚或新婚，负担较轻。他们注重生活的情趣和品位。

以上两类人构成了精神消费的主导群体，对精神消费乃至整个社会的消费行为起到一个示范群体的作用。

第三种是 15～25 岁的群体。他们往往是最关心时尚、最容易受影响的人群。第一二种人的消费行为对于他们来说具有一种效仿的冲动，而且这些人一般是独生子女，在他们的成长历程中，父母为他们创造了一切优势条件，艰苦奋斗的概念对于他们与其说是思想，倒不如说是口号而已。他们与精神消费有着天然的联系。同时尽管这些人或无收入或刚踏入社会，收入不多，但其独生子女的地位决定了对他们的约束是软性的。父母宁可再苦，也会满足他们。

以上三种人构成了精神消费的主体，同时由于他们在社会中的经济地位，决定了他们的消费行为在整个社会的消费中起到一个决定性的作用，由此提升了全社会的消费层次，形成了全社会向精神消费变化的总趋势。

一般说来，社会生产力水平越高，精神消费的总量也越大，内容也就越丰富；反之，则越低。在相同社会生产力水平差异下，精神消费水平的差异一般要大于物质消费水平的差异，因为精神消费是属于较高层次的消费活动。换言之，一国消费结构中精神消费所占比重的高低也反映了该国生产发展水平，人民生活水平及消费层次和消费质量的高低。另外，一个国家的民族习惯、传统文化、国民素质等也对其居民精神消费的数量和内容有较大的影响。在我国，消费领域中一个不恰当的现象是物质消费在消费结构中占的比重偏高，而精神消费占的比重偏低，究其原因，大概有精神生活产品尚欠充分，收入分配的现实不尽合理、一些文化低而收入高的消费者的示范作用，几十年来文化精神生活极度贫乏的遗留效应等。为此，要满足人民精神消费的需要，提高精神消费的比重，就必须切实采取措施，改善收入分配结构，对消费者进行必要的指导教育，帮助其树立健康、良好的消费观，提高消费者的素质，使消费者具备消费精神产品的各种能力；同时，加速发展科学技术和文化艺术等事业，为消费者提供丰富多彩的精神产品。

3. 对外开放对消费心理的影响

对外开放政策对一个国家居民的生活和消费方式的改变有相当大的冲击力。在现实生活中，顾客大都有这样的心理倾向：被大多数人接受的事物，自己也乐意接受。各种消费的示范作用带来了顾客消费心理、消费观念的相互交叉。随着我国对外开放的深入，人们的消费方式也呈现出全球化的趋势，不同生活方式之间的差异正在逐步融合。发达国家和地区的消费方式、消费观念对我国顾客的消费心理有很大的影响。同时，上海、广东、天津、厦门等自贸区设立、政府批准跨境贸易电子商务试点平台的运行，为“海淘”们不出国门就能买到国外商品提供了直接的便利，也为我们提供了更多的消费选择权。上海自贸区和深圳前海深港合作区的比较如图 6-2 所示。

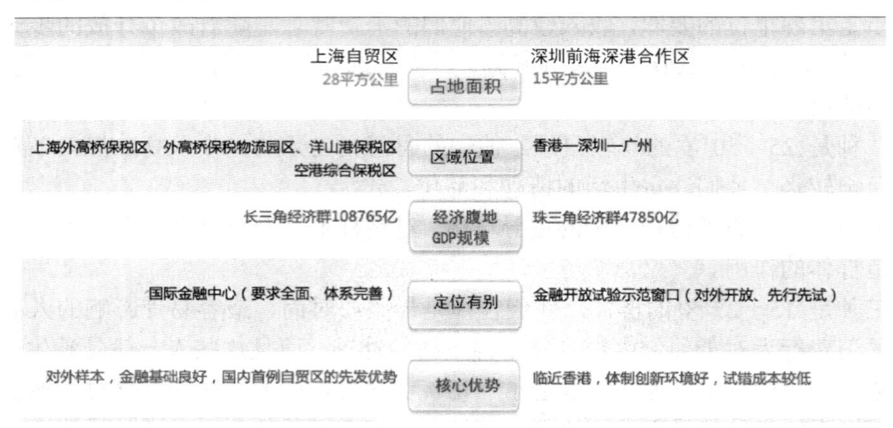

图 6-2　上海自贸区和深圳前海深港合作区的比较

4. 两种理性消费心理

理性消费是指消费者在消费能力允许的条件下，按照追求效用最大化原则进行的消费。从心理学的角度看，理性消费是消费者根据自己的学习和知觉做出合理的购买决策，当物质还不充裕时的理性消费者心理追求的商品是价廉物美经久耐用。

（1）持币待购的观望心理

近年来，随着我国各项经济改革的深入实施，居民的收入预期值下降，支出预期值增加，从而抑制了即期消费，出现了许多居民增加储蓄、持币待购的消费心理。此外，经济全球化的推进，消费国际化进一步明显，国内消费品市场在品种、质量、价格、服务、信誉等方面的竞争会更激烈，尤其是 2001 年中国加入世界贸易组织后关税的不断下调，以及国内越来越多自贸区的设立，使得一些进口产品的价格不断下降，由此形成了商品价格下跌的强烈预期。而这几年由于需求变化，国内商家为争夺有限的市场，频繁地掀起价格大战，最为典型的就是 2012 年 8 月京东、国美和苏宁等几大电商展开的价格战以及各地大型百货商店店庆、节庆降价大战等，这些都促使居民已有的观望心理更为强烈。

（2）随用随买的理性消费心理

随着居民生活水平的不断提高，多数居民对目前价格的涨跌变化已有较强的承受能力，能较为理智地选购商品，居民消费向多层次、多元化方向发展，昔日盲目抢购、相互攀比的消费已不再重现。居民的消费档次明显拉开，随用随买、按需选购的理性消费心理正成为消费的主流，以有限的收入换取最大的效用成为顾客心理的基本原则。

5. 体制转轨中的不确定性因素对消费心理的影响

1997年以来的各项改革举措，使影响顾客消费心理的不确定性因素不断增加，我国顾客当前的消费心理已趋于谨慎和理性。在体制转轨中影响消费心理的不确定性因素主要有以下几个方面。

（1）结构转型和升级带来的“摩擦性失业”

经过近40年的改革开放，我国经济得到快速的发展。随着经济的快速增长，我国的经济结构、社会结构、制度结构发生了深刻的变化，这些变化使我国目前处于新的发展阶段。从目前我国的劳动力市场供需情况看，所反映出的矛盾主要在于求职者不能按照自己的意愿找到合适的岗位，而用人单位有时又很难寻找到具有某种特殊技能素质的人才。在我国摩擦性失业最突出的表现就是，一方面大学毕业生的就业难问题日益凸显，另一方面我国某些地区却面临着严重的“技工荒”。国有企业和集体企业的就业人数继续大幅度下降，大学生就业困难，加上农村剩余劳动力，我国每年约有1.8亿人要寻找新的就业机会。据国家统计局发布的统计数据显示，2015年末，我国城镇登记失业率为4.05%，比上年末回落0.05个百分点，就业状况基本没有改善。随着劳动者自我意识的提高和维权意识的增强，他们对用人单位在用工管理、社会保障、劳动条件、工资报酬等方面提出了更高的要求，但用人单位在这些方面的进展却相对缓慢，不能适应求职者的要求。企业体制改革中追求效率所引起的减员增效，农村科技进步所释放的剩余劳动力向非农业转移的就业压力，使得城乡居民再就业难度加大。与就业直接相关的收入预期不容乐观，使人们对未来预期收入的增加缺乏信心。

（2）社会保障制度健全程度

经过多年的探索和实践，中国特色的社会保障体系框架初步形成。当前及今后一个时期，中国发展社会保障事业的任务依然艰巨。人口老龄化将进一步加大养老金和医疗费用支付压力，城镇化水平的提高将使建立健全城乡衔接的社会保障制度更为迫切，就业形式多样化将使更多的非公有制经济从业人员和灵活就业人员被纳入社会保障覆盖范围，这些都对中国社会保障制度的平稳运行和建立社会保障事业可持续发展的长效机制提出了新的要求。当前，我国的社会保障制度处于新旧交替阶段，顾客对各项新的保障政策、保障制度还心存疑虑。工资结构的变化滞后，市场化消费支出的内容增加，而货币工资没有相应的增加，导致居民分担的改革成本增加，预期支出即未来购买商品房、用于医疗和保健品的支出，以及子女目前和未来的教育支出大幅度增加，加剧了人们对未来支出预期的不确定性。

（3）消费政策和消费环境

一些抑制性中高端消费的政策仍然存在，消费金融产品还不够丰富，再加上市场的法制体系尚不健全、市场秩序不合理的现象仍较为普遍，社会整体信用水平较低，信息不对称，假冒伪劣产品猖獗等，使顾客在消费时心有余悸。此外，由于股市低迷和国际经济形势的严峻在某种程度上也对居民谨慎消费心理的形成有一定的影响。同时，“收支相抵、略有结余”、忌讳“寅吃卯粮”的传统消费习惯对人们的消费心理仍起着一定的支配作用。在诸多不确定性因素的影响下，许多顾客必然会产生谨慎的中长期消费心理。

总而言之，影响消费心理的经济因素是多方面的、综合的，企业在进行营销决策时，应充分考虑各种因素的影响，有针对性地进行营销活动。

知识拓展

绿色时代

21世纪是绿色世纪，绿色代表生命、健康和活力，是充满希望的颜色。国际上对“绿色”的理解通常包括生命、节能、环保三个方面。绿色消费包括的内容非常宽泛，不仅包括绿色产品，还包括物资的回收利用、能源的有效使用、对生存环境和物种的保护等，可以说涵盖生产行为、顾客心理的方方面面。一些环保专家把绿色消费概括成5R，即节约资源，减少污染（Reduce）；绿色生活，环保选购（Reevaluate）；重复使用，多次利用（Reuse）；分类回收，循环再生（Recycle）；保护自然，万物共存（Rescue）。绿色消费在社会消费中，不仅要满足我们这一代人的消费需求和安全、健康，还要满足子孙万代的消费需求和安全、健康。它有三层含义：一是倡导顾客在消费时选择未被污染或有助于公众健康的绿色产品；二是在消费过程中注重对垃圾的处置，不造成环境污染；三是引导顾客转变消费观念，崇尚自然、追求健康，在追求生活舒适的同时，注重环保、节约资源和能源，实现可持续消费，尽量选择无污染、无公害，有助于健康的绿色产品，把购买绿色产品视为一种时尚。不仅购买具有使用价值的产品，还要把个人消费和身心健康、居室环境质量、区域生态环境和全球环境问题联系起来考虑，要舍得在绿色消费方面投资。

职业素质养成训练

生态消费模式是资源节约型、环境友好型的消费模式，是符合可持续发展战略的消费模式。2015年5月5日，中共中央、国务院印发的《关于加快推进生态文明建设的意见》中指出，培育绿色生活方式、倡导勤俭节约的消费观，广泛开展绿色生活行动，推动全民在衣、食、住、行、游等方面加快向勤俭节约、绿色低碳、文明健康的方式转变，坚决抵制和反对各种形式的奢侈浪费、不合理消费。

思考：

请同学们根据以上资料分组讨论，然后回答如何身体力行、努力做一个生态消费的执行者和倡导者，并在校内制作一份倡导生态消费的宣传海报。

6.2　文化因素对顾客心理的影响

6.2.1　文化的含义和组成

1. 文化的含义

文化也称社会文化，是指社会意识形态同人们的衣食住行等物质生活、社会关系相结合的一种文化。它包括人们在社会发展过程中形成并经世代流传下来的风俗习惯、价值观念、行为规范、态度体系、生活方式、伦理道德观念、信仰等。

2. 文化的组成

社会文化一般由某一社会全体成员所共有的主文化和某一社会不同群体特有的亚文化组成。企业营销决策的选择必须适合目标市场、社会文化的需求，任何有悖于社会文化的营销举措都是注定要失败的。

6.2.2　主文化对顾客心理及行为的影响

1. 主文化的含义及特征

主文化是在社会上占主导地位的文化，是为社会上大多数人所接受的价值观、宗教信仰等，又称为核心文化。主文化有如下几点特性：

（1）共同性

同一主文化为绝大多数社会成员共同拥有，并对他们的价值观、行为方式、思维方式产生深刻影响，使其心理和行为表现出某些共同的特性。在消费活动上，这些共同特性表现为顾客之间的相互认同、模仿、暗示，形成共同的生活方式、消费习俗、消费观念和态度倾向。例如，我国人民看重传统节日，把春节、中秋节看作合家团圆、走亲访友的日子，大家有互相赠送礼品的习惯；普遍崇尚节俭、量入为出等，这些都是我国人民在长期文化传统的积淀中形成的共同消费习性。

（2）社会性

文化作为社会交往和人际沟通的信号系统，是把个人凝聚成为社会和群体的纽带。文化的观念、习惯、行为模式都是由生活在同一社会的人们相互分享，并出于社会的压力而保持相对的一致性，每一代人创造的文化也是通过社会机体传递到下一代，为后代社会成员所继承和延续。由此，同一社会的现有成员及后代成员所享有的文化往往具有社会性。

（3）差异性

主文化的差异性主要是指不同主文化之间的差异。由于自然地理环境、历史发展进程、物质生活条件、经济发展水平等的差异，每个国家、地区和民族都有自己独特的消费习惯、生活方式、伦理道德、宗教信仰、价值观念等，而不同社会主文化的差异性也主要表现在这些方面。例如，中国人深受儒家传统思想的影响，形成了凡事瞻前顾后，求稳求全的心理。我国目前的个人消费信贷进展较为缓慢，与这种传统观念的影响是分不开的。而西方发达国家的顾客崇尚自由、张扬个性、注重自我感受，即期消费心理较强，所以信贷消费成为西方人生活中不可缺少的一部分。由此可见，在不同主文化影响下的顾客，其消费心理、消费习惯、消费方式等都有较大的差异。

（4）适应性

文化的适应性是多种社会乃至自然因素综合作用的结果。因此，相对于企业而言，文化及特定文化环境下的顾客心理与行为特性有其客观性和不可控性。企业唯有适应环境，适应特定环境中的顾客的特殊要求，才能使自己在激烈的市场竞争中立于不败之地。

（5）发展变化性

文化不是固定不变的，随着社会的发展演变，文化也将不断演化更迭。与之相适应，人们的崇尚、爱好、生活方式、价值观念也必然随之发生变化和调整。消费品市场是反映文化的一个最敏感的窗口，因为文化的发展变化经常导致市场上某种消费时尚及商品的流行。鉴于此，企业应敏锐地观察和捕捉顾客的观念变化，不失时机地及时开发适合新的消费趋向的新产品，以便始终把握市场变化的主动权。

总之，充分地了解顾客所处的社会文化环境，了解各种文化传统、民风民俗，以及社会文化的发展变化趋势，对于了解顾客需求发展变化的趋势，更好地满足顾客的需求具有重要的意义。

2. 主文化的内容及对消费心理的影响

（1）价值观念

它由于顾客的需求、兴趣、观念和消费目的不同而存在差异。节约时间是西方国家顾客对商品评价的一项标准，因此方便商品就受到西方国家顾客的普遍欢迎；发展迅速的巨型超级市场能让顾客一次就能买齐所需的各种日常消费品，节约购买时间，自然会成为顾客乐意光顾的地方。在我国，商品的功能、价格是主要的价值观念，顾客决定购买商品前往往从商品功能、价格上进行反复比较，衡量后才做出决定，当然这与目前人们的收入水平较低不无关系。

价值观念属于社会学的范畴，同其他社会现象一样是在不断变化着的。这种变化表现出两种现象。其一，同一顾客在不同需求状态下，价值观念不同，如饱时一碗肉，不如饿时一顿粥。其二，社会整体水平的发展变化会带来顾客价值观念的改变。在温饱都成问题的时候，吃是一种享受，其价值标准是，吃细粮、吃大鱼大肉就是吃得好。随着社会生活水平的普遍提高，主张粗细搭配，营养合理。价值观念的变化必然会演化为顾客心理的变化，顾客心理的不断变化就给企业带来新的市场机会和潜在威胁。一个成功的企业，通常就是那些在不断变化发展的市场中，顺应市场发展，抓住机遇，及时推出符合时代价值观念的新产品，制定出新的销售策略的企业。一切故步自封、不思进取的企业，是必定要失败的。

（2）宗教信仰

宗教属社会意识形态范畴，表现为信徒们相信并崇拜某一超自然的神灵。世界上宗教派系很多，其中影响较大的有佛教、基督教和伊斯兰教。

宗教信仰对顾客心理的影响，主要是通过两种渠道形式实现的。首先，各种宗教对教徒的日常行为、重大仪式等方面都有规定或要求。大至婚丧嫁娶，小到饮食衣着，宗教的规范对于教徒有很大的约束力，有的来自于宗教的强制规定，有的出自教徒的虔诚所至。例如，信奉基督教的人，要对新生子女进行洗礼，结婚仪式必须在教堂进行。伊斯兰教的教徒要食用清真食品，禁止食用猪肉和所有动物的血。基督教徒每周日到教堂做礼拜，向耶稣祈祷并就自己的不良行为进行忏悔，以及每次用餐前和就寝后的祈祷，都是教徒对上帝表示虔诚的行为。有的宗教规范是很严格的，触犯者将受到严厉的惩罚。教徒对于宗教的规矩和禁忌看得非常神圣，自己不触犯也反对别人触犯。因此，企业和销售人员应懂得不同宗教的有关规定，以及由此而形成的一些消费习惯，以便有效地销售商品，避免引起误会。

其次，宗教对顾客的心理影响是通过其宗教主张、宣传口号的感召力来实现的。佛教主张普度众生，宣传因果报应，告诫人们应宽以待人，多行善事；基督教则主张博爱等，这些无疑会对顾客的心理和行为产生重要的影响。

随着社会的发展变迁，不同文化的相互渗透，人类对自然界认识的不断深化，宗教信仰中的迷信部分正被逐渐抛弃，一些禁忌自然失去了约束力，宗教节日也渐渐失去宗教色彩而演变成风俗习惯。例如，圣诞节原是基督教各教派共同遵守的第一大圣节，现在已发展成为欧美一些基督教国家喜庆和亲友家人团聚的全民的节日，这种转变自然而然地为企业销售节令商品提供了极佳的市场机会。

6.2.3　亚文化对顾客心理的影响

1. 亚文化的含义

文化因素是一个庞大的体系，它既存在一个为全社会成员所共有的基本文化因素——核心文化，又存在若干亚文化群体。所谓亚文化，是指存在于不同社会群体之间独有的基本文化因素，是人们因民族、籍贯、地区、种族、宗教、性别、年龄、职业等不同而形成的具有各自特点的、共有范围相对较小的文化。

2. 亚文化的影响

从顾客行为的角度来看，亚文化对顾客心理有着更直接的影响。属于不同亚文化影响范围的顾客，在消费方面存在着很大的差异；属于同一亚文化影响范围的顾客，在消费方面就有较多的相似之处。这里仅从市场细分的角度，分析讨论亚文化对顾客心理的影响。

（1）国家亚文化及其影响

不同国家的人们分属不同的亚文化影响范围，其消费习惯存在着许多差异。例如，日本的年轻人习惯群体活动，英国青年则喜欢男女成对的单独活动；中国以红色为大吉大利的欢喜颜色，北欧的一些国家却将红色视为凶兆、不吉利的颜色；中国人喜欢菊花，法国人则只在丧葬仪式上才使用菊花。若企业不了解这些，用红色包装商品向北欧出口或用菊花作商品图案出口法国，无疑会造成销售失败。

（2）民族亚文化及其影响

我们的国家是由多个民族共同组成的，各民族之间存在宗教信仰、崇尚爱好和生活习惯等方面的差异，形成相对独立的消费方式和具有民族特色的消费心理。例如，藏族人民喜欢象征幸福美好的几何、福寿图案的金边绸和彩色棉；新疆的一些少数民族则喜欢条子花、迎春花的修花缎料；哈萨克妇女喜欢穿马靴；朝鲜妇女则喜欢穿长裙等，这些具有民族特色的消费习惯，企业应该在调查研究各地不同民族生活习俗的基础上，努力生产销售能够满足各民族特殊需要和爱好的商品，扩大商品的市场销量，满足和繁荣各族人民的物质文化生活的需要。

我国是一个历史悠久富有民族传统的东方文明古国，又是社会主义国家，自然会有其独特的社会风貌，同西方文化有着较大的差别。在我国文化背景下，反映在消费心理中的我国人民的民族心理特点，较为明显的有以下几个方面：

1）仍然保持了传统的家庭结构和家庭伦理观念。我国目前既有两口之家，又有两代人、三代人的家庭。虽然现代的中国家庭已不同于旧的封建式家庭，家庭成员间的关系也在发生着变化，新的、平等的、互敬互爱的关系已在逐渐代替封建家长式的长幼尊卑的关系，但是传统的家庭伦理观念也部分地得到保持和巩固。家庭中成员之间的依存关系比较明显，这主要体现在经济关系上。因此，中国的市场以家庭为单位的顾客较多。个人的顾客心理，也往往与整个家庭紧密联系一起，一个人不仅要考虑自己的需要，而且更多地要考虑到整个家庭的需要。购买能力也是以家庭为单位计算的。如果说西方社会比较注重个人的权利的话，那么，我国人民则更重视自己的义务和责任。

2）重人情和求同心理。中华民族是一个崇尚礼仪、重视感情联络的民族。人们在社会交往过程中讲求感情联系，包括亲情、友情。在人际交往中，往往把人情视为首要因素，以维系人情作为行为方式的最高原则。亲朋好友相聚，主人会尽其所能使客人吃好、喝好，常常达到铺张的程度，而客人也会奉上一份像样的礼品。这种请客送礼的传统造就了我国节假日商品消费的旺季，为经营者们提供了良好的市场机会。中国社会几千年的文化积淀，形成了各式各样的行为规范和传统礼仪习惯，为社会大多数人所共同遵循和认同，谁违背了就会“有失面子”，而这是众多中国老百姓最忌讳的。

中华民族也是一个遵从和谐的民族。这些传统在消费心理上表现为“和谐求同”的心理，顾客习惯使自己的心理与周围环境保持协调，溶于群体之中，希望个人行为能得到社会的认可，不愿因过分的自我表现或引人注目而带来群体的排斥。人们对那些标新立异的行为往往不大习惯，这在人们的消费习惯上也有明显的反映，如喜欢大众化的商品等。不过，改革开放以后，随着经济文化的迅速发展，近年来人们传统的消费观念受到了较大的冲击。特别是随着社会主义市场经济的发展，社会前进的步伐、生活的节奏都大大加快了，人们的思想更加解放了，部分旧的消费习惯也正被新的消费习惯所代替，在消费上敢于标新立异者也在日渐增多，特别是在青年人中，表现得就更为突出。

3）朴素的民风和“节欲”心理。中华民族是一个历史悠久，具有优秀文化传统的民族，一向以勤劳好学、友好、勇敢、聪明机智和生活勤俭而著称于世。传统消费不追求奢华，讲求实用。消费观念主张量力而行，精打细算，细水长流；对商品的评价标准主要是物美价廉、实用、耐用；在享受消费方面，节制个人消费欲望被社会视为传统美德。大多数顾客在顾客心理上表现出理智和慎重，有较强的计划性和积累意识。从消费商品的类型看，消费支出的大部分是用于购买生活必需品，并追求商品的实用和耐用。

近年来，由于我国经济发展速度加快，市场经济的繁荣，人均收入不断增加，部分地区和个人又先富起来。人民的购买力达到前所未有的水平，表现为不满足于现状，要求生活更大改善，并开始重视适当的享受。所谓"吃要营养，穿要漂亮，用要高档"成了顾客心理的新动向，但传统的节制性消费习惯仍是主流。

4）讲究面子。爱面子是中国人典型的文化心理特征。我们这里所说的"爱面子"是指中国人过于注重礼仪的一种文化行为。例如，在中国人的行为方式中，如果认为对方的言行有不妥之处，多数人不是直截了当地指出来，而是尽可能采取谨慎、婉转的方式告诉对方，避免伤对方的面子，或让对方下不了台。中国人的爱面子是多方面的，有亲朋好友来访，倾其所有热情招待，花费越大说明主人越热情，客人越有面子。比外，在教育子女上，也流传着"家丑不可外扬"这句俗语。为了面子，许多人在家里吃咸菜喝凉水，但出门在外却不能"掉价"，吃大餐喝名酒。为了面子，结婚要讲排场．比阔气。为了面子，许多人宁可节衣缩食，蓄上好几个月工资买一双名牌鞋或首饰。在人际交往上，人们为了面子也要花钱。亲朋好友的红白喜事要送钱随礼，乔迁新居也要庆贺，甚至职位变动、养女得子等都要举行各自繁多的消费活动。

5）含蓄的民族性格和审美情趣。如果说西方民族的典型性格是外向、奔放，那么我国的民族性格则比较内向、含蓄，有人把这种性格特点形象地比喻为"暖水瓶"。反映在文化艺术方面，我国艺术的表现手法重写意，如戏剧舞台上没有任何自然景物，只靠极为简单的道具和演员极富表现力的表演，便能生动地表现出故事所在的情景。而西方艺术则以写实为主要手法，如话剧、歌剧一般在舞台上都设置逼真的布景。这种特点表现在穿着方面差别也较明显，西方人喜欢选用色彩鲜亮的装束，而中国人则喜欢色调柔和、素雅而庄重的衣着，等等。

在我国消费市场上，企业的商品宣传和营销策略，必须把握受众的民族文化心理，融民族文化于企业的商品宣传和营销策略之中。例如，20世纪80年代初，"雀巢咖啡"与"麦氏咖啡"同时在素有"茶叶王国"之称的中国的电视媒介展开了一场声势浩大的大战，最终"雀巢咖啡"在中国取得了广告的成功，并赢得了绝大部分的市场占有率。为什么"雀巢咖啡"会取得成功？这里固然有其广告定位、定向上的功效，也有其广告策略的成效，但其中最重要的一点就是在共鸣点的选择上，"雀巢咖啡"紧紧抓住了中国受众的文化心理特点。"雀巢咖啡"的第一个广告抓住了中国人好客的心理作为市场难题的突破点，以待客热情与敬客得体作为主导，以通俗的"味道好极了"作为诉求，使受众得到情感共鸣。第二个广告则是在第一个广告的基础上抓住了中国人重礼节的特征，提醒人们这是送礼佳品，融入人际交往的礼尚往来这一礼节。第三个广告则是抓住家庭这个群体，以家庭主妇为突破点，以"爱"与 "温馨"为抓手，激起顾客情感共鸣与消费欲望。"麦氏咖啡"第一个广告则强调"注重健康"，在第二个广告中突出"美国名牌咖啡"。广告播出后虽然有较大的知名度，但却未能获得与"雀巢咖啡"一样的购买率。接着第三个广告通过改变新产品的形态，推出礼品包装，注重中国受众文化心理，诉求“款款皆精品，浓情由此生”，也使“麦氏咖啡”在中国大陆占有了部分市场。

综观“雀巢咖啡”广告的成功，实质上是在对中国文化的深刻了解与把握后，把中国受众的接受心理——民族文化心理作为突破，达到商业上的成功。目前，我国一些电视广告，从创作者本意来说，也是为了弘扬民族文化，也算用心良苦。但在探索中出现了这样一些情况：或是穿上古装的人物，或是搬用一些古建筑、古迹、文物、民间道具，把这些与现代商品简单叠加、组接，以为这是民族风格的体现。我们认为这是对民族文化与民族风格的简单理解，是对深层民族文化实质理解的偏差。所谓民族文化是一个民族的风俗习惯、伦理道德、文化教育、人生观、价值观与现代观念和现代科技相结合的结果。

（3）地区亚文化及其影响

地区亚文化群是指不同地区因自然环境、生产条件的差异而形成的地区性文化群体。不同地区有不同的消费观念和消费习惯。这些地区性的消费区别，既反映在行为方式上，也表现在对商品评判的价值标准上。从商品的消费方式和顾客心理的差异，可以简要地把我国划分为南北两大亚文化群。北方的顾客心理讲求粗犷和豪爽，南方人却表现出细致、精明。对食品的评价标准，北方人追求丰盛、热辣，南方人却特别注意精美、鲜活。了解不同地区亚文化群的消费特点及在消费观念上的差异，对企业能否更好地满足不同地区顾客的需要，巩固和扩大市场无疑有着重要的意义。

6.3 相关群体与家庭因素对顾客心理的影响

6.3.1 相关群体的含义和相关群体类型

1. 相关群体的含义

相关群体简称群体，是指由若干个具有共同目标、共同利益并在一起活动的人所组成的集合体。群体一般具有以下特征：有一定数量的人，从事共同的活动，其活动有一定的社会目的，群体成员遵从一定的行为规范，具有相近的价值观念、兴趣和需要。

2. 相关群体的类型

（1）根据顾客实际隶属关系可分为所属群体和参照群体

所属群体是指人们所属并且相互影响的群体，如家庭成员、朋友、同事、亲戚、邻居、宗教组织、职业协会等。

参照群体是顾客个体目前尚未加入而希望加入的群体，它对顾客的顾客心理有很强的引导和示范作用，常常促使顾客通过比较、追求、模仿而改变自己的消费习惯。

（2）根据群体对个体顾客行为影响作用的大小可分为主导群体和辅助群体

主导群体参与个体顾客的社会生活的本质基础，如同事、密友、邻里等。单位里的同事购买了什么商品以及对商品的好的评价往往会诱发个体顾客的某种购买欲望。亲朋好友的意见常对顾客的购买决策有指导作用。辅助群体是指由顾客个体的兴趣、信念、追求或特殊需要相同或相似而引起集合的群体。

辅助群体成员之间存在着交往，但交往频率往往相对较低，信息交流面较窄。辅助群体影响作用时常在顾客的行为中表现出来。例如，针对社会消费趋势的看法，群体成员间消费取向的相互模仿以及对消费品的相互推荐等。

（3）根据个体对某一群体的自我意识程度可分为自觉群体和回避群体

自觉群体是顾客根据自身的各种条件主观上把自己归属于某个群体。这种群体成员之间可以根本不存在任何直接的交往关系，如中年知识分子群体、家庭妇女群体等。尽管如此，个体却能自觉地用这一群体的顾客心理特征来约束自己的顾客心理，追求这一群体的消费风尚。

回避群体是顾客自以为与自己不相符，尽量避免归属的群体。这种群体对个体顾客心理的影响表现在：消费个体极力避免与该群体的顾客心理雷同，采取与该群体成员相异的顾客心理。企业在选择目标市场和进行市场定位时应特别注意这一点，如有不慎，就会造成一些顾客的抵制心理。

（4）根据个体顾客加入群体的时间长短可分为长期群体和临时群体

长期群体是个体在一段相对较长时间参与的群体。该群体成员之间有比较长且稳定的交往关系，对个体顾客心理影响较大，有时能在群体中形成一定的消费习惯、相近的商品评价标准和价值观念。

临时群体则是顾客暂时处于其中的群体。这种群体对个体影响是暂时且不稳定的，在特殊的情况下会对个体的购买欲望有很大的激发作用。例如，在某一商品的购买现场，临时群体中一些成员的抢购常会激发其他成员的购买欲望。

6.3.2 所属群体和参照群体对顾客心理的影响

群体对顾客行为的影响是通过各种信息的交往来实现的，从信息交往的直接性与群体对顾客行为的关系看，主要有所属群体影响和参照群体影响。

1. 所属群体的影响

所属群体是顾客正生活在其中的群体。因为群体成员长期相处在一起，相互交往，频繁接触，耳濡目染，常常会使群体内的各成员具有相似的消费观念和行为习惯。所属群体直接影响顾客的消费心理，甚至可以逐步改变顾客的消费习惯。

2. 参照群体的影响

参照群体是指某人的非成员群体，即此人不属于其中的成员，却渴望加入或仿效的群体。参照群体对顾客具有很大的召唤力。在追随者看来，参照群体具有比他们更高的社会地位、声誉或品位，是他们心目中的偶像和行为模特。因此，该群体在消费上对其追随者具有示范和影响作用。比如说，影视体育明星对于追星族来说就是参照群体，他们在消费上的一举一动，都成为追星族的模仿对象。正是由于他们的影响作用，产品广告往往选择明星人物作为其形象代言人。再比如，高收入阶层可以成为其他收入阶层的参照群体。他们在别墅、轿车、国际旅游、高尔夫球、名贵服装等项目上的消费，就对中等收入阶层产生了强烈的示范效应。

6.3.3 家庭因素的影响

家庭是建立在婚姻和血缘关系基础上的亲密合作、共同生活的小型群体。它既是整个社会生活的基本消费单位，又与个体顾客心理相互影响、结合成统一体。家庭对顾客心理与行为的影响是显而易见的。人的消费心理、顾客心理、消费方式、消费习惯等首先从家庭中学来。父母的消费习惯会影响其子女，父母对子女的教育方式也会影响他们的消费心理。同时，家庭又是社会的基本经济收支单位，是消费品的基本消费单位。家庭的社会地位、经济收入状况、人员结构等不仅决定了家庭的购买能力，也决定了家庭成员的需求层次、需求结构和消费习惯。消费品市场几乎全是以家庭为单位进行购买活动的。

1. 家庭的富裕程度与消费心理

家庭收入状况是影响家庭消费的一个决定性因素，不同收入的家庭在消费理念和消费模式等方面有着不同的特点。根据收入的高低大体可以把我国城镇家庭划分为以下四种类型：

（1）贫困型家庭

家庭年收入在三万元人民币以下。这部分家庭主要是效益不好的企业职工家庭，部分离退休职工家庭，就业人口少而家庭人口多的居民家庭，大约占全国家庭总户数的4%，他们几乎要将全部收入用来维持基本生活，因而无从产生独立、清晰的消费意识，只是被生理需求牵着走，求廉、求实是其主导性消费动机。

（2）温饱型家庭

家庭年收入 3～15 万元人民币。这部分家庭主要由内地中小城市普通居民家庭以及没有额外收入的工薪阶层组成，占全国家庭总户数的 34%。这些家庭在维持生理性需要的前提下，收入略有结余，开始谨慎地扩展消费项目，由于经济并不宽裕而具有强烈的忧患意识，支持子女教育。储蓄为其主要消费心理倾向。

（3）小康型家庭

家庭年收入为 15～100 万元人民币。这部分家庭包括大中城市，以及沿海城市中的大部分居民家庭，占全国家庭总户数的 55%。这些家庭完全具备良好的生活条件，追求消费个性化成为明确的消费主题。超前的消费观念、高档名牌的消费目标，使他们跻身于新潮消费的前列。

（4）富豪型家庭

家庭年收入在 100 万元人民币以上。这一层次的家庭由民营企业家、合资企业老板、著名演员和体育明星、名画家、名作家、包工头、证券经营获高利者组成，占全国家庭总户数的 1%。这些家庭已失去了物质消费的激情，不再有大众那种通常能感受到的消费冲动和消费满足感。高档消费已在他们的生活中常规化、随意化。其消费心理倾向几乎已移出了“物质消费”领域。

当然，由于个性差异，上述类型家庭的顾客心理特征在具体个体身上的表现也会有所不同。因此，不能把不同类型家庭顾客心理绝对化。

2. 家庭的类型结构与消费心理

家庭的类型结构是指家庭组成人员情况。我国现代家庭结构一般分为单身家庭、核心家庭、直系家庭和联合家庭四种类型。在社会主义市场经济条件下，家庭仍然执行着生活消费的职能，也就是说家庭根据收入状况，按照成员的物质文化生活需要及其发展变化，尽可能完善地组织全体成员的物质文化生活。由于家庭的类型结构不同，其消费心理和消费的具体形式及特点等方面有一定差别。

（1）单身家庭

单身家庭即只有一个家庭成员所组成的家庭。单身家庭的顾客单独生活，对于大宗商品，如成套家具购买欲望较低，对于生活必需品，一次性购买数量也较少，对商品的购买和使用，都希望简单、省时、方便，但其自尊意识和求胜心理较强，对消费商品的档次要求较高，并力求达到甚至超过核心家庭的消费水平。当然，不同情况的单身家庭，其顾客心理也不同。例如，老年鳏夫或寡妇，在生活消费上一般倾向于节俭和保守；而独居在外、临近婚期的未婚男女青年实质上是处于核心家庭前期的一个临时性组织，因而消费心理又会有所不同。

（2）核心家庭

核心家庭即由异性的两个成年人组成，生活在法律准许的男女婚姻关系中，拥有自己未婚子女的家庭。核心家庭是我国乃至世界许多国家近期家庭的发展模式：夫妻共同工作，年轻力壮，精力充沛，经济收入比较稳定，且子女小，家庭矛盾少，有一种稳定的优越感，因而在消费心理上求新、求异、求名、求美占主导地位。我国实行计划生育和优生优育政策，子女在家庭中的地位高，并受到更多照顾。父母舍得在他们身上花钱，也尽量满足他们的各种要求，这不仅影响到核心家庭消费心理和购买行为，而且在这种家庭环境熏陶下，子女的消费习惯和消费方式也会形成某些特点。一些独生子女求新、求奇的心理就是核心家庭消费特点的表现。

（3）直系家庭

直系家庭即包括一对夫妻加上一个已婚子女及其配偶，或者再加上第三代、第四代人所组成的大家庭。直系家庭规模较大，层次较多，一般情况下，家庭的长辈处于核心地位，执掌着家庭消费人权。其成员的顾客心理明显地受到长辈的影响和制约，因而消费心理从整体上带有保守性，购买商品讲究价廉物美、经济实惠，习惯于传统的、顾客普遍接受的商品，对新产品的购买与使用持谨慎态度，为避免消费风险，他们采取“随大流”的消费策略，即以既不先进也不落后作为消费的主导思想。直系家庭中的年轻成员的顾客心理即使有开放求新的意识，也会在这种保守的气氛中不同程度地受到压抑而打上保守的烙印。

（4）联合家庭

联合家庭即指两个或两个以上的核心家庭合并而组成的大家庭。联合家庭由于家庭构成人员复杂，购买决策特殊，其顾客心理呈现复杂的状态。一般来讲，不管联合家庭中有几对夫妻，但必有一对夫妻处于相对掌权的地位，生活必需品的消费也就受到这对夫妻消费心理的影响和制约。如果这对夫妻思想比较开放，其求新、求异、求名、求美心理等就有可能占据优势；否则，趋于保守。联合家庭中不可能所有成员的收入都集中起来统一消费，不同收入的夫妻又成为家庭中不同的消费中心，他们各自决定不属于家庭集体消费的份额和结构，有着不同的消费心理。因此，必须严格按照具体问题具体分析的原则来分析联合家庭的顾客心理。

6.3.4 顾客的从众行为

众多的人在一起生活、工作、学习，时刻在相互交往，传递各种意见、看法、观点。人们在进行消费选择时，由于对选择对象情况的无知或一知半解而怀疑自己的判断力时，就想借助于群体其他成员的态度和行为作为自己参照的标准，这就是消费过程中从众行为的表现。从众行为是个体在群体的影响下，改变个人意见而与大多数人取得一致的认识和行为。在社会生活中，从众行为相当普遍。例如，一个没有准备购买汽车的家庭，会因邻里都买了汽车而决定也购置一辆。从众行为的社会普遍性，会在我们的生活中形成某一时期的消费时尚和社会流行色彩。

知识拓展

“抗拒”与“逆反”

抗拒心理：当顾客认为，大多数人员的一致性行为是因为某种强制性原因或非正当的诱因造成时，往往会产生一种心理抵制，除非万不得已，否则会拒绝采取购买行为。这种现象在心理学上属于心理抗拒。抗拒心理是个体对群体的影响采取不遵从，甚至逆反的心理趋向。在多数情况下，顾客表现出从众心理，但当个体感觉到群体的影响对他有明显的诱导企图时，会产生一种逆反心理，而拒绝采取群体的顾客心理。

6.4 习俗与流行对顾客心理的影响

6.4.1 习俗与流行的含义与关系

1. 习俗与流行的含义

（1）习俗

习俗就是风俗习惯，是指一个国家、民族或地区为社会公认的固定化的某些行为方式，是一般社会成员遵从的行为模式。反映在日常生活中的衣食住行、工作、待人接物、迎送宾客、文化生活、婚丧嫁娶、传统节日、宗教信仰和禁忌等方面上的消费方式就成了消费习俗。一般来讲，不同的民族具有不同的习俗，并且受该民族的宗教信仰、经济发展水平、传统文化以及自然环境和生产条件等的影响。

（2）流行

消费流行简称流行。带有某种时尚特色的心理追求，一旦获得了社会的承认，就会被广泛地复制，从而形成了一种极具个性的消费倾向和消费趋势，即消费流行。

2. 习俗与流行的关系

流行不同于消费习俗，但有可能转变成消费习俗。流行是一种风尚，在一定时期内，迅速蔓延，风行一时，然后又很快消失。而风俗习惯一旦形成，则难以改变。当流行的某类款式作为特定款式而为人们普遍接受，并经常重复出现时，流行就演化为风俗习惯。

3. 流行的显著特点

1）市场需求量大。每当一种消费时尚被争相仿效、推崇继而流行起来时，都会出现大批的购买者或顾客，从而形成对这一商品或消费形式的大量需求。甚至会造成短时间内市场上的供不应求。

2）时间持续较短。现代社会人们的消费是丰富多彩、变化万千的，就总体而言，一种消费时尚的流行时间是比较短暂的。与消费习俗相比其流行时间较短，有的几个月，个别的能长达数年。

3）不具有周期性。时尚的传播与流行往往是由某种社会因素和心理倾向造成的，一旦流行过后不再重复，即使重复出现也是“改造”后的。

4）具有可诱导性。消费流行并不都是自发形成的，许多时候它是商品生产者、经营者精心策划和成功诱导的结果。当然，这必须建立在对顾客心理及市场情况的准确把握的基础上，否则仅凭经营者的一厢情愿是不能导致消费时尚的流行的。

5）消费范围集中。某种消费时尚的流行总是体现在一种商品或一种消费形式上，且表现为人们对这一类商品或消费形式的大量购买和消费上。这种流行不会扩展到所有商品或消费形式，否则也就体现不出对某一商品的流行了。因此，消费流行与时尚总是有特定的对象范围。

6.4.2　习俗对顾客心理的影响

1. 传统节日是民族风俗习惯的重要组成部分

各民族都有自己的传统节日，如西方民族有圣诞节、情人节、愚人节、复活节、感恩节等，我国的每个民族都有自己的传统节日，藏族有藏历节，傣族有泼水节等，然而被人们广为推崇、较具影响力的主要有春节、元宵节、清明节、端午节、七夕节、中秋节、重阳节等。每逢节日各民族都要按自己的传统方式举行不同的庆祝活动。在此期间，各民族消费性购买最集中，市场销售额大幅度上升，形成商品的销售旺季。因此，企业经营者应该熟悉各民族的传统节日和消费习俗，及时生产或组织货源，抓住市场机会销售商品，既满足各民族顾客的需要，繁荣民族地区经济，又能提高企业的经济效益。

2. 婚丧嫁娶仪式是民族风俗习惯的又一重要组成部分

尽管各民族婚丧嫁娶的具体仪式不同，但从顾客行为上看，都是人生的一个十分集中的消费阶段。我国各民族有重视婚嫁仪式，讲究排场的习惯。近年来用于婚嫁阶段的消费支出费用上升很快，给企业带来了市场机会。一些企业近年开办婚嫁仪式服务的经营项目，取得了成功。

消费习俗的形成与沿袭既有政治、经济、文化、历史的原因，又有消费心理的影响。一方面，消费习俗一旦形成，不仅直接影响人们的日常消费生活，而且影响人们的消费心理，以及人们的生活情操与品位；另一方面，不同的地域、不同的民族有不同的民俗风情，以及不同的消费习惯，企业在经营决策的时候，应当首先做到“入境问俗”，经营那些具有特定功能的差异化产品，从而适应市场需求，谋取“差异化利润”。

6.4.3 流行对顾客心理的影响

流行性购买是由于外界环境影响或社会风尚的变化而引起的购买心理，它与冲动性购买行为一样，受感情的驱使，所不同的是，流行性购买行为一般体现着人们对生活的向往和美好的需求，是生活水平逐步提高过程中自然产生的购买欲望。它不一定是在一时冲动下产生的，大部分要经过一段时间的考虑和比较。流行对顾客购买心理动机的影响表现为以下三个方面：

1. 展现自我、突出个性

现代社会随着人们消费水平的提高，审美意识与个性意识逐渐增强，表现在消费方面就是人们越来越追求个性化消费。具体表现为：根据自己的特点，需要选择适合自己的商品，以期以独特的自我形象展示于人们面前，因此喜欢标新立异、与众不同、风格独特的商品，从而给别人一个深刻而独特的印象。而在这种心理作用下的购买行为常常成为某种消费时尚的开端。

2. 趋同从众、不甘落后

没有人愿意被时代淘汰，不断适应社会的发展变化，跟上时代潮流是绝大多数顾客的一个共同心理。正是这种心态的驱使，当某种新的消费时尚出现时，人们才会争相仿效，成为追逐时尚队伍中的一员，这是人的社会心理需要在消费领域的典型表现。

3. 崇拜名人、追求名牌

“名人用名牌”是许多宣传广告的目的，也的确刺激和引导了一大批追随者，模仿名人的衣着装扮，从而满足仰慕名人的心理需要。此外，消费中追求高品质、高品位也是导致名牌产品流行的一个重要原因。对美好事物的向往和追求是人类的天性，而名牌产品正是以其上乘的品质才被公认为名牌，顾客购买名牌产品，不仅是仰慕其品质，更可以从中增强信心，获得周围人的欣赏和尊重，从而获得极大的心理满足。

流行的出现会产生大批的购买者或顾客，从而形成对这一商品或服务的大量需求，但这种趋势往往会维持比较短暂的一段时间，有时只有几个月，像跳舞毯、呼啦圈就是很典型的例子。但也有成功引导顾客购买行为的例子，像诺基亚引导起来的“手机换壳热”则是一个成功的典范，不仅为当时诺基亚手机的销售立下了汗马功劳，而且引得竞争对手纷纷效仿，甚至已经扩展到了手机之外的其他消费品领域。还有像家具购买和房屋装修，几年前开始到现在，一直流行着一种叫“胡桃木”的颜色，几乎现在装修和家具中，都用上了这种颜色。这种颜色无论用在办公场所还是用在家里，都是很显档次的颜色。像上述所说的“手机换壳热”和流行“胡桃木”颜色等情况说明企业只有成功地把握顾客的求新、求变、突出个性、展现自我、与时代同步的心理需求，才能成功地制造顾客的购买行为，而这些购买行为则往往会成为时尚的开端。

消费流行的发生与发展规律往往呈曲线运动，但有时是骤起型，有时是缓起型，有时可持续多年，有时候则转瞬即逝（如化妆品和时装等）。此外，在现代社会中，顾客的购买行为不仅仅受经济因素的约束，还受到购买者文化及来自社会的许多方面因素的约束和影响，社会经济生活越发达，诸方面的影响就越大。在我国，消费流行趋势的走向一般是从沿海向内地，从南方到北方，从城市向农村，从东部向西部，从平原向山区。

本章小结

顾客购买商品的过程，伴随着相当复杂的心理活动。这种心理活动，除了要受其个体心理特征的影响外，还要受政治因素、经济因素、文化因素、相关群体、家庭因素、习俗和流行等社会因素的影响。

本章要重点把握如下内容：政治制度和国家政策对顾客心理的影响，经济因素的内容及对顾客心理的影响；文化的含义，主文化的含义、特征、内容和对消费心理的影响，亚文化的含义及亚文化对顾客心理的影响；群体的含义和相关群体类型，习俗与流行的含义和对顾客心理的影响。

练习题

一、单项选择题

1. 影响顾客心理的最主要因素为（　　）。

A．政治因素　　B．经济因素　　C．文化因素　　D．习俗和流行

2.（　　）年中国经济总量首次超过日本居世界第二。

A．2010　　B．2012　　C．2014　　D．2015

3. 目前，（　　）已成为全球最大新能源汽车市场。

A．美国　　B．日本　　C．德国　　D．中国

4．消费品市场是反映文化的一个最敏感的窗口，因为文化的（　　）经常导致市场上某种消费时尚及商品的流行。

A．差异性　　B．发展变化性　　C．适应性　　D．社会性

5．根据顾客实际隶属关系可分为（　　）。

A．主导群体和辅助群体　　B．自觉群体和回避群体

C．所属群体和参照群体　　D．长期群体和临时群体

二、多项选择题

1．全国节能宣传周活动举办，旨在不断地增强全国人民的（　　）。

A．资源意识　　B．节能意识　　C．环境意识　　D．休闲意识

E．健康意识

2．生态消费模式的核心是消费的“生态性”，生态性具体表现在（　　）。

A．消费品本身　　B．消费品的来源

C．消费过程　　D．消费结果

E．消费感受

3．传统工业文明消费模式的特点有（　　）。

A．追求过度包装产品　　B．一次性消费品众多

C．过度深加工产品　　D．生态消费

E．可持续性消费

4．主文化的特性包括（　　）。

A．共同性　　B．社会性　　C．适应性　　D．发展变化性

E．差异性

5．消费流行的显著特点有（　　）。

A．市场需求量大　　B．时间持续较短

C．不具有周期性　　D．消费范围集中

E．具有可诱导性

三、判断题

1．我国政府把发展新能源汽车作为解决能源及环境问题、实现可持续发展的一项重大举措。（　　）

2．今后，我国消费市场将会出现服装、食品等基本生活用品的消费额比例上升，而信息、文化娱乐等消费额比例下降的趋势。（　　）

3．自贸区的设立将会提高顾客的购买成本。（　　）

4．“一带一路”是“丝绸之路经济带”和21世纪“海上丝绸之路”的简称。（　　）

5．我国传统节日主要有春节、元宵节、清明节、端午节、七夕节、中秋节、重阳节、圣诞节、感恩节、情人节等。（　　）

四、思考讨论题

1．我国经济持续快速发展对顾客心理的影响主要表现在哪几个方面？

2．绿色生态消费模式的核心和具体表现是什么？

3．反映在顾客中的我国民族消费心理有哪几个较为明显的特点？

五、案例分析题

2008年1月8日，我国国务院办公厅发出了《关于限制生产销售使用塑料购物袋的通知》。通知指出，鉴于购物袋已成为“白色污染”的主要来源，从2008年6月1日起，在全国范围内禁止生产、销售、使用厚度小于0.025毫米的塑料购物袋，并将实行塑料购物袋有偿使用制度。自2008年6月1日起，在所有超市、商场、集贸市场等商品零售场所实行塑料购物袋有偿使用制度，一律不得免费提供塑料购物袋。少用400亿只塑料袋，相当于少产80万吨塑料袋，少消耗石油240万吨，可抵两个中等油田产量；等于2007年全国生产乙醇总产量的1.5倍；能省下1000多万吨粮食用于生产乙醇；还能减少电力、水等资源的消耗。越来越多的顾客亦逐渐改变消费习惯，开始拿着环保袋购物。

分析：

1．限制生产、销售、使用塑料购物袋有何现实意义？

2．此案例中“通知”的实施，将对顾客有何影响？

（**提示**：对于全民“限塑”时代的来临，中国公众并不觉得突然，因为在2007年年底，国务院已经下发相关通知。但是，对习惯了免费塑料袋的中国顾客而言，到超市和小商品市场提着“菜篮子”还真的不太适应，顾客的习惯心理亟待调适，这就是长期积累的消费心理惯性所致。从目前的情况看，顾客对“限塑令”虽然心理上不太适，但还愿意支持国家环保事业，减少塑料袋浪费使用现象，并给予了行为上的配合，下一步就是公共政策和商家采取更为有序和有效的方式促使顾客形成“限塑”时代的国民心理。）

第 7 章 商品要素与顾客心理

学习任务

1. 知识目标

1）理解新产品、商品品牌与商标、商品包装的含义。

2）熟悉新产品的类型、新产品的设计以及新产品命名与顾客心理之间的关系。

3）熟悉品牌设计、商标设计与顾客心理之间的关系。

4）熟悉商品包装、包装设计与顾客心理之间的关系。

2. 实操目标

能利用所学知识分析商品要素设计对顾客心理的影响。

3. 职业素质目标

1）培养关注商品要素意识的能力。

2）感受顾客对商品要素的心理要求，更好地满足消费者需求。

案例引入

在20世纪80年代中后期，我国部分企业已开始具备向海外拓展自己市场领地的能力和实力，最具有这种能力的是一些拥有著名商标的企业。国外企业了解到这一信息，就在外国抢先注册我们中国的著名商标，比如日本注册中国近300个商标，马来西亚、新加坡也注册了我国上百个商标，这就意味着中国这类商标的产品在这些国家的市场上被封杀。例如，同仁堂被日本给抢注了，这就意味着我们中国的药再不能打着"同仁堂"三个字在日本销售，否则是侵权。因此，在20世纪80年代的时候，商标局大声疾呼企业要重视商标注册，保护好自己的合法权益。

点评：商标作为产品的标识，对顾客的消费和企业的发展有重要作用。透过顾客对商品的消费，能真实反映顾客对商品部分要素的认可，进而更好地把握顾客的消费心理，从而更好地对商品进行更新和完善。并且通过商标注册的竞争，更直观地展示商标对顾客消费的重要性。同时，各国在市场经济中抢先注册的举动，向我们暗示了既要有法治意识，还要勇于用法，对商品的维护有重要作用。

7.1　新产品及其命名对顾客心理的影响

7.1.1　顾客对新产品的心理反应

1. 新产品的概念

现代市场营销学中新产品的含义要从产品整体概念上理解。所谓产品的整体概念，是指提供给市场，并用于满足人们某种需要的任何事物，它包括实物、服务场所、思想或主意、计策等。产品的整体概念包含以下三层意思：

（1）核心产品

核心产品是指消费者购买某种产品时所追求的利益和服务。例如，购买电视机是为了获取信息和娱乐，而不是放在那里当摆设；女士使用的化妆品不仅要求具有某种化学性能，即护肤和护发，更要追求一种美容的享受。市场营销学认为这是购买者所追求的利益，是产品整体概念最基本、最主要的部分。

（2）形体产品

形体产品是指消费者通过自己的眼、耳、鼻、舌、身等感觉器官可以接触到的、感觉到的有形部分。它包括产品的形态、形状、式样、商标、质量、包装、设计、风格、色调等。认识产品的有形部分，对于我国企业现行的营销活动有重要的指导意义。许多企业讲究货真价实，很关注产品的内在质量，但不太重视诸如商标、品名、包装、外观设计等外部质量，以至于在国际市场的竞争中失败。主要原因在于没有认识到产品质量是一个包括产品实体内、外部多方面因素的综合概念。

（3）附加产品

附加产品是指购买者在购买时所获得的全部附加服务和利益。包括提供贷款、免费送货、维修、保证、安装、技术指导、售后服务等。在现代市场上，产品有趋于“一致化”倾向，当竞争中企业的产品在形体产品上没有明显差别的情形下，企业设计有效的附加产品关系重大，很多时候，企业间竞争胜负的关键在于“服务仗”。

那么什么是新产品呢？对新产品的定义可以从企业、市场和技术三个角度进行。对企业而言，第一次生产销售的产品都叫新产品；对市场来讲则不然，只有第一次出现的产品才叫新产品；从技术方面看，在产品的原理、结构、功能和形式上发生了改变的产品叫新产品。营销学的新产品包括了前面三者的成分，但更注重消费者的感受与认同，它是从产品整体性概念的角度来定义的。所谓新产品是指产品整体性概念中任何一部分或整体的创新、改进，能给消费者带来某种新的感受、满足和利益的相对新的或绝对新的产品。

2. 顾客对新产品的心理反应

顾客接受新产品的心理活动过程分为五个阶段：

（1）知晓阶段

知晓阶段就是顾客知道了某种新产品的阶段。一般来说，在这一个阶段，知晓是中性的，谈不上印象的好坏，也可能不足以引起他们去搜寻有关这一产品的其他额外的信息。

（2）兴趣阶段

当顾客对这一新产品或这类新产品发生了兴趣，也就是产生了需要，他们就会主动去搜集有关的信息，尤其是要弄清楚这种产品能给他们带来的好处。

（3）评估阶段

在已得到的信息的基础上，消费者对这种新产品形成判断或结论，或者决定是否再去搜寻更多的信息。在评估阶段过程中，代表了他们对新产品的“心理尝试”，如果是满意的，他们就会去实际尝试，反之，就可能拒绝。

（4）试用阶段

试用可以通过多种方式进行，有时他们可能亲自试用厂家提供的样品，有时他们可能到熟人处试用熟人已经购买的新产品，或者询问他们的经验。试用的结果为他们决定是否采用提供了关键性信息。

（5）采用阶段

消费者试用满意后，就正式采用此项新产品，重复购买，经常使用。从试用阶段到采用阶段，个人情报要比广告重要得多，顾客间相互传播的情报对于顾客广泛使用有重要作用。

7.1.2 新产品的类型及心理特征

1. 新产品的类型

新产品具有新颖性、先进性、经济性和风险性等特点，一般包括如下几种类型：

（1）新发明的产品（全新产品）

新发明的产品指企业采用新原理、新设计、新结构、新技术、新材料制成的前所未有的产品，即依靠科学技术的进步，为满足一种新需求而发明的产品。例如，打字机（1867 年）、电话（1876 年）、飞机（1903 年）、真空管（1906 年）、塑料（1909 年）、尼龙（1937 年）、圆珠笔（1938 年）、电子计算机（1944 年）等被视为 1867～1960 年间世界公认的最重要的一部分新产品。这类新产品是极其难得的，一旦在市场上打开局面，将会表现出很强的生命力，能够为企业带来较长期的利润。此类产品一般研制时间较长，对技术条件的要求比较高，企业投入的成本也比较多。也正是由于这个原因，这类新产品的使用往往会改变用户或消费者的生产方式或生活方式，而其他企业仿制起来也需要较多的资金、技术和时间的投入，这样就可以使先采用的企业比较容易地在竞争中获得有利地位，并在一定时间内维持其营销优势。

（2）换代新产品（部分新产品）

换代新产品是指在原有产品的基础上，部分采用新技术、新材料、新构思制成，并在产品性能等方面有显著提高的产品。也就是利用科学技术的成就，对现有的产品进行较大的革新。例如，电视机由黑白电视机发展到彩色电视机和数字电视机；普通电熨斗革新为自动调温或自动喷水的电熨斗；洗衣机从单缸洗衣机发展到双缸洗衣机和全自动洗衣机；手机由体型大、功能简单、色彩单调等发展到灵巧、酷炫、功能强大等。更新换代产品与原有产品相比，产品性能有了一定的改进，质量也有了相应的提高，当这类新产品进入市场以后，消费者往往也有一个接受和普及的过程，但这个过程比全新产品来得短一些，容易一些。

（3）改进新产品（改良现有产品）

改进新产品是指这种新产品不是由于科学技术的进步导致产品的重大革新，而只是对现有产品的品质、特点、结构、款式或包装作一定的改变，如人参酒、带过滤嘴的香烟、给电视机配置遥控开关、新款式的服装等。与换代新产品相比，改进新产品受技术限制较小，且成本相对较低，便于市场推广和被消费者接受，但是竞争者也比较容易模仿，所以市场上的竞争比较激烈。

（4）本企业新产品（新牌子产品）

这种新产品是指对现有产品只做很小的改变，突出产品某一方面的特点，就可以使其成为新产品，或者对市场上已经有的某种比较畅销的产品进行仿制，只是标出新牌子的产品。例如，在市场上经常出现新牌子的香烟、啤酒、化妆品、洗衣机、电视机等。由于开发这种产品不需要太多的资金和尖端的技术，因此比研制全新产品要来得简单和容易得多。这类新产品加入市场后，只要具有某一特色，便很容易被消费者接受和普及，但是这类新产品的竞争更加激烈。

2. 新产品推广过程中应考虑的顾客心理特征

就新产品本身而言，必须考虑五个关键因素，这些因素会影响到它的推广，也会直接影响顾客的购买行为，具体如下：

（1）新产品的相对优越度

新产品的相对优越度指顾客知觉到的新产品超过（好于）现有替代品的程度，优越性越多越明显，就越能吸引顾客购买。例如，半导体收音机的性能远远优于晶体管收音机，一经出现便迅速占领市场，挤垮了后者。能自动关闭的电熨斗，对于容易忘事的消费者来说就特别受欢迎。新产品的相对优越之处，可以表现在性能、外观、包装或售后服务等诸多方面。

（2）新产品的复杂度

新产品的复杂度指顾客对新产品的理解和使用新产品时的困难程度。显然，新产品越容易被消费者所理解和使用，也就越容易被消费者所接受；相反，如果消费者在消费过程中需要进行大量的学习，并且操作起来难度很大，则消费者采用这种新产品的积极性就不会很高。例如，一开始照相机的使用需要相当复杂的知识背景，很多人觉得很难掌握，所以有一段时间照相机的扩散非常缓慢，后来，国外不少厂家以使用方法为革新目标，进行一系列改造，生产出许多具有自动功能的照相机，大大简化了它的操作，从而极大地加速了照相机的普及。还有现在一些电脑软件的开发，也越来越注重人机界面的交互友好性，使操作者容易掌握，一学就会，所以电脑的普及程度越来越广，已经成为一项基本技能。

（3）新产品的相容度

新产品的相容度指新产品与潜在消费者现存的需要、价值观念、消费习惯和生活方式协调一致的程度。显然，新产品与消费者相容的程度越高，新产品就越容易整合到目前的行为模式中去。例如，随着生活节奏的加快和社会时尚程度的提高，现在很多年轻人都喜欢体积小、款式新颖时尚的 MP3、MP4，在学习和工作之余随身携带，可以随时随地欣赏音乐和看电影，减轻疲劳。反之，如果新产品与消费者原有的观念和习惯相冲突，在市场上的扩散就会受到阻碍。例如，随着时代的发展，中国女性的服装眼下也是花样不断翻新，但是裸露过多的服装还是很少有人问津，不像有些西方国家的女性，身上搭几根布条就大摇大摆地逛街。

（4）新产品的可试度

新产品的可试度指潜在消费者在购买新产品之前获得有关的直接经验的可能性的大小。显然，让顾客试用的机会越多，他们就越容易评价新产品的特点，也越可能认识到新产品的优点，从而更愿意接受新产品。现在，当食品类的新产品上市时，不少厂家都愿意让顾客免费试吃，而对于大件的耐用消费品，试用的可行性就小一些，但一些资金雄厚的厂家采用了“保证退款”的策略。例如，美国的著名企业家亚科卡在接管克莱斯勒汽车公司之后不久宣布：“请买下我们的汽车，开回家去，30 天内，如果因为任何原因不喜欢它了，请开回来，我们把钱退给你。”当时很多人预料，他们将被要求退款的人搞得焦头烂额，且单是票据工作就足以置他们于死地。但出人意料的是，他们成功了，消费者大都能公平对待，钻空子的人很少，退货的总额不到千分之二。

（5）新产品的可传达度

新产品的可传达度指新产品的特征和优点能为消费者所观察、想象和描述的程度。一般来说，社会能见度高的产品，比如时髦的服装，要比个人私底下使用的产品，比如牙膏更容易扩散。可传达性强的新产品，还应易于让潜在消费者联想到有关的用途及其美妙的效果；可传达性强的新产品，不仅让厂商可以明确突出和强调产品的优越之处，进行准确的定位，而且也便于已经购买的消费者向其他消费者宣扬这种产品的令人满意之处。

7.1.3 新产品设计的心理策略

1. 新产品设计的重要性

新产品设计直接制约着产品的质量和特色，影响企业经济效益，对扩大市场，增加销售，促进生产以至整个国家经济的发展，都有非常重要的意义。世界上许多国家的经济起飞，在国际市场上竞争力的加强，都离不开工业产品的设计。日本人曾提出“设计立业”口号，视设计为产业命脉；哈佛商学院的海斯教授曾说过：昨天各公司在产品价格上竞争，今天在质量上竞争，明天将在产品设计上竞争。良好的设计，可增加产品的实用性和吸引力，把经济、科技、艺术巧妙地结合在一起，使产品变得更美丽，更适合人的需要。设计是新产品的灵魂，没有卓越的设计，就没有高效益的产品。据国外权威人士测算，产品外观设计上花费一美元，就能带来1500美元的收益。例如，日本东芝公司聘请意大利著名的IDEA公司设计的高档电视机，将设计者的名字刻在机身正面的显著位置上，每台售价高达2000美元，在日本市场引起了不小的轰动。

2. 新产品设计的心理策略

（1）新产品设计应加强市场营销调研

要在市场营销调研的基础上，从实际需要出发，将产品功能与制造、维修、原材料、加工成本等要素结合起来考虑，防止片面性。

（2）要安排好产品的使用功能、美学功能和贵重功能

要把实用性能、外观设计、品牌效益三者结合起来考虑，对不同档次产品根据消费者的需要有所侧重。例如，中低档产品应以使用功能为主，关键要实用，而高档产品则应同时具备上述的三种功能。

（3）要处理好基本功能和辅助功能的关系

如手机的主要功能是能接听和拨打电话，摄像、听音乐、看视频、上网、炒股等功能都是辅助功能，辅助功能应该围绕基本功能并有助于加强基本功能，而不能“喧宾夺主”。

（4）要处理好必要功能和不必要功能、适量功能和过剩功能的关系

有些新产品设计不当，其功能有些是不必要的或过剩的，其结果就会增加产品的成本和售价，使产品在市场上缺乏竞争力，并增加消费者的负担。例如，有些落地扇上的按钮会发光，它的功能是晚上开关方便，这是适量功能，但是如果在电扇的支杆上附加花盆架或者台历等部件，这就是不必要功能，就好比画蛇添足，消费者也会觉得产品设计得很累赘，不实用，这样产品就会滞销。

新产品的设计要涉及经济、技术和艺术等许多方面的问题，设计新产品时要特别注意潮流的趋向，现在除自动化、小型化、组合化、多功能化等趋势外，款式上也越来越注重趣味化、情感化和人性化，在追求与环境的协调时更加注意符合消费者的需要和偏

好。美国有一些公司成立了“人性设计中心”，深入地了解消费者的生活习惯和工作习惯。对科技产品的设计，力求能使消费者感受到操作简便，否则生产出来的新产品会不受欢迎。

7.1.4 商品命名的心理要求与方法

1. 商品命名的心理要求

（1）商品命名的心理功能

产品命名就是企业给自己生产的产品冠以一定的名称。产品的名称和商标是顾客识别产品的重要标志，但产品命名的作用却不止如此。产品的名称应当发挥的心理功能类型及内容见表 7-1。

表 7-1 产品的名称应当发挥的心理功能类型及内容

功能类型	内容
认知功能	应当通过高度的概括，简练的文字，告诉消费者产品的称谓、用途和特征，使消费者即便没有看到产品本身，也能通过名字初步感知产品
记忆功能	应通过形、意和音的有机结合，创造出一个便于记忆的印象，在消费者的头脑中保存下来。要比记忆产品实体容易得多，而且提示性更强
传播功能	无论是大众传播还是人际传播，都需借助于名称来传递信息。在这种传播过程中，更有利于消费者识别不同产品
刺激功能	任何名称都可能激发消费者的想象和相应的情感体验。积极的情感是消费者购买欲望的催化剂。因此，好的产品名应当能激发消费者的兴趣，使其对产品产生一种良好的感情，刺激消费者的消费欲

（2）商品命名的心理要求

一个产品名称如果要同时完美地实现以上几个功能是非常难得的，许多名称只能突出其中的一两个方面，但不管怎样，产品名称至少不能违背和破坏其中的任何功能。产品在命名时必须迎合顾客的心理要求，使他们“一见倾心”，读起来朗朗上口，为以后顺利购买打下基础，所以在进行产品命名时就应该遵循的原则及含义见表 7-2。

表 7-2 产品的命名原则及含义

原则	含义
名副其实原则	产品名称应与产品的性能和特点相适应，并概括性地反映出来。既符合商业道德的要求，又有助于消费者掌握和了解产品的效用与特征
便于记忆原则	产品名称应当言简意赅，易懂易记。根据消费者的记忆规律，产品名称最好不要多于五个字，否则文字太长不易记住，也难以构成一种清晰的意象
促进推广原则	产品名称应当雅俗共赏，朗朗上口，悦耳动听。这样消费者既乐意说，也愿意听，无形中就加速了产品的推广速度和范围。凡生僻、拗口、复杂、费解的字句，或者使用范围狭小的土语方言，都应加以避免
启发联想原则	产品名称应当具有趣味和韵味，能启发消费者对生活知识和文化知识的理解，形成联想。这样的产品名称才富有艺术感染力，值得回味。同时，命名必须避免雷同和一般化，应力求新颖别致，否则会让消费者看了“没有感觉”

2. 商品命名的方法

具体来讲，商品命名的方法是极其繁多的。现在商品的种类也越来越多，为给自己的产品准确定位，企业也越来越重视产品的命名，力求在产品的海洋中脱颖而出。相应地，不同企业也就采取或创造了不同的命名方式。但总的来说，产品命名还是必须围绕产品本身而进行，虽然与产品本身有关的因素太多了，但总结下来，常见的产品命名方法有以下几种。

（1）以商品的主要效用命名

通常，消费者对于产品的兴趣，最主要是源于产品的效用，因此，以产品的主要效用命名，是产品命名方法中最为主要的一种。这种命名直接反映产品的性能和用途，帮助消费者迅速了解产品的功能和效用，并迎合了他们对产品基本功能的心理要求。有关日用品和医药品的命名较多采用这种方法，如肠虫清、感冒通、折叠椅、电饭锅、吸尘器等，让消费者一看，就知道是什么用途的产品。

（2）以商品的主要成分命名

这种命名方法直接指出产品的主要成分，可使之与其他的同类产品区别开来，这不但能起到吸引消费者注意的作用，而且还为消费者了解产品的价值提供线索，增强消费者对它的信任感。特别是产品的主要成分是众所周知的名贵材料时，更宜采用这种方法。例如，人参、珍珠、燕窝等历来都是珍贵的东西，有很多产品以它们命名，如人参蜂王浆、珍珠霜、冰糖燕窝等。

（3）以商品的产地命名

具有独特地方风味的产品，多用这种命名方法。土特产因历史的、工艺的或用料的独特之处，而享誉四方。以产地命名，总让消费者觉得是“正宗”的产品。有时，即便是其他地方仿制这种产品，仍袭用原名，往往也是为了“沾光”，如龙口粉丝、金华火腿、德州扒鸡、景德镇瓷器、苏绣等都是这样命名的。

（4）以人名命名

这种方法是根据产品的首创者（或是对之做出重大改进的人）的名字，或是与产品有关的历史名人、民间传说人物的名字命名的方法，如张小泉剪刀、东坡肉、万三蹄、杜康酒等。这种命名方法可给消费者以传统名牌、工艺精湛和风味独特的感觉。

（5）以产品的制作方法命名

当产品的制作方法比较独特并能用简妙的文字来表达时，可用这种命名方法，其效果是能让消费者从名称中了解到产品制作的主要方法或不同寻常的制作过程，因此提高产品的“身价”，给消费者以产品质量可靠的感觉。例如，二锅头白酒就是一个典型，其他尤其是许多食品和菜肴，以烤、烧、熏、清蒸、水煮等制作方法命名。

（6）以商品的外形命名

如果产品的造型优美独特，就可以用这种方法命名，既可以满足消费者的审美心理需要，又由于名称形象化，可以增强消费者的记忆效果。例如，食品中有动物饼干、冰砖，服装中有蝙蝠衫、喇叭裤等都是采用这种方法命名的。

（7）以商品的多种特点命名

当根据产品的一种特点（效用、主要成分、制作工艺、使用过程中的特点）不足以显示产品与其他产品的区别时，往往采用这一方法。现代产品中更新改进的现象极为普遍，因而这种命名方法也日渐增多，如全自动洗衣机、组合音响、药物牙膏等命名方法。

（8）以外文译名命名

许多产品原本国内是没有的，当我们进口或生产这些产品时，一时找不到适合的名称，为了简便易行，就直接借用外文的译音进行命名，同时还可以满足消费者求新逐异的心理需求，如巧克力、沙发、香波、吉他、咖啡、威士忌等。

（9）以褒义词命名

如果产品对消费者有着很好的效用，使用褒义词命名，既暗示了产品的性能或质量，又表达了某种美好的祝愿，容易为消费者所接受。特别是一些爱讨吉利的消费者，往往对它们情有独钟。当然，用词也不能太夸张，否则会引起反感。

需要注意的是，有些产品的名称在本国可能优美又妥帖，但是跨越了国界就未必如此了，所以，在把自己的产品推向国外时，一定要考虑到对方语言的习惯，并以此来进行翻译和确定最后的产品名称。当然，还要提防一些假品牌通过已被消费者耳熟能详的名称投机取巧来欺骗顾客。

知识拓展

日本佳能（Canon）公司对喷墨打印机的开发

打印机制造业是伴随着计算机的普及而迅速成长起来的一个产业。这个产业经历从应用碰撞原理的色带打印、针式打印到应用非碰撞原理的感热打印以及目前流行的激光打印和喷墨打印的技术与市场的巨变过程。Canon 自 1988 年到 20 世纪 90 年代中期，一直维持着该行业领头羊的优势地位。这一地位的取得，不仅取决于该公司从研发复印机中培养起来的电子照相技术在开发激光打印机得到了充分应用的结果，而且还取决于该公司未雨绸缪地开发和培育起喷墨技术这一新的替代核心技术得以市场化的结果。1986～1994 年间，Canon 喷墨打印机的累计市场占有率高达 68%。激光打印机虽然具有打印速度快、清晰度高、噪声低等优势，但同时也因其构造复杂，存在着难以小型化、彩色化、低价格化等问题，而能解决这些问题的则是喷墨式打印技术。

1975 年，Canon 完成了将电子照相技术应用于激光打印机 LBP 的开发工作，并把它作为企业的一项核心事业。这项事业刚起步，Canon 中央研究所的研究人员就开始了探索替代该技术的新技术。他们把目光投向喷墨打印技术时，发现今后可能成为喷墨打印机技术主流的压电振动子原理的技术专利都已被人申请了。为此，他们只能寻找新的技术，于 1977 年发明了以热能为喷射源的喷墨技术原理，又称 BJ 原理。但靠激光技术起家的公司其他技术人员的反应则是十分冷淡的。他们认为，该技术作为原理虽很理想，但从实现它的方法上看，却是完全“没用的技术”。

为了完善这一技术，BJ 开发组成员开始了长达十多年的技术开发与改良工作。为了消除其他技术人员的偏见，使自己开发出来的技术得以应用，他们说服了公司的各个事业部门。几经周折，最终以使用原有的打印机外壳，不增加产品开发成本为前提，换取了使用他们开发的机芯的机会，实现喷墨打印技术的产品化和量产化。1990 年在公司首脑的主导下，他们推出了世界上最廉价的小型喷墨打印机 BJ-10V，迈出了该技术走向产业化的关键一步。1991 年以后喷墨打印机开发集团作为新的核心部门，其产量大大超过了激光打印机，1995 年的销售额超过了 Canon 总销售额的 20%。一般来说，企业要获得竞争的优势，就必须开发出其他企业所没有的独特的核心技术与能力，而且还必须进行持续的投资以进一步改良和完善这一技术。但通过这一系列努力而达到的技术能力一旦确立，特别是当能为企业带来强大的竞争力时，就蕴含着可能出现阻碍开发和培育另一种新技术的危险性。这是因为在通常情况下，处于发明初期阶段的新技术在多数成果指标上，大都比现有技术拙劣得多，与发明无关的技术开发人员一般不会热心对待这些“不过关的技术”，而产品开发部门也因为它无法满足作为目前事业活动中心的顾客需求而不敢轻易采用这些新技术。就是说，产品的生命虽来源于它与顾客的密切度，但在技术与市场不断变化的环境中，这种密切完成得越彻底，阻碍在该企业组织内产生新的核心技术与能力的可能性就越大。那些曾经一度辉煌的领袖企业之所以走向衰落和失败，其中的一个重要原因在于它们没能及时地开发和培育出适应技术与市场变化环境的新的核心替代技术。

7.2　商品品牌、商标对顾客心理的影响

7.2.1　品牌的含义及顾客的心理过程

1．品牌的有关概念

（1）品牌

品牌俗称“牌子”，是制造商或经销商加在商品上的标志。它由名称、名词、符号、象征、设计或它们的组合构成，用以识别一个或一群出售者的产品或劳务，使之与竞争者相区别，一般包括两个部分：品牌名称和品牌标志。

（2）品牌名称

品牌名称指品牌中可以用语言来称呼的部分。例如，饮料有“可口可乐”“七喜”等品牌；电器有“松下”“长虹”“海尔”等；此外，“迪士尼”“全聚德”“六必居”等，也是一种品牌名称。品牌名称主要产生听觉效果，方便记忆。

（3）品牌标志

品牌标志指品牌中能被识别但不能用语言表达的部分。包括专门设计的符号、图案、色彩和文字等。例如，“可口可乐”几个英文字母的专门设计图案；“迪士尼”乐园的米老鼠和唐老鸭图案；美国的米高梅电影公司以一只怒吼的狮子作为其品牌标志；我国的

“永久”自行车以永久二字排列成类似自行车的图案作为品牌标志。品牌标志主要产生视觉效果，方便联想。

2. 顾客的心理过程

1）品牌代表产品一定的质量和特色，便于顾客购买。例如，顾客购买牛奶，只要看牌子就可以了。如果一个品牌由多个厂家使用，就会使顾客分辨不清哪家产品质量较好，给购买带来麻烦，影响品牌效益。尤其现在网购成为潮流，品牌效益的重要性更是不言而喻。

2）品牌可以保护消费者的利益。品牌便于有关部门对产品质量进行监督，产品出了问题也便于追查责任。现在，许多发达国家规定绝大多数产品甚至水果、蔬菜等食品都必须有商标，否则就不准上市。我国的《商标法》规定：凡规定必须使用注册商标的商品，必须申请注册，否则不准销售，如卷烟、药品等。

3）品牌可以建立比较稳定的顾客群，吸引那些具有品牌忠诚性的消费者，使企业的销售额保持稳定。美国人做过一个实验：把几种牌子的啤酒分别倒在相同的杯子里，请各种品牌的忠诚者们品尝鉴别，结果很少有人能准确地尝出他所偏爱的品牌。由此可见，品牌有一种心理上的作用，可在消费者中树立形象，取得好感，从而稳定和扩大销售，增加效益。例如，有的消费者就喜欢网购“三只松鼠”的坚果。

7.2.2 品牌设计的心理策略

品牌的设计是构成企业形象的一个重要部分，对企业的经营效果有直接的关系，做好设计也是体现产品整体概念的一项重要措施。因此，西方很多企业为了给产品设计一个好的品牌，不惜花费重金，与此相对应地出现了许多以设计与命名为业的公司。随着社会的发展，我国也出现了这类公司。我国以前对产品品牌的命名和设计不够重视，往往流俗或者雷同，但是现在随着市场经济的发展，已经有了转变和进步。对产品品牌的设计，企业可以采用以下策略：

1）使用品牌力求符合市场所在地的法律规范，以便于向有关部门申请注册，取得商标专用权。

2）与产品保持密切联系，暗示产品的效用或质量。例如，“美加净”化妆品、“和路雪”冷饮、“太太乐”调味用品、“威猛先生”清洁产品等品牌，都很贴切。

3）力求简捷明快，便于认读、识别和记忆。运动品牌耐克的对勾标志、花花公子的兔女郎图案、汽车品牌奥迪的四连环标志等都是比较容易被消费者识别和留下深刻印象的。

4）要显示企业或产品的与众不同，或者品牌的寓意深刻，引人注目。美国一种眼镜的品牌用了“OIC”三个字母，这三个字母摆放的样子很像一个人戴着眼镜，和产品本身一致，还有更妙的是，如果将三个字母顺序读一下，英语发音恰似“Oh!I see!”（噢！我看见了！），还有美国著名的KLIM品牌奶粉，使人们特别是英文作为母语的人们看后印象深刻，因为KLIM倒过来写就是“milk”（牛奶）。这些品牌的构思都非常巧妙，耐人寻味。

5）品牌名称应该与产品的专用名称统一。我国的习惯做法是将品牌名称和产品的专用名称相分离。例如，“章光牌”“101 生发精”，前者是品牌名称，后者是产品的专用名称，结果出名的是后者，这样就很容易被竞争者和仿冒者所利用，造成重大损失。又如，“味精”这一名称原来是 20 世纪 20 年代上海著名实业家吴蕴初先生首创的，与日本“味の素”相抗衡的产品专用名称，其注册商标是“佛手牌”。结果，出名的是“味精”，并已成为该产品的通用名称，“佛手牌”却不如它出名。因此，应该将产品的专用名称和品牌名称合二为一，像日本的“味の素”本身就是注册商标，至今只此一家。

6）要符合传统习俗，造型美观大方，为顾客所喜欢。品牌名称和品牌标志要特别注意各地区、各民族的风俗习惯、心理特征和思维模式，尊重当地的传统文化，千万不要触犯禁忌。例如，乒乓球拍的“红双喜”、男士用品的“金利来”、食用油的“福临门”、休闲食品的“旺旺”等品牌，迎合了许多中国人的喜庆心理，非常受欢迎。出口商品品牌要特别注意，最好针对目标特点专门命名和设计，不能把国内品牌直接变成汉语拼音文字；如果是进口商品也要注意其音译或意译在汉语中的含义是否妥当，如：德国名车“Benz”，在大陆音译为“奔驰”就要比港台音译为“平治”好得多。

7）要显示品牌的专业性强，公司实力强，让顾客有一定的安全和保障。现在很多品牌的销售点都是某某专柜，网店上直接某某旗舰店，门面宏大，让顾客觉得这个牌子实力非凡，以此吸引顾客，促进销售。

7.2.3　商标的含义及心理功能

1. 商标的含义

在西方国家，商标是一个法律术语。品牌或品牌的一部分在政府有关部门注册后，就称为“商标”。商标受法律保护，注册者有专用权。国际市场上著名的商标，往往在许多国家注册。在市场经济的条件下，商标依其知名度的高低和信誉的好坏，具有不同的价值，是企业的一项无形资产，产权可以买卖。

而在我国，“商标”与“品牌”这两个术语通用，没有什么区别，而只有“注册商标”与“未注册商标”之分。注册商标指在政府有关部门注册后受法律保护的商标，区别于未注册的商标。

2. 商标的心理功能

在日益激烈的市场竞争中，商标是开展竞争和占领市场的一个有力武器，对刺激消费，给消费者留下美好印象有着不可或缺的作用，所以企业对商标是非常重视的。例如，美孚石油公司为了改进汽油商标，前后竟用了六年时间，花费了 40 万美元，调查了 55 个国家的语言，编写了一万多个用罗马字组成的商标，请了心理学、语言学、社会学和统计学诸多方面的专家，对消费者的心理反应进行了专门调查，最后才确定下来。总的来讲，商标的心理功能有以下几点：

（1）有利于保护企业的正当权益

商标在国家的商标管理机构注册后，即可受到法律保护，进而企业的正当权益即可受到保护。企业生产了一种名牌产品，在质量、性能和价格等方面深受消费者欢迎，如果这个品牌能及时注册，就能保护该企业的合法权益，禁止他人假冒和仿造，从而避免鱼目混珠和滥用商标，但是如果商标注册不及时的话，损失是不可避免的。例如，甘肃人民出版社出版的《读者文摘》受青年人的喜爱，可是它没有转化成商标，没有获得国家商标法合法的保护，由于外国已经有人注册，所以这家出版社不得不忍痛割爱，把《读者文摘》改成了《读者》。类似情况还有很多。商标属于法律范畴，它涉及生产经营者的合法权益是否能得到保护的问题，所以国家商标局要提醒企业重视商标注册，以保护好自己的合法权益。

（2）有利于扩大销售

商标综合显示了产品的特性和企业的声誉，因此，一个高知名度的商标，十分有利于销售的扩大。驰名商标可以获得消费者的充分信任，也就可能诱发一次性大量购买或者重复购买。一些认牌购货或品牌忠诚度高的消费者，之所以坚持数年甚至终生使用某一商标的产品，就是因为他们把有关的大量信息和经验，凝结成商标印象刻入脑海。而且，如果某一商标已在消费者心目中形成良好印象，则企业还可将之使用到其他相关产品上，带动其他产品的销售。

（3）有利于监督企业的产品质量

如果一种产品在消费者中建立起良好的信誉，则消费者就会对这种商标产生好感，并继续购买。若是产品质量下降，自然消费者就不喜欢这种商标，继而拒绝购买。因此，企业为了保持和提高商标的魅力，就得不断提高产品质量。另外，商标作为厂家、经营者、产品的标记，便于消费者根据商标去寻找厂家和经营者，并要求各种售后服务。

7.2.4 商标设计的心理策略

1. 商标设计的基本要求

（1）标识性

商标的基本功能在于标示产品的来源以区别于其他产品，其标识性是首要的要求。因此，设计时要注意以下几点：

1）设计要新颖，不落俗套。要使商标独具特色，让人过目不忘，留下深刻印象。因此，商标设计不能简单模仿，要鼓励巧妙构思、别出心裁。例如，被国家工商业局认定为中国驰名商标的“乐凯”，为英文“Lucky”（幸福、幸运）的音译，这个品牌响亮、上口、吉祥，受到国内外市场的接受和喜爱。乐凯商标的构图给人以厚重感，如同将要展翅的飞鸽，预示着乐凯的奋发向上与腾飞。

2）要突出重点、主次分明。商标的设计要有主次感，图案、文字、符号生动，错落有致，又要避免淹没主题。

3）简洁明快、易于识别。应使人易认、易记，避免过分复杂，使人难以辨认和记忆，商标名称要尽量简短。例如，日本的“SONY”电器，中国的“联想”电脑等，既好读，又好记。

（2）适应性

商标的适应性要求主要体现在以下几个方面：

1）便于在多种场合、多种传播媒体使用，有利于企业开展促销活动。使商标的设计在报刊图书、电视电影、橱窗路牌、产品的包装及灯箱、霓虹灯等宣传工具上制作起来都不困难，使其不论放大、缩小、用什么材料制作、活动的还是静止的，在什么场合出现都给人始终如一的概念。这里要强调的是，商标要与包装设计协调一致。

2）适应国内外对象的爱好，避免禁忌。商标的文字、图形、颜色要注意到在营销所在国家和地区无不良含义及造成错觉之处。例如，“帆船”牌地毯在出口时译成“Junk”，却无人问津，后改译为“Junco”才幸免于难，原因是“Junk”除了帆船之意外，还有垃圾、破烂的意思。我国的产品“白象”电池也曾经直接意译为 “White Elephant”，而该词在英语中则有“垃圾、废物”之义。

3）适应国内外的商标法规，便于申请注册。各国都有各自的商标法和有关规定，如禁止使用与国旗、国徽、军旗、勋章相似或相近的商标，禁止使用同国内外重要政治和国际组织徽标相近的商标，禁止使用类似于“红十字”“红新月”标志的商标；禁止使用直接表示产品的质量、主要原料、功能、用途、数量及特点的商标及带有民族歧视性的商标等。除此之外，不同的国家和地区还有各自的特殊要求，这些要求往往反映民族的风俗习惯，尤其是在西方发达国家对商标含有产品性质、功用、原料、质量的限制要求很严。如中国的自行车商标“永久”，因其二字组合得有点像自行车的样子，在西方国家就很难获准注册；东南亚国家对用地理名称及名胜古迹作商标限制很严，我国国内的许多商标如上海、西湖、黄山、漓江等都很难获准注册。

（3）艺术性

商标作为艺术品的一种，应给人美感，吸引人们的注意。在商标的设计中，要运用艺术手法，讲究形式美。制作画面设计要注意形象的提炼、构图的精巧、色彩和空间的利用、黑白对比等。商标名称要响亮，与美好的、褒义词联系在一起。也可巧用双关语，如“红双喜”乒乓球拍，“家乐福”超市，而“抵羊”牌毛线既与“抵洋”谐音，又语义双关，所以获得了广泛的好评。从艺术的角度对商标的设计要求如下：

1）针对消费者心理，启发联想。要求商标的设计寓意深刻，可以用企业的名称，也可取动物、花卉和常见景物的名称或用吉祥语作为名字。例如，中国国际航空公司以一只神采奕奕、极具东方韵味的吉祥鸟——红凤作为商标图案。寥寥数笔，就把一只雍容华贵、五彩缤纷的吉祥鸟描绘得淋漓尽致，栩栩如生，其造型之安稳，形象之矫健，给人们安全、祥和的联想，而其线条之简洁明快，色彩之鲜艳夺目，尤其适合航空器快速运动的特点，使人一目了然，吸引了人们的眼球。

2）思想内容健康，无不良含义。一般情况下贬义词也不使用，同时避免含糊不清的简化词，如“交际花”“四季发财”“黄金万两”等这类常在旧中国出现的商标就已经禁止不用了。又如，法国某公司在向中国推销男士香水时，将其香水命名为“鸦片”，本意想用“鸦片”一词突出其产品的魅力，希望中国男性使用这种香水像吸鸦片一样上瘾。结果可想而知，产品上市后，即遭到中国消费者的猛烈抨击，并因其违反中国商标法而被禁止出售。这是因为该公司不了解中国对“鸦片”的憎恨心理，无意中挫伤了我国民众的民族自尊心。

3）设计专有名称。现代企业中流行用不含意义的字母组合作商标，往往会给人留下深刻印象。例如，美国柯达公司的乔治·伊斯曼不愿使用现成的字词作商标，于是创造了“Kodak”这个字母组合作商标的名称，除此以外，还有运动品牌的“adidas”“NIKE”，家用电器的“SONY”“TCL”，饮料的“Cocacola”也都是采用了这一方法，都取得了成功。

2. 商标设计的题材选择

商标设计的题材十分丰富，主要应根据不同商标的特点和不同销售对象的要求进行选择。常见的商标题材主要有以下几类：

（1）以地名或名胜古迹为商标题材

这种题材能够直接显示商标的产地和地方特点，有些以名胜古迹为题材的商标，又兼有显示商品知名度的作用。这类题材的商标很多，如“大前门”“长城”“上海”“富士”等。但是应该注意的是，以地名或名胜古迹作为商标时，必须是众所周知或者是知名度高的，否则就起不到效果。

（2）以动物为商标题材

以珍稀动物为商标题材，会使消费者产生珍奇、美好的联想，借以提高商品的身价，如“熊猫”“鲸鱼”“凤凰”等。以凶猛强悍的动物作为商标题材，能使人联想到商品的效力，如“雄师”“金龙”“虎”等。以具有某一突出特性的动物商标作为题材，能使人联想到商品的特性，如“百灵”牌收录机、“骆驼”牌电扇等。这些题材如选择适当，就能给人留下美好而又深刻的印象。

（3）以花卉为商标题材

以花卉为商标题材，应同商品的性质相适应，如用牡丹、水仙花来表现化妆品就比较合适，如果用闲花野草作为商标，就显不出商品的美好形象。

（4）以生产厂家的企业名称为商标题材

这样可以起到扩大企业影响，提高企业声誉的作用。但是，企业名称必须具有传统特色，或者符合时代特征的意义，或者为广大消费者所熟悉。如果企业名称平淡无奇，并且鲜为人知，就不宜选作商标题材。

（5）以词汇为商标题材

词汇用作商标的题材十分广泛，如“英雄”金笔、“白猫”洗洁精等，都是以词汇为商标题材的。它的优点是适应性强，人们可以根据商品的特点，以寓意深刻、音韵动听的词汇为商标。

知识拓展

宏基的公司与品牌名称

被誉为华人第一国际品牌、世界著名品牌的宏基（Acer）电脑 1976 年创业时的英文名称叫 Multi-Tech，经过十年的努力，Multi-Tech 刚刚在国际市场上小有名气，但就在此时，一家美国数据机厂商通过律师通知宏基，指控宏基侵犯该公司的商标权，必须立即停止使用 Multi-Tech 作为公司及品牌名称。经过查证，这家名为 Multi-Tech 的美国数据机制造商在美国确实拥有商标权，而且在欧洲许多国家都早宏基一步完成登记。商标权的问题如果不能解决，宏基的自有品牌 Multi-Tech 在欧美许多国家恐将寸步难行。在全世界，以“~tech”为名的信息技术公司不胜枚举，因为大家都强调技术（tech），这样的名称没有差异化；又因名称的雷同，在很多国家都不能注册，导致无法推广品牌。因此，当宏基加速国际化时，就不得不考虑更换品牌。宏基不计成本，将更改公司英文名称及商标的工作交给世界著名的广告公司——奥美（O&M）广告。为了创造一个具有国际品位的品牌名称，奥美动员纽约、英国、日本、澳大利亚、中国台湾省分公司的创意工作者，运用电脑从 4 万多个名称中筛选，挑出 1000 多个符合命名条件的名称，再交由宏基的相关人士讨论，前后历时七八个月，终于决定选用 Acer 这个名称。

宏基选择 Acer 作为新的公司名称与品牌名称，出于以下几方面的考虑：

1）Acer 源于拉丁文，代表鲜明的、活泼的、敏锐的、有洞察力的，这些意义和宏基所从事的高科技行业的特性相吻合。

2）Acer 在英文中，源于词根 Ace(王牌)，有优秀、杰出的含义。

3）许多文件列举厂商或品牌名称时，习惯按英文字母顺序排列，Acer 第一个字母是 A，第二个字母是 C，取名 Acer 有助宏基在报章媒体的资料中排行在前，增加消费者对 Acer 的印象。

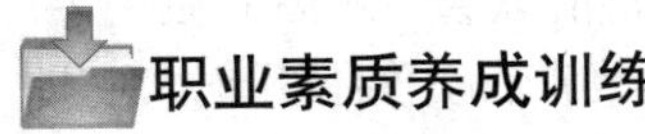

职业素质养成训练

飘柔产品的广告语

保洁旗下品牌飘柔于 1989 年 10 月进入中国洗发水市场，引领了洗护二合一潮流。其后，飘柔本着为人们升级柔顺体验的信念，不断改良其精华护理系列、家庭护理系列、倍瑞丝等产品线，一直保持领先地位。20 多年来飘柔女性从容面对压力，保持自信优雅的形象，将美好的自我展示在世界面前。随着时代的发展，飘柔不断更新广告语：

1）就是这样自信，发动，心动，飘柔。

2）那种柔顺，一触，就知道是她！

3）非一般的柔顺，触发非一般的心动，新飘柔护理系列，突破性锁效焗油，将滋养因子锁入发丝，柔顺一触难舍，一触瞬间心动，新飘柔精华护理系列。

4）飘柔免洗润发乳，含顺发因子，瞬间抚平毛糙，令秀发柔亮顺滑，一触难忘。

5）看见她要帅，我知道我喜欢她。看见她的温柔，更让我心动。秀发动、静，每一面都美。

发动，心动，飘柔，不断地诠释飘柔的更新和完善，紧跟时代发展和消费潮流。在当前洗发用品竞争激烈的背景下，能立足于市场，飘柔除了创新配方之外，对包装和内涵也在不断完善。

思考：

讨论飘柔的广告语，并让每一个学生谈谈“飘柔若要继续立足市场，需在哪些商品要素上下功夫，能更好地吸引顾客？”教师最后给予点评。

7.3 商品包装对顾客心理的影响

7.3.1 商品包装的含义与心理功能

1. 包装的含义

包装为在流通过程中保护产品，方便储运，促进销售，按一定的技术方法所用的容器、材料和辅助物等的总体名称；也指为达到上述目的在采用容器、材料和辅助物的过程中施加一定技术方法等的操作活动，是实体产品的一个重要组成部分，素有“无声的推销员”之称。美国化工行业的巨头杜邦化学公司曾提出过著名的杜邦定律，即有63%的消费者是根据产品的包装而进行购买决策的。现在自我服务（如超级市场里的自选）日益增多，售货员的咨询作用越来越为产品本身外表现象化的语言所取代。产品的包装必须向消费者宣扬自己的内容，并告诉他们为什么应当马上就买这种产品。这是一场缄默而又激烈的发生在货架上的竞争。

那么什么是包装呢？从广义上看，一切进入流通领域的拥有商业价值的事物的外部形式。所谓包装，是指产品的容器或外部包装物，尽力帮助它在某方面做到完美。产品包装一般包括三个层次：①内包装，是产品的直接容器，如牙膏的软管，啤酒的瓶子等；②中层包装，是保护产品和促进销售的一种产品外部包扎物，当产品开始使用时，它即被丢弃，如牙膏软管外的纸盒；③储运包装，也称外包装，是指为方便储存、运输、装卸、搬运而进行的一种产品包装，如装运牙膏的纸板箱。除以上三个层次外，标签，即包装上有关产品说明的文字和图案，也属于包装的范畴。

2. 包装的心理功能

在现代市场营销中，包装要素有包装对象、材料、造型、结构、防护技术、视觉传达等。包装的使用功能和心理功能越来越多，可以概括为以下几个方面：

（1）保护产品

这是产品包装的首要的基本功能。产品离开厂家通常要经一些流通环节才能转移到消费者手中。在这个过程中，产品会受到震动、挤压、碰撞，甚至风吹、日晒、雨淋等，如果有了妥善的包装，既有利于装运，也可以起到防止多种损害的作用以及保护产品的质量。对于某些特殊产品，包装的作用就更为明显。例如，感光器材、化工产品、药品、食品等，如果包装得不好，那么它们的使用价值就不可能存在。

在20世纪90年代中后期，我国由于包装不良，箱、桶、袋、盒、瓶、罐、筐破损严重，造成巨大的经济损失。仅因水泥袋漏破而散落在铁道上的水泥一年就高达300万吨，价值人民币一亿元左右，其散落量相当于三个大型水泥厂年产量的总和。外销产品由此而承担的损失更大，由于包装落后，每年至少减少10%的外汇收入。

（2）方便使用

从企业的角度来看，方便使用是产品包装的作用，也是对包装的要求。生产企业不仅要考虑到运输、储存等因素的要求，还要考虑销售企业售卖产品方式的要求。要求单位要适当，以方便中间商的转卖，更重要的是要根据消费者的消费习惯，设计出使用方便的包装，如一次购买多次使用的商品，应根据每次用量分别包装；需要控制用量的，要在包装中加带刻度的容器；还要注意使消费者易于携带、易于开启。许多发达国家在包装方面精心研究，为了方便消费者处理废弃包装物和保护环境，研制出了能够充当包装材料的可溶化的塑料制品。

（3）促进销售

良好的包装，在产品销售过程中具有非常积极的销售作用。它能改进产品的外观，吸引消费者的视觉，起到广告的作用。例如，在超级市场琳琅满目的产品中，消费者的购买欲望在很大程度上是受包装吸引而产生的。同时，针对消费者的心理要求，在包装上印有对产品的成分、特点、用途、使用方法、出产厂家、服务措施等方面的说明又能指导消费者的购买和使用。所以，包装起到的销售作用是其他手段所不能代替的。例如，可乐与牛奶的不同包装就是典型的成功促进销售案例。

（4）增加利润

改进产品的包装不但可能扩大销售量，还可以增加产品本身的价值。一般来说，产品的内在质量是竞争的基础，但是如果一种优质产品没有一个相匹配的优质包装的话，它的“身价”就会随之降低。这在国际市场上表现得尤为明显。例如，20世纪80年代初贵州产的茅台酒改进包装后，每瓶的售价提高了5～6倍，很受市场欢迎。苏州产的檀香扇，没有包装以前，在香港市场仅卖65元，采用成本五元的锦盒包装以后，售价提高到165元，可见改进包装以后市场价格的提高额度，往往比改进包装的费用高。因此，可以增加企业的利润。

（5）美化产品

包装可以美化产品，改进外观形象。具有时代感、艺术感和高贵感的精美包装，往往能够牢牢地吸引消费者的目光，激发其强烈的购买欲望。此外，富有魅力的包装还可以让消费者想到产品的其他用途，比如当作礼品赠送给他人或者将产品作为摆设，来“美化”人际关系和生活环境。能让消费者感觉心情愉悦的产品，他们可能会觉得光看看不过瘾，而是要将该产品“据为己有”。

7.3.2 包装设计的心理策略

包装要起到它应有的心理作用，设计是关键所在。包装设计的心理策略大体可以归纳为以下几方面：

（1）保护产品，造型美观

产品包装的设计，首先要考虑如何更好、更科学地保护产品，使产品在流通过程中不受到任何损坏。同时，包装的造型要美观大方、生动形象，图案设计要新颖别致，使消费者对产品能过目不忘，留下深刻印象，这样才能促成交易更好、更快地完成。

（2）节约环保，降低成本

大多数包装在产品使用后便成为废品，给社会造成了极大的物质资源的浪费，有些难以处置的废弃物包装还可能污染环境。所以包装在设计时应尽可能做到既能节约包装费用，又能节约储存费用，而且在使用时让消费者感到方便；设计能有多种用途和能多次使用的包装；避免使用过分精美的包装；使用的包装材料能回收再利用，以减少对环境的污染。

（3）定位准确，价值匹配

由于包装已经成为产品的一部分，因此产品的包装必须与产品的价值相匹配。价值高且定位于中高档的名贵产品，其外部包装也应该使用比较好的材料，使产品华丽、典雅，具有良好的艺术审美价值。价值低的定位于中低档的产品应在能保护产品等的基本功能满足的前提下，尽量使用简单实用、成本低廉的包装。

（4）设计新颖，独具特色

产品的包装设计要防止千篇一律，模仿雷同，尽量采用新材料、新形状、新工艺，要能够从包装的图案、形状和色彩等方面显示出该产品和其他同类产品的不同特点，独具风格。例如，儿童用品的包装一般都色彩鲜艳，活泼可爱；女士用化妆品的包装造型优美，清新雅致；高档、贵重的首饰和工艺品的包装一般材质华贵、装潢富丽。

（5）色图相符，因人而异

不同的国家、民族和区域及文化素养不同的人们有着不同的欣赏角度，对事物的褒贬有着非常明显的差别。这些差别表现在对产品实体的色彩、形状、标记和式样等方面。例如，德国人认为绿色要比蓝色美观，而荷兰人则认为蓝色是女士才会用的颜色，在埃及蓝色则代表妖魔鬼怪。在包装上的图案也是很有讲究的，如在国内销售的荷花牌洗衣机，包装图案上是一株带露水的荷花，荷花在中国素有“出淤泥而不染，濯清涟而不妖”的美名，深受中国人的喜爱，但是该图案的洗衣机在日本的销售却不容乐观，遭到了日本消费者的拒绝，因为在日本荷花是死亡的象征，一般只在举行葬礼时才使用，所以销往日本的产品包装上便不能使用“荷花（Lotus）”这个商标，亦不能采用荷花之类的图案。

（6）文字简练，设计清晰

包装上文字的说明，可以让消费者较为详细地了解该产品的效用和特点，可以抓住消费者对不同产品的不同心理，指导其消费。例如，药品类的产品，要说明成分、功效、服用量、禁忌及是否有副作用；服装类的产品，应该说明材料、规格、尺码、洗涤方式和保养的方法。包装上的这些文字信息可以加强消费者对产品和厂家的信任。

（7）避免抵触，尊重习俗

每个国家和地区的宗教信仰、风俗习惯、文化背景、地理环境都不同，所以在产品包装上应该避免出现一些禁忌。例如，伊斯兰教食牛羊肉而忌食猪肉，他们把猪当作神灵，所以在包装上就不能出现猪的图像，否则就是对当地人的不尊敬。例如，熊猫作为中国的国宝，许多企业都爱用 Panda 作为自己产品的出口商标。这些产品在东西方的许多国家都受到欢迎，消费者很喜欢，但在信奉伊斯兰教的国家便卖不出去，因为熊猫长得像猪，所以受到了冷落。

知识拓展

农夫山泉广告语

1998 年，娃哈哈、乐百氏以及其他众多的饮用水品牌大战已是硝烟四起，而且在娃哈哈和乐百氏面前，刚刚问世的农夫山泉显得势单力薄，另外，农夫山泉只从千岛湖取水，运输成本高昂。农夫山泉在这个时候切入市场，并在短短几年内抵抗住了众多国内外品牌的冲击，稳居行业三甲，成功要素之一在于其差异化营销之策。而差异化的直接表现来自于“有点甜”的概念创意——“农夫山泉有点甜”。

“农夫山泉”真的有点甜吗？非也，营销传播概念而已。农夫山泉的水来自千岛湖，是从很多大山中汇总的泉水，经过千岛湖的自净、净化，完全可以说是甜美的泉水。但怎样才能让消费者直观形象地认识到农夫山泉的“出身”，怎样形成美好的“甘泉”印象？这就需要一个简单而形象的营销传播概念。

“农夫山泉有点甜”并不要求水一定得有点甜，甜水是好水的代名词，正如咖啡味道本来很苦，但雀巢咖啡却说味道好极了说明是好咖啡一样。中文有“甘泉”一词，解释就是甜美的水。“甜”不仅传递了良好的产品品质信息，还直接让人联想到了甘甜爽口的泉水，喝起来自然感觉“有点甜”。

本章小结

本章围绕影响顾客心理的相关商品因素作了较为全面的介绍和分析，对商场及营业人员的工作提出了一定的要求，可供参考和借鉴。主要掌握如下重点内容：新产品、商品品牌与商标、商品包装的含义；新产品的类型、新产品的设计以及新产品命名与顾客心理之间的关系；品牌设计、商标设计与顾客心理之间的关系；商品包装、包装设计与顾客心理之间的关系。能够运用所学知识分析商品要素设计对顾客心理的影响作用，更好地满足消费者需求，使顾客、企业和社会三者利益平衡与协调。

练　习　题

一、单项选择题

1．产品整体概念最基本、最主要的部分是（　　）。

A．核心产品　　B．形体产品　　C．附加产品　　D．服务

2．企业采用新原理、新设计、新结构、新技术、新材料制成的前所未有的产品是（　　）。

A．换代新产品　　B．本企业新产品

C．改进新产品　　D．新发明的产品

3．消费者在没有看到产品本身，能通过高度的概括，简练的文字初步感知产品，这是运用了产品命名的（　　）功能。

A．记忆　　B．传播　　C．刺激　　D．认知

4．品牌中可以用语言来称呼的部分是（　　）。

A．品牌标志　　B．品牌名称　　C．品牌　　D．商标

5．“英雄”牌钢笔是以（　　）为商标题材的。

A．地名　　B．词汇　　C．动物　　D．花卉

6．“无声的推销员”是指（　　）。

A．商标　　B．品牌　　C．包装　　D．售后服务

二、多项选择题

1．消费者接受新产品的心理活动过程包括（　　）。

A．知晓阶段　　B．评价阶段　　C．兴趣阶段　　D．试用阶段

E．采用阶段

2．在进行产品命名时就应该遵循的原则有（　　）。

A．名副其实原则　　B．便于记忆原则

C．促进推广原则　　D．启发联想原则

E．弃简从复原则

3．商标设计的基本要求是（　　）。

A．艺术性　　B．标记性　　C．适应性　　D．时尚性

4．包装的功能可以概括为（　　）。

A．促进销售　　B．保护产品　　C．增加利润　　D．方便使用

E．美化产品

5．包装设计的心理策略包括（　　）。

A．使产品独具特色　　B．保护产品，造型美观

C. 节约环保　　　　　　　　　　　　D. 文字的设计清晰明了，一目了然

E. 避免与民族习惯、宗教信仰相抵触

三、判断题

1. 新产品越容易被消费者所理解和使用，也就越不被消费者所接受。（ ）
2. 品牌的设计只要造型美观大方，可以不符合传统习俗。（ ）
3. 商标在设计时不但要适应国内外的对象爱好还要避免禁忌。（ ）
4. 产品包装的首要的最终功能是保护产品。（ ）
5. 标签不属于包装的范畴。（ ）

四、思考讨论题

1. 什么是新产品？新产品的类型有哪些？
2. 商品命名的心理要求与方法有哪些？
3. 什么是品牌？品牌设计的心理策略是什么？
4. 什么是商品包装？包装设计的心理策略有哪些？

五、案例分析题

Kappa，一个来自意大利的时尚运动品牌，logo 为两个背靠背的小人，自 2002 年进入中国市场至今，在中国获得了快速的发展，成为在国内运动服装方面的仅次于阿迪和耐克的国际品牌，不仅国内几乎所有的大百货商场及运动品牌专卖区都有 Kappa 专卖店，而且当前穿 Kappa 的人越来越多。Kappa 给人的感觉是年轻、活力，品牌定位为时尚、运动、性感及品位，本着"时尚运动化，运动时尚化"的理念，Kappa 正在成为中国运动时尚的风向标。Kappa 快速增长的"秘籍"背后，是急速增长的高潜力客户群，是资本力量的助推，但更重要的还是体育品牌管理模型的打造。Kappa 在中国市场成功的关键在于:

1. 市场深度细分

Kappa 最初在中国以意大利产品为主导，其品牌推广思路延续意大利市场的发展模式，销售规模稳步发展。随着 80 后的兴起，在消费的过程中追求个性化和多样化日趋明显，他们不喜欢传统，不愿意总是黑白灰的感觉。于是通过深挖市场，深度细分，一改过去专注运动服的路线，转为在运动元素之中注入时尚潮流的风格，因为在 2004 年前中国运动用品普遍倾向于运动的实用性，欠缺时尚潮流元素，Kappa 迅速把握机会，在设计过程中讲究色泽及剪裁，使用大胆、夸张的颜色搭配和醒目的标识，让运动也时尚，推行运动、时尚风格的服装，强调生活化，采用紧身时尚活力运动的设计风格，将运动和休闲很好地结合起来，把体育的精神融汇在里面，但它又不是纯粹专业的体育用品，更像出现在 T 台上的时装，迎合了消费者特别是潮流一族的喜爱。

2. 选料与时俱进

一流的产品需要一流的原材料，为了"量体裁衣"，Kappa 在选料方面不断突破，与潮流同行。例如，在 2007 年夏季，为了适应当下流行的时尚运动风潮，Kappa 采用

高品质、功能性的面料，配以 Kappa 独特的配色风格，黄蓝、黑红等极具赛车风格的色彩，彰显出赛车运动的速度与时尚感，金色、银色演绎浓郁的时尚生活，蔚蓝、纯白，充满海洋气息……这些，除了服装设计，更多的风格体现来自于面料。

3. 渠道精耕细作

Kappa 在渠道策略方面先是“借船出海”，即借助已成规模的经销商快速建立渠道，在 2005 年后调整为“抛砖引玉”，即借助一套店铺评级体系及公开的店铺支持标准，给予店铺直接的货架返利或者装修返利，通过“抛砖引玉”，极大地刺激了分销渠道的快速拓展，代理商的数量不断增长。在渠道运作过程中，Kappa 精耕细作，采取了单一客户制，通过资源集中让经销商在特定区域快速做大做强，满足了社会消费的潮流趋势，其产品的设计特色不易复制，Kappa 的时尚性让它在运动用品的卖场中脱颖而出，夸张而出位的设计和颜色搭配，更符合意大利品牌的“血统”，偏瘦的版型让购买者都成了其品牌的代言人。

4. 传播嫁接整合

在传播策略方面，Kappa 非常善于嫁接和整合。在 2006 年世界杯上赞助黄格选、黄健翔、李明、井冈山等时尚界、体育界有话语权的明星组成的观摩团，赴德国看球，请他们穿上 Kappa 服装，在电视上评论足球，讨论时尚话题。

总之，伴随着中国经济的发展和消费者可支配收入的增加，运动休闲市场还在以每年近 20%的速度增长，Kappa 正在不断将运动与时尚相融合，将娱乐营销和体育营销相结合，快速发展中的 Kappa，本着目标单一化，产品多样化的思路，让运动也时尚，正在全力将 Kappa 打造成为时尚领域中的品牌族群。

分析：

1．品牌设计的心理策略是什么？

2．Kappa 品牌取得成功，从哪些方面迎合了顾客的心理需求？

第 8 章

商品价格与顾客心理

学习任务

1. 知识目标

1）了解商品价格的含义、种类。

2）明确商品价格的心理功能。

3）掌握商品定价与调价的心理策略。

2. 实操目标

能使用相关心理策略进行商品的定价与调价。

3. 职业素质目标

关注顾客对价格反应心理的研究，灵活运用商品定价等策略，促进商品销售。

案例引入

在 20 世纪 30 年代，美国人雷诺发明了圆珠笔，作为圣诞礼物投入市场，一度成为风行世界的办公用品和便于个人携带的文具。这种笔当时的产品成本仅 50 美分，但雷诺精通经营之道，他利用消费者的求新心理，通过各种宣传，为这件产品披上了神秘的外衣，然后，以高达 20 美元的价格出售。等到产品普及后，价格便急剧下降，这时，雷诺公司已赚取了巨额利润。

点评：新产品上市之初，将价格定得较高，在短期内获取原利，快速收回投资。雷诺利用广告宣传和求新求异心理，引起消费者的争相购买。

8.1 商品价格与心理反应

商品价格是商品价值的货币表现，它是顾客心理中最具刺激性、敏感性的因素。研究价格对顾客的心理影响，把握其价格心理特征，是制定价格策略的基础和前提。

8.1.1 商品价格的心理功能

商品价格的心理功能是指商品价格对顾客心理的影响，以及影响过程中顾客所产生的价格心理现象。

价格心理是顾客购买心理的一个组成部分，是商品价格在顾客心理上的反映。由于顾客对商品价格认识过程的快慢、知觉程度的深浅不一，以及个性心理的差异，特别是由于经济条件、消费能力的差异，因而存在不同的心理价格。从顾客的价格问题上的一般心理活动来考察，价格通常具有以下心理功能。

1. 衡量商品价值和商品品质的功能

由于普通顾客的经济学知识有限，再加上对大部分商品的生产工艺和专业技术特点缺乏了解，因此，通常把商品的价格看作衡量商品价值和商品品质的重要标准。他们往往认为，商品的价格高，商品的质量就好，价值就大；价格低，则质量就差，价值就小。所谓“一分钱，一分货”“好货不便宜，便宜没好货”，便是顾客通常奉行的价格心理准则。所以，我们常常可以看到，当有些内在质地相似的商品，价格相差太多时，顾客却宁愿购买价格高的商品；而对于一些处理品、清仓品，降价越大，顾客的心理疑虑越重，越是不愿问津。可见，适宜的价格才会给顾客以安全感，使顾客对商品的质量放心。

随着科学技术、生产工艺的迅速发展，新产品层出不穷，顾客面对品种繁多，质地各异的商品，很难分辨他们的内在品质及实际价值，因此，在心理上，商品价格作为衡量商品价值和商品品质的情形会越来越多。

2. 顾客自我意识比拟的功能

顾客购买商品不仅是为了满足自己最基本和最迫切的需要，而且也是为了满足自己的某种社会心理需要。即顾客在购买活动中，可以通过联想，把商品的价格高低同个人的愿望、情感、心理特征结合起来，进行有意或无意的比拟，以满足个人的某种欲望和需求，价格所具有的这种心理功能就称为自我意识比拟的功能。价格的自我意识比拟主要有以下几种：

（1）经济地位的比拟

有的顾客乐于选购廉价商品或减价商品，认为高价商品是供高薪阶层购买和享用的，这就是经济地位的比拟。

（2）社会地位的比拟

有的顾客只到高档、大型百货店或专卖店购买时髦、高档、名牌商品，对廉价处理的商品不屑一顾，认为到小店、地摊买东西有失身份，这是通过所购买的商品价格来显示自己的地位。

（3）文化修养的比拟

有的顾客对书画并没有研究，但却购买昂贵的名人字画作为房内的装饰，以此来显示自己很高的文化修养。

（4）生活情趣的比拟

有的顾客对音乐没有特殊兴趣，但却花大价钱购买钢琴或高级音响摆在家中，以显示自己的风雅。

价格所具有的这种心理功能，与顾客本身的性格、气质、兴趣、爱好等个性心理以及顾客的价值观、态度等有关。因而，这种自我意识比拟功能的表现往往因人而异。但它们都有一个共同点，即从社会需求和自尊需要出发，重视价格的社会心理价值意义。

3. 调节消费需求的功能

马克思指出："需求按照和价格相反的方向变动，如果价格跌落，需求就增加；相反，价格提高，需求就减少。"在其他条件保持不变的情况下，价格与消费需求成反比。所以说，商品价格具有调节商品需求的功能。价格调节需求的功能还受心理需求强度和价格预期评价的影响，影响主要有两个方面：

1）顾客对某种商品的需求越强烈，越迫切，对价格的变动就越敏感，反之亦然。

2）价格变动的结果可能使需求向不同方向发展。

例如，当顾客预期商品价格会持续下跌时，即使商品降价出售，顾客也可能减少购买；当某种商品价格上涨时，本来应起抑制作用，降低需求，但由于顾客预期商品价格会持续上涨，于是买的人更多，这就使得涨价反而刺激了消费。

在市场营销活动中，企业要认清顾客的商品价格心理功能对购买行为的影响，制定适当的商品价格。

8.1.2　顾客对价格的心理反应

价格调节需求的功能还要受到顾客心理因素的制约。顾客价格心理是指顾客在购买活动中对商品价格认识的各种心理现象，它是由顾客自身的个性心理和其对价格的知觉判断共同构成的。

顾客的价格心理与价格心理功能两者之间是互相联系、互起作用的。因此，要充分发挥价格的心理功能，有力地促进销售，必须研究顾客在认识商品价格问题上的心理现象，顾客的价格心理主要分为以下几种。

1. 顾客对价格的习惯性心理

顾客对价格的习惯性是指顾客在多次购买的实践活动中，通过对价格的反复感知，形成了对某种商品价格的习惯性认识。

在实际生活中，顾客根据自己以往的购买经验，对同类商品价格或非同类商品价格进行比较，从而对商品价格形成一个认可的上限和下限概念。只有商品价格处于上限和下限之间，顾客才能乐意接受，才会引起购买行为。习惯价格一旦形成，顾客就不易改变。如果商品价格恰好被顾客认同，则会产生最大的信任；否则，顾客会很难接受。

2. 顾客对价格的敏感性心理

顾客对价格的敏感性心理是指顾客对商品价格变动的反应程度。商品价格的变动会对顾客心理活动产生重要影响，特别是对日常消费品，如粮食、棉花、蔬菜等，敏感性较高。而对一些高档消费品，如飞机、游艇等敏感性较低。

在市场营销中，商品价格尤其是顾客敏感性高的商品价格的变动，要循序渐进地进行，使顾客逐步形成对新价格的习惯性心理。

3. 顾客对价格的倾向性心理

顾客对价格的倾向性心理是指顾客在购买过程中对商品价格选择所表现出的倾向。

对于不同种类的商品，顾客比较的倾向性是不同的，这与其经济收入、社会地位、购买动机，以及从事的职业密切相关。例如，商品一般都有高、中、低档之分，有的顾客都是选择中高档的商品，而有的顾客为了便宜都是选择低档商品。对于短期时令商品，一般倾向于选择价格较低的；对于奢侈品，一般选择价格较高的。

综上所述，顾客价格心理是在价格心理功能基础上所形成的比较稳定或带有规律性的心理倾向，它会使顾客对不同的商品价格做出不同的心理反应。企业在制定商品价格时，除了要研究市场的供求关系外，还要仔细研究顾客的价格心理反应，使制定的商品价格既适合自身经济利益的要求，也适应顾客的心理要求。

知识拓展

美佳西服店的折扣之道

日本东京银座美佳西服店为了销售商品采用了一种折扣销售方法，颇获成功。具体方法是先发一公告，介绍某商品品质性能等一般情况，再宣布打折扣的销售天数及具体日期，最后说明打折方法：第一天打九折，第二天打八折，第三、第四天打七折，第五、第六天打六折，以此类推，到第十五、第十六天打一折，这个销售方法的实践结果是，第一、第二天顾客不多，来者多半是来探听虚实和看热闹的。第三、第四天人渐渐多起来，第五、第六天打六折时，顾客像洪水般地拥向柜台争购。以后连日爆满，没到一折售货日期，商品早已售缺。这是一则成功的折扣定价策略。妙在准确地抓住顾客购买心理，有效地运用折扣售货方法销售。人们当然希望买质量好又便宜的货，最好能买到二折、一折价格出售的货，但是有谁能保证到你想买时还有货呢？于是出现了头几天顾客犹豫，中间几天抢购，最后几天买不着者惋惜的情景。

8.2　商品定价的影响因素

8.2.1　商品定价目标

定价目标（pricing objectives）是企业在对其生产或经营的产品制定价格时，有意识地要求达到的目的和标准。它是指导企业进行价格决策的主要因素。定价目标取决于企业的总体目标。不同行业的企业，同一行业的不同企业，以及同一企业在不同的时期，不同的市场条件下，都可能有不同的定价目标。

企业根据对特定商品价格的判定或调整所要达到的预期目的，大致有以下几种定价目标。

1. 追求盈利最大化

追求利润最大不一定就是给单位产品制定最高的价格，最大利润往往取决于合理价格所带动的销售规模，取决于企业的整体效益。如果价格过高，超过消费者的承受能力，反而一点利润也实现不了。

当企业及其产品在市场上享有较高声誉、在竞争中处于有利地位时，追求最大利润的定价是可行的。

2. 维持或提高市场占有率

较高的市场占有率可以保证企业产品的销路，易于形成企业控制市场和价格的能力。因此，提高市场占有率是企业普遍采用的定价目标。这时，企业会为产品制定较低的有吸引力的价格，以最快的速度进行市场渗透，以达到维持或提高市场占有率的目标。

3. 实现预期的投资回收率

在产品成本不变的情况下，价格的高低往往取决于企业确定的投资收益率的大小。

一般地，只有企业在同行业中处于领导地位或是全新产品、独家产品，受保护或没有竞争者的产品时，才适合选用此种定价目标。

4. 实现销售增长率

销售增长率是评价企业成长状况和发展能力的重要指标。该指标越大，表明其增长速度越快，企业市场前景越好。

5. 适应价格竞争

价格是市场竞争中最重要的手段和方式，处于激烈市场竞争中的企业常常以应付或防止竞争为定价目标。因此，企业在定价前，要广泛收集竞争对手的有关资料，审慎比较权衡后，根据自己的实力确定本企业的商品价格。

6. 维持企业生存

当企业由于生产能力过剩，市场竞争激烈或顾客需求发生变化，造成产品积压，资金周转困难，影响企业生存时，企业就应该以较低的价格收回成本，使企业得以继续经营下去。

7. 稳定价格、维护企业形象

质价相符是定价的一般原则，较高的价格能进一步提高产品的形象，增加对高收入顾客的吸引力。

8.2.2 影响商品定价的因素

1. 内部因素

内部因素有定价目标、成本、费用。

2. 外部因素

外部因素有市场需求状况、市场竞争及政策、法规等。

8.3 商品定价的心理策略

商品定价的心理策略是指企业为迎合消费者心理而采取的定价策略。常用的心理定价策略有以下几种。

8.3.1 新产品定价策略

新产品的定价是营销策略中一个十分重要的问题，它关系到新产品能否顺利地进入市场，能否站稳脚跟，能否获得较大的经济效益。目前，国内外关于新产品的定价策略，主要有撇油定价策略、渗透定价策略、反向定价策略和满意定价策略等。

1. 撇油定价策略

这是一种随时间的推移，新产品销售采取先高价后低价的策略。这种先高后低的定价方法就像从鲜奶中撇取奶油，从多到少，从厚到薄。产品必须是科技含量很高，享有专利，竞争对手难以迅速进入市场的，而且高价仍会有较大需求的耐用消费品。

例如，在 20 世纪 30 年代，雷诺发明了圆珠笔，作为圣诞礼物投入市场，当时的产品成本仅 50 美分，但售价却高达 20 美元，等到产品普及后，价格便急剧下降，这时，雷诺公司已赚取了巨额利润。

2. 渗透定价策略

这种定价策略是在新商品进入市场之初，当消费者还不十分了解、熟悉它，购买率尚低时，企业采取优质低价的手段迅速渗透并占领市场，待打开销路后再逐步提高价格的策略。适用于一些低档的生活必需品，其专用性不强，消耗性强，容易发生重复性购买。这种策略当然不适合于高科技的耐用消费品。

3. 反向定价策略

其出发点是企业为了适应市场竞争的需要。这种方法不同于常规的以产品定价格的做法，而是以价格定产品。

4. 满意定价策略

满意定价策略，又称平价销售策略，是介于撇油定价和渗透定价之间的一种定价策略。由于撇油定价法定价过高，对消费者不利，既容易引起竞争，又可能遇到消费者拒绝，具有一定风险；渗透定价法定价过低，对消费者有利，对企业最初收入不利，资金的回收期也较长，若企业实力不强，将很难承受。而满意价格策略采取适中价格，基本上能够做到供求双方都比较满意。

8.3.2　心理营销定价策略

心理营销定价策略是针对消费者的不同消费心理，制定相应的商品价格，以满足不同类型消费者的需求的策略。心理营销定价策略一般包括整数定价、尾数定价、习惯定价、声望定价、招徕定价和最小单位定价等具体形式。

1. 整数定价策略

整数定价策略是指商品的价格定为整数，不带尾数，这种策略又叫方便价格策略。该定价策略适合于高档消费品，也适合于价格比较低廉的商品的定价。

2. 尾数定价策略

尾数定价又称零头定价，是指企业针对的是消费者的求廉心理，在商品定价时有意定一个与整数有一定差额的价格。这是一种典型的根据消费者对价格的感受性而制定价格的策略。

例如，某品牌的 54cm 彩电标价 998 元，给人以便宜的感觉。认为只要几百元就能买一台彩电，其实它比 1000 元只少了两元。

心理学家的研究表明，价格尾数的微小差别，能够明显影响消费者的购买行为。一般认为，五元以下的商品，末位数为九最受欢迎，五元以上的商品末位数为 95 效果最佳；百元以上的商品，末位数为 98、99 最为畅销。尾数定价法会给消费者一种经过精心计算的，最低价格的心理感觉；有时也可以给消费者一种是原价打了折扣，商品便宜的感觉；同时，顾客在等待找零钱的期间，也可能会发现和选购其他商品。尾数定价策略还给人一种定价精确、值得信赖的感觉。

尾数定价法在欧美及我国常以奇数为尾数，如 0.99、9.95 等，这主要是因为消费者对奇数有好感，容易产生一种价格低廉，价格向下的概念。但由于八与发谐音，在定价中八的采用率也较高。

当然，企业要想真正地打开销路，占有市场，还是得以优质的产品作为后盾，过分看重数字的心理功能，或流于一种纯粹的数字游戏，只能哗众取宠于一时，从长远来看却于事无补。

3. 习惯定价策略

有些商品的价格在某个水平上维持了很久，从而形成了某种程度的固定性，消费者对此逐渐形成了习惯，这种价格就称为习惯价格。消费者已经习惯于消费这种商品时，只愿付出这么大的代价。对这些商品的定价，一般应依照习惯确定，不要随便改变价格，以免引起顾客的反感。善于遵循这一习惯确定产品价格者往往受益匪浅。这种策略主要适用于消费品和生活必需品的定价。

4. 声望定价策略

声望定价策略又称“炫耀定价策略”，是指商家根据商品或自身的声望，将商品标以比市场同类产品更高价格的策略。这种方法是为了迎合消费者求名、求荣、仰慕名店和名牌的心理而采用的一种定价策略。某些品牌的产品一旦拥有了一定的知名度，顾客便认为该产品质量可靠，宁愿出高价去购买。下面几例都是成功地运用声望定价策略的典范：

中国台湾宝丽来太阳镜价格高达 240～980 元；中国的景泰蓝瓷器在国际市场价格为 2 000 多法郎；微软公司的 Windows 98（中文版）进入中国市场时，一开始就定价 1998 元人民币，也是一种典型的声望定价。

另外，用于正式场合的西装、礼服、领带等商品，且服务对象为企业总裁、著名律师、外交官等职业的消费者，则都应该采用声望定价；否则，这些消费者就不会去购买。

声望定价往往采用整数定价方式，其高昂的价格能使顾客产生一分价格一分货的感觉，从而在购买过程中得到精神的享受，达到良好效果。例如，金利来领带一上市就以优质、高价定位，对有质量问题的金利来领带他们决不上市销售，更不会降价处理。给消费者这样的信息，即金利来领带绝不会有质量问题，低价销售的金利来绝非真正的金利来产品，从而极好地维护了金利来的形象和地位。

中国的一些国产精品也多采用这种定价方式。当然，采用这种定价法必须慎重，一般商店、一般商品若滥用此法，弄不好便会失去市场。

5. 招徕定价策略

招徕定价又称特价商品定价，是一种有意将少数商品降价以招徕吸引顾客的定价方式。商品的价格定的低于市价，一般都能引起消费者的注意，这是适合消费者求廉心理的。

北京地铁有家每日商场，每逢节假日都要举办一元拍卖活动，所有拍卖商品均以一元起价，报价每次增加五元，直至最后定夺。但这种由每日商场举办的拍卖活动由于基价定得过低，最后的成交价就比市场价低得多，因此会给人们产生一种卖得越多，赔得越多的感觉。岂不知，该商场用的是招徕定价术，它以低廉的拍卖品活跃商场气氛，增大客流量，带动了整个商场的销售额上升，这里需要说明的是，应用此术所选的降价商品，必须是顾客都需要，而且市场价为人们所熟知的才行。

采用招徕定价策略时，必须注意以下几点：

1）降价的商品应是消费者常用的，最好是适合于每一个家庭应用的物品，否则没有吸引力。

2）实行招徕定价的商品，经营的品种要多，以便使顾客有较多的选购机会。

3）降价商品的降低幅度要大，一般应接近成本或者低于成本。只有这样，才能引起消费者的注意和兴趣，才能激起消费者的购买动机。

4）降价品的数量要适当，太多商店亏损太大，太少容易引起消费者的反感。

5）降价品应与因伤残而削价的商品明显区别开来。

6. 最小单位定价策略

最小单位定价策略是指企业把同种商品按不同的数量包装，以最小包装单位量制定基数价格，销售时，参考最小包装单位的基数价格与所购数量收取款项。一般情况下，包装越小，实际的单位数量商品的价格越高，包装越大，实际的单位数量商品的价格越低。

对于质量较高的茶叶，就可以采用这种定价方法，如果某种茶叶定价为每 500 克 150 元，消费者就会觉得价格太高而放弃购买。如果缩小定价单位，采用每 50 克为 15 元的定价方法，消费者就会觉得可以买来试一试。如果再将这种茶叶以 125 克来进行包装与定价，则消费者就会嫌麻烦而不愿意去换算出每 500 克应该是多少钱，从而也就无从比较这种茶叶的定价究竟是偏高还是偏低。

最小单位定价策略有如下比较明显的优势：

1）能满足消费者在不同场合下的不同需要，如便于携带的小包装食品，小包装饮料等。

2）利用了消费者的心理错觉，因为小包装的价格容易使消费者误以为廉，而实际生活中消费者很难也不愿意换算出实际质量单位或数量单位商品的价格。

8.3.3 折扣营销定价策略

折扣营销定价策略是通过减少一部分价格以争取顾客的策略，在现实生活中应用十分广泛，用折让手法定价就是用降低定价或打折扣等方式来争取顾客购货的一种售货方式。

沃尔玛能够迅速发展，除了正确的战略定位以外，也得益于其首创的折价销售策略。每家沃尔玛商店都贴有天天廉价的大标语。同一种商品在沃尔玛比其他商店要便宜。沃尔玛提倡的是低成本、低费用结构、低价格的经营思想，主张把更多的利益让给消费者，为顾客节省每一美元是他们的目标。沃尔玛的利润通常在 30%左右，而其他零售商如凯马特的利润率都在 45%左右。公司每星期六早上举行经理人员会议，如果有分店报告某商品在其他商店比沃尔玛低，可立即决定降价。低廉的价格、可靠的质量是沃尔玛的两大竞争优势，吸引了一批又一批的顾客。

1. 数量折扣策略

数量折扣策略就是根据代理商、中间商或顾客购买货物的数量多少，分别给予不同折扣的一种定价方法。数量越大，折扣越多。其实质是将销售费用节约的一部分，以价格折扣方式分配给买方。目的是鼓励和吸引顾客长期、大量或集中向本企业购买商品。数量折扣可以分为累计数量折扣和非累计数量折扣两种形式。

（1）累计数量折扣

累计数量折扣是指代理商、中间商或顾客在规定的时间内，当购买总量累计达到折扣标准时，给予一定的折扣。累计数量折扣定价法可以鼓励购买者经常购买本企业的产品，成为企业可信赖的长期客户；企业可据此掌握产品的销售规律，预测市场需求，合理安排生产；经销商也可保证货源。

运用累计数量折扣定价法时，应注意购买者为争取较高折扣率在短期内大批进货对企业生产的影响。

（2）非累计数量折扣

非累计数量折扣是一种只按每次购买产品的数量而不按累计的折扣定价方法。其目的是鼓励客户大量购买，节约销售中的劳动耗费。

累计数量折扣和非累计数量折扣两种方式，可单独使用，也可结合使用。

2. 现金折扣策略

现金折扣策略又称付款期限折扣策略，是在信用购货的特定条件下发展起来的一种优惠策略，即对按约定日期付款的顾客给予不同的折扣优待。现金折扣实质上是一种变相降价赊销，鼓励提早付款的办法。例如，付款期限一个月，立即付现折扣 5%，10 天内付现折扣 3%，20 天内付现折扣 2%，最后十天内付款无折扣。有些零售企业往往利用这种折扣，节约开支，扩大经营，卖方可据此及时回收资金，扩大商品经营。

3. 交易折扣策略

交易折扣策略是企业根据各类中间商在市场营销中担负的不同功能所给予的不同折扣，又称商业折扣或功能折扣。企业采取策略的目的是扩大生产，争取更多的利润，或为了占领更广泛的市场，利用中间商努力推销产品。交易折扣的多少，随行业与产品的不同而不同；相同的行业与产品，又要看中间商所承担的商业责任的多少而定。如果中间商提供运输、促销、资金融通等功能，对其折扣就较多；否则，折扣将随功能的减少而减少。一般而言，给予批发商的折扣较大，给予零售商的折扣较小。

4. 季节性折扣策略

季节性折扣策略是指生产季节性商品的公司企业，对销售淡季来采购的买主所给予的一种折扣优待。季节性折扣的目的是鼓励购买者提早进货或淡季采购，以减轻企业仓储压力，使企业合理安排生产，做到淡季不淡，充分发挥生产能力。季节性折扣实质上是季节差价的一种具体应用。

5. 推广让价策略

推广让价是生产企业对中间商积极开展促销活动所给予的一种补助或降价优惠，又称推广津贴。中间商分布广，影响面大，熟悉当地市场状况，因此，企业常常借助他们开展各种促销活动，如刊登地方性广告，布置专门橱窗等。对中间商的促销费用，生产企业一般以发放津贴或降价供货作为补偿。

6. 运费让价策略

运费让价是生产企业为了扩大产品的销售范围，对远方市场的顾客让价以弥补其部分或全部运费。企业对远方市场一般都采用运费让价策略。

8.3.4 地区定价策略

一般来说，一个企业的产品，不仅卖给当地顾客，而且同时卖给外地顾客，而卖给外地顾客，把产品从产地运到顾客所在地，需要花一些装运费。所谓地区性定价策略，就是企业要决定：对于卖给不同地区（包括当地和外地不同地区）顾客的某种产品，是分别制定不同的价格，还是制定相同的价格。也就是说，企业要决定是否制定地区差价。地区性定价的形式如下。

1. 原产地定价

原产地定价就是顾客（双方）按照厂价购买某种产品，企业（卖方）只负责将这种产品运到产地的某种运输工具（如卡车、火车、船舶、飞机等）上交货。交货后，从产地到目的地的一切风险和费用概由顾客承担。如果按产地某种运输工具上交货定价，那么每一个顾客都各自负担从产地到目的地的运费，这是很合理的。但是，这样定价对企业也有不利之处，即远地的顾客就可能不愿购买这个企业的产品，而购买其附近企业的产品。

2. 统一交货定价

这种形式和前者正好相反。所谓统一交货定价，就是企业对于卖给不同地区顾客的某种产品，都按照相同的厂价加相同的运费（按平均运费计算）定价，也就是说，对全国不同地区的顾客，不论远近，都实行一个价。因此，这种定价又叫邮资定价。

20 世纪初，日本人盛行穿布袜子，石桥便专门生产经销布袜子。当时由于大小、布料和颜色的不同，袜子的品种多达 100 多种，价格也是一式一价，买卖很不方便。有一次，石桥乘电车时，发现无论远近，车费一律为同一价格。由此他产生灵感，如果袜子都以同样的价格出售，必定能大开销路。然而，当他试行这种方法时，同行全都嘲笑他，认为如果价格一样，大家便会买大号袜子，小号的则会滞销，那么石桥必赔本无疑。但石桥胸有成竹，力排众议，仍然坚持统一定价。由于统一定价方便了买卖双方，因此深受顾客欢迎，布袜子的销量达到空前的数额。

3. 分区定价

这种形式介于前两者之间。所谓分区定价，就是企业把全国（或某些地区）分为若干价格区，对于卖给不同价格区顾客的某种产品，分别制定不同的地区价格。距离企业远的价格区，价格定得较高；距离企业近的价格区，价格定得较低。在各个价格区范围内实行一个价。

4. 基点定价

基点定价即企业选定某些城市作为重点，然后按一定的厂价加上从基点城市到顾客所在地的运费来定价（不管产品实际上是哪个城市起运的）。有些公司为了提高灵活性，选定许多个基点城市，按照顾客最近的基点计算运费。

5. 运费免收定价

有些企业因为急于和某些地区做生意，负担全部或部分实际运费。这些卖主认为，如果生意扩大，其平均成本就会降低，因此，足以抵偿这些费用开支。采取运费免收定价可以使企业加深市场渗透，并且能在竞争日益激烈的市场上站得住脚。

8.3.5 分级定价策略

分级定价策略是指企业依据市场细分理论，对不同档次商品采取差别定价的方法。即企业在出售商品时，把诸多不同牌号、规格、花色、品种的某一类商品划分为若干档次，分别标以不同的价格，给消费者以档次不同的感觉，引导消费者购买符合自己心理需要的商品。

例如，某茶叶店把各地产的花茶分为三个等级，价格分别定为 98 元、85 元、30 元，让顾客相信这是由质量差别形成的档次，给顾客以一分钱一分货的感觉。又如，某服装店对某型号女装制定三种价格：260 元、340 元、410 元，在消费者心目中形成低、中、高三个档次，人们在购买时就会根据自己的消费水平选择不同档次的服装。如果一味地定成一个价格，效果就不好了。一般情况下，如果相邻两种型号的商品价格相差大，买主多半会买便宜的；如果价格相差较小，买主倾向于买好的。

职业素质养成训练

某企业 100 元的商品降价为 90 元，登出的降价广告是：100 元买 110 元的商品。

思考：

这种表现形式的价格策略，促销效果是否会更好？以“我会怎样抓心理、定好价？”为话题，组织学生讨论交流，教师作点评。

8.4　商品调价的心理策略

在市场经济条件下，价格的调整与变动是经常发生的，市场上的价格受多种因素的影响。因此，在调整价格时，除应掌握价格学意义上的基本原理以外，还应认真研究在调整价格时对顾客心理的影响，使顾客能够在心理上承受价格的调整以使企业利益最大化，这就要求企业在调整商品价格时科学地运用调价的心理反应，运用合适的调价策略。

8.4.1　降价的心理策略

1. 降价幅度

商品的降价幅度要适宜。如果降价幅度过小，不能激发顾客的购买欲望，起不到降价的目的；如果降价的幅度过大，不仅企业可能面临亏损，而且顾客也可能对商品的质量产生怀疑，也同样达不到降价的目的。根据实践经验，降价幅度在 10%以下时，几乎收不到促销效果；降价幅度在 10%～30%会产生明显的促销效果；但降价若超过 50%，除非说明充分合理的降价理由，否则，顾客的疑虑会显著增加，也不会购买这一产品。

2. 降价时机

降价时机把握得好，会大大刺激顾客的购买欲望；若选择不好，则达不到预期的效果。

具体的降价时机，要视商品及企业的具体情况而定。在“五一”“十一”等重大节日、新店开张、店庆、商店拆迁、柜台租赁期满等情况下企业可以选择降价；对于时尚和流行商品，在竞争者进入模仿的后期时应采取降价措施；对于季节性商品，可以在换季时降价；对于一般商品，进入成熟期的后期就应降价；如果企业是市场追随者，可以当市场领导者降价后，跟着降价。

企业无论采取什么降价策略，都要努力做好宣传工作，尽可能使顾客了解降价的真正原因，打消顾客对降价的疑虑，才能使降价策略行之有效。

8.4.2　提价的心理策略

价格上涨是一种正常的经济现象，但商品涨价对顾客来讲总是不利的，所以顾客通常对价格上涨会产生一种本能的反感。企业迫于各种原因不得不提价时，应充分考虑顾客的购买力和心理承受能力，认真分析和预测提价后消费者可能产生的心理反应，并采取相应的心理策略。

1. 提价幅度

在国外，一般认为提价幅度在 5%以内较符合顾客的心理承受能力，在我国还没有定论，但是，由于顾客对涨价比降价更为敏感，因此提价的幅度也不宜过大。

2. 提价时机

提价时机要视企业的情况和商品的性质而定。一般情况下，商品在市场上处于优势地位或者商品进入成长期可以提价；在销售旺季可以提价；竞争对手降价，可以跟着降价。

商品提价关系到顾客的利益，关系到企业的声誉，稍有不慎，就会造成顾客心理上的伤害，给企业带来损失。因此，商品提价一定要考虑顾客的心理要求。

本 章 小 结

价格是顾客心理中最敏感的因素。研究顾客价格心理与价格的关系，主要研究顾客在价格问题上的心理现象，以阐明如何制定商品价格以符合顾客的心理需要，以促进商品的销售。

本章要重点把握如下内容：商品价格的心理功能、商品定价与调价的心理策略。

练 习 题

一、单项选择题

1. 当市场商品供大于求时，买方是（　　）。

A. 主动的　　B. 被动的　　C. 理性的　　D. 经验的

2. 消费者的习惯性价格心理是（　　）。

A. 周期性的　　B. 阶段性的　　C. 不易改变的　　D. 不可改变的

3. 在定价时，一般尾数取“八”而忌“四”，主要是考虑到消费者对数字的（　　）心理。

A. 联想　　B. 感知　　C. 想象　　D. 记忆

4. 某商场对同一型号的男装制定三种不同的价格，采用的是（　　）策略。

A. 基点定价　　B. 分区定价　　C. 分级定价　　D. 原产地定价

5. 某商场每逢节假日就举办一元拍卖活动，该商场采用的是（　　）定价策略。

A. 满意　　B. 渗透　　C. 习惯　　D. 招徕

二、多项选择题

1. 影响商品定价的内部因素有（　　）。

A. 定价目标　　B. 成本　　C. 费用

2．强化记忆的心理方法有（　　）。

A．减少材料数　B．适当加以重复　C．增进理解　D．安全感

3．价格调整的主要形式有（　　）。

A．降价　B．重新定价

C．提价　D．进行价格整合

4．顾客的价格心理主要有（　　）。

A．习惯性心理　B．敏感性心理　C．倾向性心理

5．新产品定价策略有（　　）定价策略。

A．撇油　B．渗透　C．反向　D．满意

三、判断题

1．商品价格是商品价值的货币表现。（　　）

2．顾客对某种商品的需求越强烈，对价格的变动越不敏感。（　　）

3．定价是一门科学，也是一门艺术。（　　）

4．企业定价的唯一目标是追求利润最大化。（　　）

5．心理定价策略是针对消费者的不同消费心理，制定相应的商品价格，以满足不同类型消费者需求的策略。（　　）

四、思考讨论题

探讨商品定价与调价的心理策略。

第 9 章 广告与顾客心理

学习任务

1. 知识目标

1）了解广告及广告媒体的含义、种类。
2）明确广告、广告媒体的心理功能。
3）掌握实现广告效果的心理策略。

2. 实操目标

进行广告宣传时，能灵活运用广告效果的心理策略。

3. 职业素质目标

培养创造力，洞察力，善于沟通与表达。

案例引入

大家最熟悉的一条广告片——日常生活中最易上火的五个场景：吃火锅、通宵看球、吃油炸食品、烧烤和夏日阳光浴，画面中人们在开心地享受上述活动的同时，纷纷畅饮红罐王老吉。结合时尚、动感十足的广告歌反复吟唱“不用害怕什么，尽情享受生活，怕上火，喝王老吉”。王老吉斥巨资购买了中央电视台黄金广告时段，红罐王老吉在短期内迅速进入人们的头脑，给人们一个深刻的印象，并迅速红遍全国大江南北。

在地面推广上，除了强调传统渠道的POP广告外，还配合餐饮新渠道的开拓，为餐饮渠道设计布置了大量终端物料，如设计制作了电子显示屏、灯笼等餐饮场所乐于接受的实用物品，免费赠送。在传播内容选择上，充分考虑终端广告应直接刺激消费者的购买欲望，将产品包装作为主要视觉元素，集中宣传一个信息：“怕上火，喝王老吉饮料。”餐饮场所的现场提示，最有效地配合了电视广告。正是这种针对性的推广，消费者对红罐王老吉“是什么”“有什么用”有了更强、更直观的认知。

在针对中间商的促销活动中，选择主要的火锅店、酒楼作为“王老吉诚意合作店”，投入资金与他们共同进行节假日的促销活动。由于给商家提供了实惠的利益，因此，红罐王老吉迅速进入餐饮渠道，成为主要推荐饮品。

这种大张旗鼓、诉求直观明确“怕上火，喝王老吉”的广告运动，直击消费者需求，及时迅速地拉动了销售；同时，随着品牌推广的进行，消费者的认知不断加强，逐渐为品牌建立起独特而长期的定位。

红罐王老吉成功的品牌定位和传播，给这个有175年历史的、带有浓厚岭南特色的产品带来了巨大的效益。

点评：红罐王老吉的成功离不开三个因素，一是自身的品牌价值，二是“吃烧烤容易上火，喝一罐先预防一下。”第三个就是王老吉公司成功的经营之道。

9.1 广告的类型与心理功能

9.1.1 广告的含义、特点及分类

1. 广告的含义

广告顾名思义就是广而告之的意思，是为了某种特定的需要，通过一定形式的媒体，并消耗一定的费用，公开而广泛地向公众传递信息的宣传手段。广告有广义和狭义之分：

广义的广告是通过各种媒体向公众传播信息的活动，包括非经济广告和经济广告。非经济广告指不以营利为目的的广告，如政府行政部门、社会事业单位乃至个人的各种公告、启事、声明等。

狭义广告仅指经济广告，又称商业广告，是指以营利为目的的广告，通常是商品生

产者、经营者和消费者之间沟通信息的重要手段，或企业占领市场、推销产品、提供劳务的重要形式。

2. 广告的特点

广告不同于一般大众传播和宣传活动，就狭义广告而言，一般具有下列特征：

1）广告是一种传播工具，是将某一项商品的信息，由这项商品的生产或经营机构传送给一群用户和消费者。

2）做广告需要付费。

3）广告进行的传播活动是带有说服性的。

4）广告是有目的、有计划，是连续的。

5）广告不仅对广告主有利，而且对目标对象也有好处，它可使用户和消费者得到有用的信息。

3. 广告的分类

由于分类的标准不同，看待问题的角度各异，导致广告的种类很多。

1）以传播媒介为标准分为报纸广告、杂志广告、电视广告、电影广告、网络广告、包装广告、广播广告、招贴广告、POP 广告、交通广告、直邮广告。随着新媒介的不断增加，依媒介划分的广告种类也会越来越多。

2）以广告的内容为标准分为产品广告、企业广告、品牌广告、观念广告、公益广告。

3）以广告传播范围为标准分为国际性广告、全国性广告、地方性广告、区域性广告。

4）以广告的性质为标准分为商业性广告、非商业性广告。

9.1.2 广告的心理功能

1. 注意功能

注意是人们对一定事物的指向和集中。注意明显地表现了人的意识对客观事物的警觉性与选择性，注意是广告整个心理过程的起点。引起顾客的注意，是任何一个广告的成功基础。只有集中注意才能保证人们感知的形象清晰完整，记忆牢固，才可能进一步引起一连串的心理反应过程，形成购买欲望，最终导致购买行为的发生。

2. 记忆功能

记忆是以往经历过的事物在头脑中的反映。对于广告心理的记忆，是顾客思考问题所必要的条件。记忆有助于人们加深对广告商品的认同。

3. 联想功能

联想是由一事物的经验想起另一事物的经验，包括接近联想、相似联想、对比联想、关系联想四种类型。

在注意和记忆的基础上，广告对人的心理过程施加的积极影响可以产生愉悦的心情、情感的共鸣，有利于促进顾客对商品的认识，增强购买此商品的信念。在广告宣传中，有意识地运用联想这种心理活动的重要功能，充分利用事物之间的联系，形成各种联想，能起到提示顾客回忆、提高记忆效果、扩展顾客思路、诱发积极情感、促进消费欲求等心理作用。

4. 诱导功能

诱导是指广告可以促成和引发顾客对新产品或不熟悉产品的购买兴趣，或者改变对某些产品或厂商的原有态度，并激发购买欲望的功能。顾客在购买活动中，情感因素对最终购买决策起至关重要的作用，广告在引起注意、增强记忆、产生联想的过程中，注意艺术感染力讲究人情味，能诱发人们积极的情感，压抑消极的情感，促成新的购买欲望和消费习惯的形成。

9.2　广告媒体与顾客心理特征

9.2.1　广告媒体的含义、种类

1. 广告媒体的含义

媒体是英文 media 的音译，它的意译为媒介，是指把信息传送给社会公众的工具。广告媒体是传播广告信息的工具，是发布广告的载体。凡是能在广告主与广告对象之间起媒介作用的物体和物质技术手段，都可称为广告媒体。

2. 广告媒体的种类

随着现代科学技术的发展，广告媒体日益丰富，它正朝着电子化、现代化和艺术空间化的方向发展，根据不同的标志可以进行多种划分。由于所有的广告都离不开传播，而传播又是以文字、声音、图像等为信息符号传递给受众的，因此，我们主要从受众感官角度来划分，一般将广告媒体划分为视觉媒体、听觉媒体、视听兼备媒体三大类。

（1）视觉媒体

最悠久的视觉媒体是印刷媒体，也是传播最迅速和最广泛的，以报纸、杂志为最。

1）报纸媒体：报纸广告几乎是伴随着报纸的创刊而诞生的。随着时代的发展，报纸的品种越来越多，内容越来越丰富，版式更灵活，印刷更精美，报纸广告的内容与形式也越来越多样化，所以报纸与读者的距离也更接近了。报纸成为人们了解时事、接受信息的主要媒体。

2）杂志媒体：杂志也是一种印刷平面广告媒体，尽管与报纸广告相比，它明显地缺乏时效性，而且覆盖面有限，但由于它精美的印刷，具有光彩夺目的视觉效果，故深受特定受众的喜爱。由于杂志种类繁多，雅俗均有，而且出刊周期短的杂志种类最多，影响颇大，因此，它成为现代广告四大媒体之一。由于印刷技术的发展和人类思维的进步，以往的单纯平面设计模式不断被打破，新的设计形式不断出现，这都体现着杂志广

告的广阔前景。

3）户外媒体：包括销售现场、霓虹灯、车厢、包装、路牌、灯箱、气球等。它能增强企业印象，老少易懂且设计独特新颖、地点广泛；但受所在现场的限制。

4）直邮广告：包括销售函件、商品目录、产品说明书、小册子、明信片、传单等。其优点在于针对性强，不受时间、空间、篇幅的限制；缩短了广告主与顾客的心理距离；便于计算成本、费用、效益；制作简单、费用低廉。但很难确定有效的收件人名单；因为是“漫天散发”，开阅率受限制；不易得到顾客的信任。

5）交通广告：设置在汽车、电车、火车、地铁、轮船、飞机等流动性的交通工具上的广告。

6）包装广告：利用包装商品的包装纸、包装袋、包装盒等包装物直接对顾客进行宣传的一种广告形式。

7）空中广告：利用气球、飞机、飞船等具有升空能力的媒体，悬挂或书写大幅文字或实物以吸引公众瞩目的广告形式。

8）POP 广告：通常也称现场广告，市面上所能见到的 POP 广告种类很多，下面从 POP 广告设计的角度主要介绍三种不同的分类形式。

① 按时间性来进行分类。POP 广告在使用过程中的时间性及周期性很强。按照不同的使用周期，可把 POP 广告分为三大类型，即长期 POP 广告、中期 POP 广告和短期 POP 广告。

长期 POP 广告主要包括如门招牌 POP 广告、柜台及货架 POP 广告、企业形象 POP 广告。其中，门招牌 POP 等，一般是由商场经营者来完成 POP 形式。由于这些 POP 形式所花费的成本都比较高，合同周期都比较长，而企业形象和产品形象的 POP，由于一个企业和一个产品的诞生周期一般都超过一个季度，因此对于企业形象及产品形象宣传 POP 广告，也必然属于长期的 POP 广告类型。因为长期 POP 在时间因素上的限制，所以其设计必须考虑得极其精确，而且在产生的成本上也相对提高，一般都需要几十到上百万元的投资。

中期 POP 广告是指使用周期为一个季度左右的 POP 广告类型。其主要包括季节性商品的广告，商场以季节性为周期的 POP 等，像服装、空调、电冰箱等因使用时间上的限制，以及橱窗在使用周期随着商品更换周期的限制等，使得这类 POP 广告的使用周期也必然在一个季度左右，所以属中期的 POP 广告。中期 POP 广告的设计与投资，可以在长期 POP 广告的档次下，作适当的考虑。

短期 POP 广告是指使用周期在一个季度以内的 POP 广告类型，如柜台展示 POP 展示卡、展示架以及商店的大减价、大甩卖招牌等。由于这类广告的存在都是随着商店某类商品的存在而存在的，只要商品一卖完，该商品的广告也就无存在的价值了。特别是有些商品由于进货的数量，以及销售的情况，可能在一周甚至一天或几小时就可售完，因此相应的广告周期也可能极其短暂。对于这类 POP 广告的投资一般都比较低，设计也相对地不太讲究。当然就设计本身而言，在尽可能的情况下，做到符合商品品位。

② 按材料的不同来进行分类。POP 广告所使用的材料也多种多样，根据产品不同的档次，可有高档到低档不同材料的使用。就一般常用的材料而言，主要有金属材料、

木料、塑料、纺织面料、人工仿皮、真皮和各种纸材等。其中，金属材料、真皮等多用于高档商品的 POP 广告。塑料、纺织面料、人工仿皮等材料多用于中档商品的 POP 广告。像真丝、纯麻等纺织面料也同样属于高档的广告材料。而纸材一般都用于中、低档商品和短期的 POP 广告材料。当然纸材也有较高档的，而且由于纸材加工方便，成本低，因此在实际的运用中，是 POP 广告大范围使用的材料。

③ 按陈列的位置和陈列方式的不同来进行分类。POP 广告除使用时间的特殊性外，其另一特点就在于陈列空间和陈列方式上。陈列的位置和方式不同，将对 POP 广告的设计产生很大的影响。从陈列位置和陈列方式不同，可把 POP 广告分为柜台展示 POP、壁面 POP、天花板 POP、柜台 POP 和地面立式 POP 五个种类。

柜台展示 POP 是放在柜台上的小型 POP 广告。由于广告体与所展示商品的关系不同，柜台展示 POP 又可分为展示卡和展示架两种。

展示卡可放在柜台上或商品旁，也可以直接放在稍微大一些的商品上。展示卡的主要性能以标明商品的价格、产地、等级等为主，同时也可以简单说明商品的性能、特点等简要的商品内容，其文字的数量不宜太多，以简短的三五个字为好。

展示架是放在柜台上起说明商品的价格、产地、等级等作用的。它与展示卡的区别在于：展示架上必须陈列少量的商品，但陈列商品的目的不在于展示商品本身，而在于以商品来直接说明广告的内容，陈列的商品相当于展示卡上的图形要素。一旦把商品看成图片后，展示架和展示卡就没有什么区别了。值得注意的是，展示架因为是放在柜台上的，放商品的目的在于说明，所以展示架上放的一般都是体积比较小的商品，而且数量以少为好。适合展示架展示的商品有珠宝首饰、药品、手表、钢笔等。

壁面 POP 广告是陈列在商场或商店的壁面上的 POP 广告形式。在商场的空间中，除壁为主要的壁面外，活动的隔断、柜台和货架的立面、柱头的表面、门窗的玻璃等都是壁面 POP 可以陈列的地方。

运用于商场的壁面 POP，在形式上有平面的和立体的两种形式。平面的壁面 POP，实际上就是招贴广告。由于壁面展示条件的限制，运用于壁面 POP 的立体造型，主要是以半立体的造型为主。所谓半立体的造型，也就是类似浮雕的造型。

吊挂 POP 广告是对商场或商店上部空间及顶界有效利用的一种 POP 广告类型。吊挂 POP 广告是在各类 POP 广告中用量最大、使用效率最高的一种 POP 广告。因为商场作为营业空间，无论是地面还是壁面，都必须对商品的陈列和顾客的流通做有效的考虑和利用，唯独上部空间和顶面是不能为商品陈列和行人流通所利用的，所以，吊挂 POP 不仅在顶界面有完全利用的可能性，也在空间的向上发展上占有极大优势。即使地面和壁面上可以放置适当的广告体，但其视觉效果与可视的程序与吊挂 POP 相比，也是有限的。可以设想，壁面 POP 在观看的角度和视觉场上会受到限制，也就是说，壁面 POP 常被商品及行人遮挡，或没有足够的空间让顾客退开来观看。而吊挂 POP 就不一样了，在商场内凡是顾客能看见的上部空间都可有效利用。另外，从展示的方式来看，吊挂 POP 除能对顶界面直接利用外，还可以向下部空间做适当的延伸利用。所以说，吊挂 POP 是使用最多、效率最高的 POP 形式。

吊挂 POP 的种类繁多，从众多的吊挂 POP 广告中可以分出两类最典型的吊挂 POP 形式，即吊旗式和吊挂物。

吊旗式是在商场顶部吊的旗帜式的吊挂 POP 广告，其特点是以平面的单体向空间作有规律的重复，从而加强广告信息的传递。

吊挂物相对于吊旗来讲，是完全立体的吊挂 POP 广告。其特点是以立体的造型来加强产品形象及广告信息的传递。

（2）听觉媒体

听觉媒体是以声音实现对人的听觉器官的刺激而完成信息传递过程的传播工具。用于传播广告信息的听觉媒体主要有无线电广播、有线广播、广播宣传车、录音带、电话等。

1）广播媒体：由于科技的发展，新媒体不断出现，广播媒介面临着越来越多的挑战和冲击，然而广播还是有它的优越性，只有充分地了解这些特性，才能扬长避短，进一步开掘这一媒体的潜力。

2）录音带媒体：特点是详细说明商品，不受时间限制，可以保存。音乐与广告间隔播出，使广告带有音乐性。

3）电话媒体：向消费者直接诉求或提供某些服务。由于以特定人物为对象，可以减少浪费，有亲切感；不受空间限制且制作简单。对预期消费者作反复诉求，并及时了解反映。对象范围和人数可掌握。

（3）视听兼备媒体

1）电视媒体：电视是目前中国最普遍最主流的媒体。电视媒体的效果和三个主要因素有关系，即广告内容（形式）、播放频率和广告时段。其中，在广告内容没有明显策略错误的情况下，广告频率越高效果越好，也就是效果和广告播放频率成正比，明显的例子是“脑白金”。

电视媒体形声兼备，深入家庭；高度娱乐性；强制性广告效力。平均购买力高；声像并茂，情理兼备，吸引力强。未来的家庭电视广告将更多和数字时代合拍，互动性、娱乐性缺一不可。

2）电影院媒体：早期广告幻灯，后广告影片。功能：同时同地一次性掌握多数观众；注意力集中；强迫诉求，强制性说服力；便于选择最有座地区的电影院；广告费用低。

3）表演性媒体：其形式主要有时装表演、化妆品以及各类新产品演示等。

4）网络媒体：网络广告是一种非强迫性传播，它不像电视、广播、报纸、户外广告等具有强迫性，想方设法吸引人们的视觉和听觉，将有关信息塞进受众的脑子打动人们的无意注意。网络广告作为一种传播活动，毫无疑问要吸引人们的无意注意，吸引人们在信息的海洋中注意它、点击它，但它独特的交互性主要吸引的是人们的有意注意并力求调动人们的自觉性和主动性。一句话，在一般媒体上，广告找人看；在网络媒体上，人找广告看。所以，吸引消费者有意注意的程度水平是评价一则网络广告心理效果的重要指标。

9.2.2 主要广告媒体的心理效应

1. 报纸媒体

（1）传播速度较快，信息传递及时

对于大多数综合性日报或晚报来说，出版周期短，信息传递较为及时。有些报纸甚至一天要出早、中、晚等好几个版，报道新闻就更快了。一些时效性强的产品广告，如新产品和有新闻性的产品，就可利用报纸及时地将信息传播给消费者。

（2）信息量大，说明性强

报纸作为综合性内容的媒介，以文字符号为主，图片为辅来传递信息，其容量较大。由于以文字为主，因此说明性很强，可以详尽地描述，对于一些关注度较高的产品来说，利用报纸的说明性可详细告知消费者有关产品的特点。

（3）易保存、可重复

由于报纸的特殊的材质及规格，相对于电视、广播等其他媒体，报纸具有较好的保存性，而且易折易放，携带十分方便。一些人在阅读报纸过程中还养成了剪报的习惯，根据各自所需分门别类地收集、剪裁信息。这样，无形中又强化了报纸信息的保存性及重复阅读率。

（4）阅读主动性

报纸把许多信息同时呈现在读者眼前，增加了读者的认知主动性。读者可以自由地选择阅读或放弃哪些部分；哪些地方先读，哪些地方后读；阅读一遍，还是阅读多遍；采用浏览、快速阅读或详细阅读。读者也可以决定自己的认知程度，如仅有一点印象即可，还是将信息记住、记牢；记住某些内容，还是记住全部内容。此外，读者还可以在必要时将所需要的内容记录下来。

（5）权威性

消息准确可靠是报纸获得信誉的重要条件。大多数报纸历史悠久，且由党政机关部门主办，在群众中素有影响和威信。因此，在报纸上刊登的广告往往使消费者产生信任感。

（6）高认知卷入

报纸广告多数以文字符号为主，要了解广告内容，要求读者在阅读时集中精力，排除其他干扰。一般而言，除非广告信息与读者有密切的关系，否则读者在主观上是不会为阅读广告花费很多精力的。读者的这种惰性心理往往会减少他们详细阅读广告文案内容的可能性。换句话说，报纸读者的广告阅读程度一般是比较低的。不过当读者愿意阅读时，他们对广告内容的了解就会比较全面、彻底。

（7）注意度不高

在一份报纸中，有很多栏目，也有很多广告，它们竞相吸引读者的注意。这样，只有当你的广告格外醒目时，才容易引起人们的注意；否则，读者可能视而不见。

（8）印刷难以完美，表现形式单一

报纸的印刷技术最近几年在高新科技的支持下，不断得到突破与完善。但到目前为止，报纸仍是印刷成本最低的媒体。受材质与技术的影响，报纸的印刷品质不如专业杂志、直邮广告、招贴海报等媒体的效果。报纸仍需以文字为主要传达元素，表现形式相对于电视的立体、其他印刷媒体的斑斓丰富，显然要单调得多。

2. 杂志媒体

（1）读者阶层和对象明确

杂志的读者不像报纸广大，但分类较细，专业性较强，这便于选择特定阶层的广告，更能做到有的放矢。同类杂志的读者，在质的方面大体相同，因此，广告文案的制作也容易得多。反过来说，每一类杂志都拥有其基本的读者群，那么就可以针对不同的消费者选择不同的杂志。所以，为了更好地利用杂志媒体，应该根据广告目标对象的要求对能利用的杂志进行分类。

一般来说，杂志的读者都有一定的文化水平，有较好的理解能力，而且凡是订阅某种杂志的人，对该杂志的性质与刊登内容都有一定了解和兴趣，搞专业的人对专业杂志刊登的东西容易接受，这样就有利于广告发挥作用。订阅杂志的人生活水平都较高，有能力领略广告介绍的内容，所以新产品在开辟市场时，杂志媒体也是一个有效的媒体。

（2）杂志印刷精美，阅读率高，保存期长

杂志媒体的用纸较好，尤其是广告用纸更为讲究，在广告的印刷上要比报纸精美得多，尤其是彩色广告，色彩鲜艳精致，容易引人注目，可以逼真地再现商品形象，激发读者的购买欲望。杂志广告大都用全页或半页，版面较大，内容多，表现深刻，图文并茂，容易把广告客户所要提供的信息完整地表达出来。

杂志媒体比起广播、电视来说，生命长得多。广播电视节目一播即逝，而杂志阅读时间长，常被人保存下来反复阅读，因此，杂志广告能反复与读者接触，有充分的时间对广告内容作仔细研究，加深人们的印象。

（3）杂志媒体版面安排灵活，颜色多样

在版面位置安排上可分为封面、封底、封二、封三、扉页、内页、插页。颜色上可以是黑白，也可以是彩色，在版面大小上有全页、半页，也有 2/3、1/3、1/4、1/6 页的区别，有时为了适应广告客户、作大幅广告要求，还可以作连页广告、多页广告，效果十分强烈，影响巨大。

杂志与报纸一样，同属印刷媒体。这就决定了它们之间存在着一些共同的心理特性，包括阅读主动性、高认知卷入、保存性和可信性。但是，杂志与报纸也存在着很大的差别。在内容上，杂志不像报纸以新闻报道为主，而是以各种专业和科普性知识来满足各种类型读者的需要。在印刷质量上，杂志一般也优于报纸。因此，杂志具有一些不同于报纸的心理特性。

（4）读者针对性强

杂志内容有较大的倾向性、专业性，不同的杂志，一般可以在广大区域里拥有不同的和比较稳定的读者层。比如摄影杂志，读者以摄影行业和业余摄影爱好者为主，故有关摄影器材的广告刊登在摄影杂志上，广告对象正与该杂志的读者接近，有效地争取这些读者成为购用该商品的顾客。

（5）知识性

许多杂志的内容以专业知识和科普知识为主体，因而容易使读者对杂志阅读产生知识性期待。这与报纸的消息性一样，杂志的知识性也成为杂志广告的一个心理特性。

（6）重复性

杂志的内容丰富多彩，长篇文章较多，读者不仅要仔细阅读，而且常常要分多次阅读，甚至保存下来日后再读。读者的多次翻阅增加了他们与杂志广告接触的机会，有利于在记忆中留下较深的广告印象。

（7）美感好，引人注目

杂志纸质较好，可以印上较美的彩色图片，较逼真地再现商品原貌。同时，杂志广告多是商业广告，广告登载量也不多，一般都集中刊登在一定的书页上，排列整齐美观，因此，杂志广告有较强的艺术感染力，引人注目，给人以美的享受。

（8）时效性差

杂志是定期刊物，发行周期较长，有周刊、半月刊、月刊、季刊、半年刊，甚至年刊，因而影响广告的传播速度。时效性强的广告，如企业开张广告、文娱广告、促销广告等，一般不宜选用杂志媒体，否则容易错过时机，收不到广告效果。

3. 广播媒体

（1）传播方式的即时性

即时性是指广播广告传播速度最快。广播可使广告内容在信息所及的范围内，迅速传播到目标消费者耳中。不论身在何地，只要打开收音机，广告对象就可以立即接收到。如果广告策略、战术因临时调整而需要紧急发布某些广告信息，如发布展销会、订货会、折价销售等时效性要求比较强的供求信息时，广播广告可以在数小时内完成播出任务，有时还可以做到现场直播。广播广告的这种即时性的优势是其他媒介无法取代的。

（2）传播范围的广泛性

由于广播广告是采用电波来传送广告信息的，电波可以不受空间的限制，并且广播的发射技术相对比电视简单得多，因此广播的覆盖面积特别广泛，它可以到达全世界的每一个角落。广播覆盖范围的广阔性使得人们不论在城市还是乡村，在陆地还是空中，都可以收听得到。广播不受天气、交通、自然灾害的限制，尤其适合于一些自然条件比较复杂的地区。

（3）收听方式的随意性

收听广播最为简便、自由、随意。因为它不受时间、地点的限制，所以不管是白天还是晚上，不管你在哪里，也不管你在干什么，只要打开收音机，都可以收听广播的内容。科技的进步使收音机越发向小型化、轻便化发展，有的只有火柴盒大小。尤其是“随身听”这种为青年人所青睐的收听工具的出现，从某种程度上可以说，广播媒体可以为受众所随身携带。

（4）受众层次的多样性

印刷媒介对受众文化水准、受教育程度的要求较高，而广播可使文化程度很低甚至不识字的人也能听得懂广告的内容，所以广播媒体的受众层次更显出多样性。尤其是在我国，文化教育事业还不是很发达，仍有很多文盲和半文盲，而这一部分人又是任何广告主都无法忽视的消费群体。要想针对他们发挥广告的告知与说服功能，广播是非常合适的广告媒体。

（5）制作成本与播出费用的低廉性

广播广告单位时间内信息容量大、收费标准低，是当今最经济实惠的广告媒体之一。同时，广播广告制作过程也比较简单，制作成本也不高。

（6）播出的灵活性

因为广播广告是诸多媒介中制作周期最短的，所以广告主要根据竞争对手的举动来调整自己的战术行动，快速做出反应。广播广告是最为方便、最为得心应手的工具。而报纸和电视广告除了制作较为复杂以外，刊播时段和版面一般都比较紧俏，需要提前预订。而广播广告在安排播出和调整时段上相对比较容易，比较灵活。

（7）激发情感的煽动性

广播靠声音进行传播，诉诸人的听觉，它能给听众无限的想象空间，这也正是广播的魅力所在。广播广告的特色正是通过刺激人的听觉感官，帮助收听者产生联想，因为广播的声音是实在的、具体的，特别容易撩拨人的心弦，煽动人的情绪，而广告也常在这种情形中不知不觉地完成其传达与说服的功能。

但是，广播广告也有稍纵即逝、传播方式单一等不足之处。技术上突破，采取“市场导向”式的商业化经营方式，及时把所有地点的变动播出。最突出的一点是音色优美，再现“原音”。

4. 电视媒体

1）感染力强。电视媒体既有图像，又有声音，形象生动，感染力强，适宜做企业的形象广告。这是电视的最大优点。

2）受众范围广。男女老少，各层次的消费者都接触电视，不像报纸和杂志有特定的读者群。

3）市场反应快。短期内的大量播出可以在几天内就将企业的知名度提高到一定水平。

4）深入家庭。电视是以家庭为单位收看的，家庭成员在收看电视时可以互相交流，对于家庭消费品或需要家庭成员共同决策的产品，电视媒介是很有效的。

5）时间较短。一般只有5～30秒（直销广告和专题片除外），有些则更短，很难传达更多的产品信息，只适宜做形象广告。

6）广告片制作成本高。因此，一个企业的电视广告片往往一年甚至更长时间才更换一次，应变性较差。

5. 网络媒体

网络指的是全球性的信息系统。网络可以比任何一种方式都更快、更经济、更直观、更有效地把一个思想或信息传播开来。因此，在当今社会，计算机互联网已经成为与报纸、杂志、广播、电视并行的第五大媒体。

网络媒体指的是建立在电子技术和网络传媒基础之上发挥传播功能的媒介的总和。

自 1994 年 10 月 4 日，美国著名的《热线杂志》首开网络广告先河以来，网络广告就迅速席卷欧美大陆，成为当今欧美国家最为热门的广告宣传形式，并且正在迅速地扩展到世界其他国家和地区。

中国的第一个网络广告出现在 1997 年，直到 1999 年才初具规模。现在，随着网络用户的增多，电子商务的迅猛发展，网络广告也以高速度阔步向前。

网络的主要特征有以下几种：

（1）小众媒体

互联网作为一个媒介，有一些非常特殊的性质，就是说，它不是一个大众媒体，而是承担一个小众媒体的角色。作为小众媒体上的广告，必须深入研究目标受众群体的心理需求，才能有的放矢，达到预期的广告目标。

（2）互动性

网络广告的互动性决定了网上的旗帜广告和电视广告不一样，电视广告可以强迫收看，这天这个节目很有趣，节目播到一半，广告时间进来你非看不可，这多少可以保证观众看到。但是，上网的网民上一个网站的时候，他们是有目的的，可能要查一个股票的信息，或者其他，那个在页面上闪来闪去的东西，常常不看。所以，要深入研究消费者的心理，充分吸引网民的无意注意。

（3）超大信息容量

一般而言，一个网站下面会有上十或数十乃至数百个网页。网页信息采取非线性文本形式，通过链接方式将不同的网页互相链接起来，组合成一个有机的整体，更为关键的是，网络广告所负载的信息可以由广告受众自主选择，随心所欲。消费者强烈的主动性及强大的信息量就要求我们要深知消费者的需要及根据不同类型消费者对信息进行分类，以便使广告受众深入点击，获取更多的广告信息，提高广告的效率。

（4）付费性

对于作为互动广告的网络广告而言，能不能吸引人到站点是非常重要的，因为网络广告的受众是自己花钱上网来看广告的，除非广告具有十足的吸引力和亲和力，能引起受众的极大兴趣，他们才有可能参与进来。

（5）吸引有意注意程度

网络广告是一种非强迫性传播，它不像电视、广播、报纸、户外广告等具有强迫性，想方设法吸引人们的视觉和听觉，将有关信息塞进受众的脑子打动人们的无意注意。网络广告作为一种传播活动，毫无疑问要吸引人们的无意注意，吸引人们在信息的海洋中注意它、点击它，但它独特的交互性主要吸引的是人们的有意注意，并力求调动人们的自觉性和主动性。一句话，在一般媒体上，广告找人看；在网络媒体上，人找广告看。所以，吸引消费者有意注意的程度水平是评价一则网络广告心理效果的重要指标。

（6）引起兴趣，满足需要程度

互联网是一个分众媒体，它提供的是一种双向的沟通方式，并能将信息按照用户的个人情况和需求进行个人化定制。人们在互联网上是一种自助的信息消费行为，信息的选择和使用完全按照用户个人的兴趣和需要而决定。只有引起消费者的兴趣，满足消费者的某种现实需要或潜在需要的网上广告信息才能一步步吸引消费者深入点透，接受广告信息。因此，是否引起消费者的兴趣，满足消费者的需要是关系网络成败的一个重要因素。

（7）易辨认，易识别程度

网络广告最根本的特性是互动性，互动性广告的重心应在于互动信息的传递。超大信息容量是网络广告优于传统媒体广告的一个十分突出的特点。一般而言，一个网站下面会有上十个乃至数百个网页。面对庞大的信息量，如何使消费者辨认、理解这些信息，提取自己所需要的信息，这也是评价一则网络广告不可或缺的指标。

（8）信息的针对性、亲和力

网络互动广告一对一模式就要求信息传播的个人化，让每个接触广告的人都感受到广告产品是专门为自己准备的，让广告信息走到每个人身边来，贴近每个人的心，想其所想，爱其所爱。因此，广告信息是否有针对性，富有个性，是否具有亲和力，应是网络广告心理效果测评系统中的一个重要指标。

（9）引起在线购买程度

网络广告是一种针对目标市场进行广泛劝说的传播活动，和其他大众传播方式相比，网络广告有更明确的广告对象，另外网络技术可以帮助广告主选择用户、跟踪用户，多方面掌握用户资料，然后有的放矢，对症下药，因此，可望成为一种最富针对性的促销行为。网络作为一种全天候、全球性的市场交流媒介，它不仅能建立品牌认知度，还能吸引人们来仔细打量一种产品，促成购买，并提供售后服务和售后支持。所以，网络广告是否能引起人们的直接在线购买行为，也是评价网络广告的重要指标。

9.3 实现广告效果的心理策略

9.3.1 广告设计的要求

广告设计是指在广告定位的基础上，在一定的广告主题范围内，进行广告整体构思的活动。广告设计是形成关于广告表现的基本概念的过程，是广告制作的依据。为了把广告的意念和目标在极其有限的时间和空间里，有效地传送给广告受众，必须运用广告可以使用的各种手法进行谋划和安排。

1. 积累素材

广告作品的构思建立在众多的具体素材的基础上，这些素材包括客观事物中的实物或图片，也包括来自创作者头脑中存在的客观事物的形象。在广告构思中，作为创作的心理素材积累起来的是留在人们脑海中的记忆表象。

2. 创造形象

在构思过程中，不仅仅是要回忆和再现相关的表象，更主要的是对这些表象进行整理加工、改造更新，最终形成新的形象。新形象的创造可以通过以下途径获得：

（1）创造性

综合要有创造性，即将不同形象的有关内容组合成一个完整的新形象，这个新形象具有自己独特的结构，并体现了广告的主题。不同形象的组合是经过精心策划的、有机的结合，而不是简单的凑合、机械的搭配。

（2）跳跃性

合成要有跳跃性，即把不同物体中的部分形象，通过设计者跳跃性的思维方式进行合成，形成一个以往不曾有过的全新的形象；或者把两件并不相关的物品，融合在一个画面里，使人们产生视觉失衡的冲击感。

（3）渲染性

渲染性突出能使人们对广告推介的商品加深印象，利用各种手段进行渲染，以突出其所具有的某种性质，在此基础上塑造出新形象。

（4）想象性

在某些广告画面的构思和表现手法中，常使用在画面上一定的空间留出空白的手法。这一空白虽非形象的塑造，但却能给人依据画面的其他部分展开想象的空间，进而感受空白之处所没有表现的内容。

3. 再造想象

对于广告接受者虽未遇到过的事物，依据广告作品的描述在人脑中形成相应形象的过程，就是再造想象。丰富的再造想象可以产生丰富的联想。

凭借再造想象，人们可以在一定程度上领会广告所描绘的产品性能、用途等信息，并由此唤起一定的情感体验。一个富有创意的好的广告形象设计，应该使受众通过再造想象结合自己固有的表象去补充发挥，使原有商品在心目中变得更加完美。

9.3.2 增强广告效果的心理方法

1. 引起注意

在广告设计中充分应用注意的心理功能，是提高广告效果的重要环节。根据注意的产生因素及其特点，广告要吸引和维持顾客的注意，一般可采用如下方法：

（1）增大刺激物的强度

刺激物具有一定的强度，会引起人的注意。在广告设计中，我们可以有意识地增大广告对顾客的感觉刺激效果和明晰的识别性，使顾客在无意注意中引起强烈的注意。例如，在广告中采用鲜明强烈的色彩或光线，能把商品本身及其有关方面真实地表现出来，形象鲜明，生动有力，会有效地刺激顾客的视觉和听觉，使其心理处于一种积极的、兴奋的状态之中，引起较大的注意。

（2）加大刺激元素间的对比

刺激物中各种元素的对比也容易引起注意。在一定限度内，这种对比度越大，人对刺激物形成的条件反射越显著。在广告设计中，可以有意识地处理各种刺激物的对比关系和差别，提高顾客对广告的注意程度。例如，画面布局上采用动静对比和空白对比，图案的大小对比和色调对比，色彩与光线的明暗对比和强弱对比、音响与语调的节奏对比和高低对比、语言文字的长短对比和轻重对比等。除广告本身各元素的对比外，还应注意与周围环境对比，做到黑白相衬、红绿相映、浓淡相间、高低交错，把广告要宣传的商品突出出来，提高广告记忆的效果。

在对比的方法中，异质刺激和动态刺激效果较为显著。异质的刺激能更强烈地吸引顾客，使之注意力更为集中。例如，在浅绿色的画面上，突出鲜红色的图案、文字；在较暗的屏幕上，突然显示亮度较大的商品形象，都能抑制某些刺激物而集中加强另一刺激物，引导顾客注意力的指向。动态的刺激对顾客的吸引也是很大的。例如，广告中忽明忽暗的光线，忽隐忽现的图案，这些刺激物的层次变化与运动状态，都能增大顾客对广告的注意效果。

（3）运用刺激物的运动变化

顾客的大脑在受到动态广告刺激时，其心理活动总是处于积极、兴奋、活跃状态之中。所以，动态的广告画面可以激发顾客的兴趣，在其他条件基本相同的条件下，处于动态的物体比处于静态的物体更能引人注意。例如，一亮一熄的霓虹灯广告，图案不断变化的灯箱广告，布置得动中有静与静中有动的橱窗广告等，都比单调的静态广告效果更好。

（4）力求刺激物的新奇性

新奇有趣的构思，可以在引起顾客注意后进一步激发其兴趣。例如，新颖奇异、情调动人的广告图案，出人意料的表现形式，别具匠心的标题等，都能产生较强的吸引力，激发极大的兴趣而增加注意力。如果广告毫无新意，平淡而无味，陈旧而老套，顾客就会感到茫然，不会引起注意或难于维持注意。当然，构思的创见性与奇异性也应该注意顾客的知识经验，假若过于离奇、抽象，难于为顾客所理解，也不能维持注意。

（5）增强刺激物的感染力

有意识地加大刺激物的感染力，以激发顾客对广告信息的兴趣，是维持注意力的支柱。富于艺术的加工、诱人关心的题材等，都能增强广告的感染力。

富于艺术的加工是广告制作中吸引顾客，激发其兴趣不可缺少的要素。它包括创造完美的色调、字样、造型、构图、言词和意境。通过色调的浓淡搭配，构图虚实疏密的处理，使广告商品具有较强的真实感、整体感和立体感，突出重点。经过艺术加工的广告能使顾客在艺术与美的欣赏和享受中，深刻而鲜明地感知广告的主体。在实践中，善于塑造产品的艺术形象，通过概括、提炼、修饰和适度夸张变形，把商品的自然形象加工为艺术形象，赋予广告以较强的生命力与感染力，这样才能引起顾客的共鸣和兴趣。

任何一个广告题材，如果不在某种程度上满足顾客当前或未来的欲求，就不可能成为顾客注意的对象，即使广告本身的艺术形象具有引起注意的特点，也不能起到较持久的作用和达到预想的广告效果，因此，诱人关心的题材，具有更强的吸引力、号召力与推动力，是维持广告较长时间的注意和留下深刻印象的重要条件。在广告设计中，选择与创立适合顾客心理欲望的广告题材，并把题材思想生动地体现在顾客面前，是加强广告效果的重要心理方法。

2. 启发联想

一个成功的广告，总是经过细致的素材加工和形象塑造，利用事物之间的内在联系，用明晰巧妙的象征、比拟的表现手法，激发有益的联想，去丰富广告的内容，加强刺激的深度与广度的。因此，在广告设计中，有意识地增强广告激发联想的效果，是不可缺少的心理方法。

（1）形象法

形象法即利用顾客熟悉的某些形象来比喻和提高广告商品的形象。例如，一度流行的明星广告，正是利用影视明星来宣传商品，其效果远远高于普通人物形象的广告。

（2）暗示法

暗示法也称暗喻法，即通过语言或画面创造出一种耐人寻味的意境，给顾客留下宽广的联想空间。

（3）反衬法

反衬法即广告商品不直接对准传播对象，而以其他方法来表现广告商品，以此影响真正的传播对象。

（4）讲述法

讲述法即利用文字或画外音，叙述一个传说或典故，来意指广告商品的名贵和历史悠久。

（5）比喻法

比喻法即利用某些恰到好处的比喻来宣传商品或劳务。例如，某推销眼镜的广告写道，眼睛是心灵的窗户，使人更加注意眼睛的保护。

（6）对比法

对比法即利用同类商品的优劣和利用同一商品前后不同效果的对照比较。但须注意广告中的对比法切不可以采取诋毁其他商品信誉的做法。

广告联想的心理方法是以广告宣传所产生的联想为手段，借以加深顾客对广告商品的认识与了解。在广告中，要发挥联想的心理功能，必须充分研究广告指向市场的消费习惯、消费水平和消费趋势；掌握广告指向消费对象的普通心理与个别心理，了解他们希望什么，顾虑什么，欢迎什么，反对什么等，有针对性地创造各种易于激发联想的广告因素，使广告信息的联想效果适应消费对象或购买对象的知识经验和美好欲求，令其信服、向往、愉快，刺激产生有益的共鸣和情感冲动，使之确立消费或使用的信心和决心，导致消费行动。

3. 增进情感

（1）信任感

信任感就是广告通过自身的媒介行为，使顾客已激发起的信赖心理传导至所宣传的商品或劳务之上。信任的基础在于真实，广告促成顾客信任感的渠道一个是权威人士的科学评价或赞许；另一个是顾客使用后反馈的现身说法。某些广告中的“誉满全球”“驰名中外”等的堂皇用语，其效果往往适得其反。

（2）安全感

消除顾客对商品的不安全心理，增强心理安全感是广告宣传的重要内容。安全感一般可分为商品使用过程中的安全感和商品使用后的安全感。例如，电器产品使用中是否漏电就属于使用过程中的不安全心理；食品、药品、农副产品等，顾客往往关心使用后是否会出现不安全因素，如药品的副作用等。因此，广告宣传中，不仅要宣传商品本身，而且要介绍该商品的使用效果。

（3）亲切感

广告宣传如能给顾客以“关心、爱护、体贴”的心理感觉，便很容易产生某种亲切感，形成“自己人效应”。亲切感能使顾客加深记忆，达到增强信任的目的。现代广告用语多注意给顾客以体贴入微的感觉。

（4）美感

在广告设计中，应巧妙地运用整齐一律、平衡对称、色调和谐、光纤对比等美学手段，使顾客对广告产生“一见钟情”的心理感觉，才能使广告成为供人欣赏的艺术佳作。在广告宣传中，动态美与静态美、欢快美与稳重美、抒情美与滑稽美、平静美与起伏美等，对不同商品、不同宣传对象产生的心理感受是完全不同的。

（5）好奇感

好奇心理是人们认识事物、探求真理的一种内在驱动力，是一种大众心理。广告宣传如果能诱发顾客的好奇心，使顾客产生尝试和探求的欲望和动力，便会产生某种特殊的心理效果。

4. 强化记忆

对于广告信息的记忆，是顾客思考问题的必要条件。广告的视听觉元素，如果难以记忆，其刺激功能就不能充分发挥，广告的效果就不理想。因此，在广告设计中，有意识地增强易于顾客记忆的效果是非常必要的。

记忆包括的范围比较广泛，按其对象来说，有对感知形象的记忆，对语词概念的记忆，对体验过的情绪记忆和习惯动作的运动记忆。顾客在视听广告的过程中，正是通过这几种记忆的共同作用接收、储存和提取有关信息的。记忆的个体差异往往可以反映在顾客不同的购买行为上，也可以反映在顾客对广告信息接收的不同效果上。因此，根据记忆的特点及其个性差异，采取有效的方法，正确发挥记忆在广告过程中的作用，不仅能加强顾客接收、储存和提取有关经济信息，还能刺激其先前经验痕迹的活跃，促进购买欲望。

（1）减少材料数量

大脑对不同的记忆材料，其记忆量是不同的。米勒用实验证实的平均水平为：短时记忆的容量为五至九个组块，即在刺激快速呈现的条件下，大脑能短时记住的数量最多为九个组块，最少为五个组块。因此，我们在设计广告时必须考虑到大脑的记忆能力，注意广告的简洁性，不要一次陈述过多的信息，以易于记忆。

例如，送礼就送脑白金；晶晶亮，透心凉！这些广告词字数都为五至九，在顾客的短时记忆容量内，减少了他们的记忆负担，从而提高了顾客对广告的记忆效果。

（2）适当加以重复

认知心理学关于记忆的研究表明：外界信息必须经过复述才能进入长时记忆。复述是短时记忆信息存储的有效方法，可以防止短时记忆中的信息受到无关的干扰而发生遗忘。

对于广告而言，最关键的就是重复性。在广告宣传中，有意识地采取重复的方法，反复刺激顾客的视觉听觉，加深有关信息的印象，延长信息的储存时间，是惯用的心理策略。但是，重复必须是适度的、有所变化的。研究表明：在短期内，集中重复可以使广告回忆达到峰值，但是，一旦广告中止，回忆成绩便急剧下降。如果广告分配在较长时间内，则回忆分数就不会出现急剧下降的现象。因此，当广告目标是新推出的产品时，应该采取在时间上的密集型策略，即连续地播放广告，而且间隔的时间尽量短；当顾客对该产品已经有一定的熟悉程度后，广告的时间间隔可以适当拉大；而对知名品牌来说，广告的作用主要是防止顾客遗忘该品牌，所以就不需要太密集的广告，间隔时间可以适当长点。

纯粹接触效应表明，个体能够接触到某一外在刺激的机会越多，且不必刻意引起注意或有意地强化，个体对该刺激就越喜欢。广告商可以通过巧妙增加广告的出现次数，促进顾客对商品的喜好，从而激发其购买欲望。

（3）增进理解

利用直观的、形象的信息传递，增强顾客对事物整体形像的记忆。在广告中，有意识地采用实物直观和模拟直观，以及语言直观进行信息的直观表达，不仅可以强烈地吸引顾客的注意，还可以使人一目了然，增强知觉度，提高记忆效果。例如，展示商品的实物照片、服务环境的模拟图像等，都可以使顾客对有关信息留下深刻的记忆表象。

利用简短易懂的词语高度概括广告内容，提高信息接收和储存的效率。精练的、易于理解的词语，在一定条件比之形象更易于记忆和保存。因此，在广告设计中，要使视听大众迅速而深刻地感觉与牢固地占有广告信息，充分利用词语的概括能力与反映能力是必不可少的。

广告心理方法的应用必须遵循经济规律，坚持实事求是的态度，发扬我国特有的民族风格，反映新时代的特征，有利于培养人们高尚的精神境界和良好的社会风气，把心理性、思想性、民族性、艺术性、科学性有机地统一起来。不能采取弄虚作假或运用某些低级庸俗的色情刺激来增大广告的吸引力。

9.4　广告效果的顾客心理测定

9.4.1　广告效果测定的意义和内容

1. 广告效果测定的意义

广告的效果测定就是运用科学的方法，对广告全过程中的每个工作环节进行鉴定，评价起质量和效果。

通过广告效果的测定，可以提高制定广告活动计划的水平，争取更好的广告效益；可以改进广告设计，制作出更好的广告；可以促进广告业务的发展。

2. 广告效果测定的内容

广告效果的测定是对整个广告活动过程的效果的测定，其主要内容包括：

1）广告活动过程效果的测定，即对广告调查、广告策划、广告创意表现、广告实施的评价。

2）广告要素效果的测定，即对广告信息、广告作品、广告媒体的评价。

3）广告目标效果的测定，是指对整个广告活动结束之后的效果测定。这是广告效果测定的最主要的内容，是对广告经济效果、心理效果和社会效果的最终评定。

广告的经济效果主要是根据广告产品在市场上的占有率、销售量及使用状况的记录资料与同期广告量进行分析比较，以时间系列或相关分析来把握广告的总体效果；广告的社会效果主要是对广告活动所引起的对社会文化、教育等方面的作用进行的综合测定；广告心理效果的测定主要包括感知程度、记忆效率、思维状态、情感激发、态度转变的测定。

9.4.2 广告效果测定的方法

广告效果测定的方法有很多，这里介绍几种在实际工作中较常用的方法。

1. 直接评估法

直接评估法就是邀请专家、学者或顾客代表来评定广告的效果。一般利用广告评价单进行，根据得分评价其是否是好广告。广告评价单见表 9-1。

表 9-1 广告评价单

评价 项目	权数 （A）	广告作品的水平（B）										评分 C（C=A×B）
		0	1	2	3	4	5	6	7	8	9	
引起注意的程度	0.2											
对宣传重点的认识	0.2											
对内容的了解	0.1											
引起兴趣的程度	0.1											
对产品好感程度	0.1											
引起的购买行为	0.2											
唤起的潜在需求	0.1											
合计	1.0											

评分等级：8～10 为最佳广告；6～8 为优等广告；4～6 为下等广告；0～2 为最差广告。

2. 心理效果测定法

（1）等级评分法

等级评分法就是让顾客对广告进行打分，然后根据分数评判优劣。

（2）直接提问法

直接提问法就是向顾客直接提出有关涉及广告内容的问题，并征询意见。

（3）态度测量法

态度测量法就是向人提出许多问题，并附上多种答案，请他选择，然后根据他的回答推测其态度。

3. 认知测试法

让顾客看一份广告，再问他有没有见过，对顾客进行分类，并计算百分比。测定百分比后再用公式计算出广告效率。例如，报刊广告的阅读效率：

报刊广告阅读效率＝报刊的发行总量×每类读者的百分比÷所支出的广告费用

4. 认知实验测试法

认知实验测试法大多采取不同的距离、亮度和时间的变化，将广告向被测试者发布，试探他所产生的认知程度，从而可以在广告中灵活掌握广告的发布方式。

5. 记忆测试法

广告心理效应记忆测试法有很多，不同的项目有不同的要求，也有不同的测试方法。为促成人们的购买行为，广告必须能给人们留下记忆。

6. 实地调查法

实地调查法就是通过开展实地调查研究，测定广告的到达率、注意率、有效率和行动率等。到达率就是广告媒体与顾客的接触率情况；注意率指广告受到注意的程度；有效率指通过广告，有多少人对广告产品产生了好感和购买欲望；行动率指广告最终导致了多少购买行为的产生。

知识拓展

广告效果测定应注意的问题

1. 广告投入要与广告效益直接挂钩

广告效益高低直接影响到企业销售的业绩，直接影响到企业扩大再生产的能力。无论广告活动规模的大小，都应该注意广告投入与广告效益直接挂钩。每次广告效果的测定都是一次总结经验教训的过程，因此，对广告效果的测定要有正确的认识。

2. 对广告效果的测定应该客观公正

在广告测定时，不能主观片面，只有客观地分析影响广告效果因素间复杂的关系，才能对广告活动的效果加以科学的测定。

3. 对广告效果测定的标准要适宜

广告效果的测定既要定量统计，又要定性分析，一个适当的测定标准会使广告效果的测定工作变得简单易行。

职业素质养成训练

可口可乐的弹出式广告

情感化的商业性网络传媒广告不仅要能引起消费者的注意、产生情感，还要尽可能地使消费者在短时间内记住其主要内容。可口可乐公司在网络上发布的新款“雪碧”饮料的弹出式广告，舞蹈画面和“透心凉，心飞扬”的广告语让广告显得轻松、简捷、健康、跃动，从而在炎炎夏日给顾客带来清凉、爽心之感，深深打动消费者，让大家难以忘怀，激发其购买欲望。

思考：

体味这个广告之妙处。组织学生以“如何看待广告的商业价值，提升职业成就？”为主题的演讲，教师提示与指导。

本 章 小 结

在现代生活中，广告宣传、广告手段的合理使用及对社会生活的影响，使其成为顾客心理学研究的重要组成部分。

本章重点把握如下内容：广告的类型与心理功能、实现广告效果的心理策略。广告的四大心理功能：注意功能，记忆功能，联想功能，诱导功能。

练 习 题

一、单项选择题

1．某推销眼镜的广告写道：眼睛是心灵的窗户，用的心理方法是（　　）。

A．形象法　　B．暗示法　　C．讲述法　　D．比喻法

2．消费者对商品的外在形状、大小和颜色的记忆类型是（　　）。

A．情绪记忆　　B．形象记忆　　C．感觉记忆　　D．短时记忆

3．下列不属于杂志广告特点的是（　　）。

A．针对性强　　B．保存期较长　　C．传播迅速　　D．宣传效果好

4．利用影视明星来宣传商品，用的心理方法是（　　）。

A．形象法　　B．暗示法　　C．讲述法　　D．比喻法

5．利用同类商品的优劣或同一商品前后不同效果的对照比较，用的心理方法

是（　　）。

A．对比法　　B．暗示法　　C．讲述法　　D．比喻法

二、多项选择题

1．POP广告的突出特点包括（　　）。

A．直观　　B．亲切　　C．热烈　　D．价廉物美

E．风格突出

2．强化记忆的心理方法有（　　）。

A．减少材料数　　B．适当加以重复　　C．增进理解　　D．安全感

3．广告的心理功能有（　　）。

A．注意功能　　B．记忆功能　　C．联想功能　　D．诱导功能

4．一般将广告媒体划分为（　　）三大类。

A．视觉媒体　　B．听觉媒体

C．视听两用媒体　　D．电视媒体

5．包装广告是利用包装商品的（　　）等包装物直接对顾客进行宣传的一种广告形式。

A．包装纸　　B．包装袋　　C．包装盒

三、判断题

1．广告不仅对广告主有利，而且对目标对象也有好处。（　　）

2．吸引消费者有意注意的程度水平是评价一则网络广告心理效果的重要指标。（　　）

3．狭义的广告仅指经济广告，是指不以营利为目的的广告。（　　）

4．珠宝首饰适合在展示架展示。（　　）

5．短期POP广告是指使用周期在一个季度以内的POP广告类型。（　　）

四、思考讨论题

探讨增强广告效果的心理方法。

第 10 章 营业服务与顾客心理

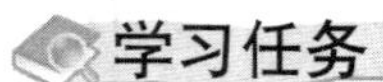

学习任务

1. 知识目标

1）理解仪表仪容的含义及其对顾客店堂购买心理的影响、顾客拒绝购买态度形成原因和类型、顾客抱怨的重要意义和原因。

2）把握顾客对营业员仪表仪容的心理要求、接待顾客的心理策略、抱怨处理的方法和技巧。

2. 实操目标

能展示良好的仪容仪表，接待顾客和处理顾客抱怨规范有效。

3. 职业素质目标

树立把顾客服务放在首位，最大限度为顾客提供规范化、人性化的服务，满足顾客需求的理念。

案例引入

案例 1 有一位穿梭于各个城市做生意的“空中飞人”，经常入住酒店，此人有个习惯，就是睡觉的时候喜欢“高枕无忧”，因为酒店的枕头都不高，总是要用另一张床上的枕头垫在自己的枕头下面才能睡得着。有一次他入住一家酒店，第一天晚上的“高枕无忧”像往常一样自己动手。而第二天晚上回到酒店的时候，却发现了一个小小的变化：枕头变了，下层是一个普通枕头，上层是一个散发淡淡药香的保健枕头，而且比普通枕头要高。从此，他只要到了这个城市，就会入住那家酒店，而且还介绍朋友入住。

点评：洞悉并满足顾客的需求，带给顾客的又何止是一次的满意和惊喜。

案例 2 潜在客户：“你们卖的这台复印机的功能，好像比别家要差。”

销售人员：“这台复印机是我们最新推出的产品，它具有放大缩小的功能、纸张尺寸从 B5 到 A3；有三个按键用来调整浓淡；每分钟能印 20 张，复印品质非常清晰……”

潜在客户：“别家复印机有六个刻度，能调整复印品的浓淡，副本品质比您的要清楚得多了……”

销售人员：“大多数企业的复印机非由专人操作，不少员工都会去复印，因此调整浓淡的过多，员工不知如何选择，常常造成误印。本品牌的复印浓度调整按键设计有三个，一个适合一般的原稿，一个专印颜色较淡的原稿，另一个专印颜色较深的原稿。”

经销售人员这样一说，客户的异议获得了化解，并最终达成了交易。

点评：这个例子告诉我们，由于顾客对商品缺乏了解，产生拒绝购买心理，针对这样的情况，销售人员要细致做好商品的解释说明工作，努力改变顾客的认知，促进交易的达成。

10.1 仪表仪容对顾客心理的影响

提供优质服务，获得最佳业绩是商店营业员的使命，而良好的仪表、仪容无疑也是企业形象最好的宣传和广告。作为联系企业与顾客的纽带，如果营业员有一副端庄的仪表、得体的打扮、大方的举止，再加上真诚自然、富有亲和力的服务，顾客肯定会对营业员产生良好的印象，并接受其推荐的产品。

10.1.1 仪表仪容产生的顾客心理效应

1. 仪表的含义及修饰的原则

（1）仪表的含义

仪表是人的外表的综合，它包括人的形体、容貌、健康状况、姿态、举止、服饰、风度等方面，是人的外在体现。风度是指接人待物时的举止行为，是一个人的德才学识等各方面的内在修养的外在表现。风度是构成仪表的核心要素。

（2）仪表修饰的原则

生活中人们的仪表非常重要，它反映出一个人的精神状态和礼仪素养，是人们交往中的“第一形象”。天生丽质，风仪秀整的人毕竟是少数，然而我们却可以靠化妆修饰、发式造型、着装佩饰等手段，弥补和掩盖外在容貌、形体等方面的不足，并在视觉上把自身较美的方面展露、衬托和强调出来，使形象得以美化。成功的仪表修饰一般应遵循以下的原则：

1）适体性原则。要求仪表修饰与个体自身的性别、年龄、容貌、肤色、身材。体型、个性、气质及职业身份等相适宜和相协调。

2）时间（Time）、地点（Place）、场合（Occasion）原则，简称 TPO 原则。要求仪表修饰因时间、地点、场合的变化而相应变化，使仪表与时间、环境氛围、特定场合相协调。

3）整体性原则。要求仪表修饰先着眼于人的整体，再考虑各个局部的修饰，促成修饰与人自身的诸多因素之间协调一致，使之浑然一体，营造出整体风采。

4）适度性原则。要求仪表修饰无论是修饰程度，还是在饰品数量和修饰技巧上，都应把握分寸，自然适度，追求虽刻意雕琢而又不露痕迹的效果。

2. 仪容和仪容美

（1）仪容的含义

仪容通常是指人的外观、外貌，其中的重点则是指人的容貌。在人际交往中，每个人的仪容都会引起交往对象的特别关注，并将影响到对方对自己的整体评价。在个人的仪表问题中，仪容是重点中的重点。

（2）仪容美的含义

仪容美包括以下三个方面：

1）仪容自然美。它是指仪容的先天条件好，天生丽质。尽管以相貌取人不合情理，但先天美好的仪容相貌，无疑会令人赏心悦目，感觉愉快。

2）仪容修饰美。它是指依照规范与个人条件，对仪容实行必要的修饰，扬其长，避其短，设计、塑造出美好的个人形象，在人际交往中尽量令自己显得有备而来，自尊自爱。

3）仪容内在美。仪容内在美指通过努力学习，不断提高个人的文化、艺术素养和思想、道德水准，培养出自己高雅的气质与美好的心灵，使自己秀外慧中，表里如一。

在这三者之间，仪容的内在美是最高的境界，仪容的自然美是人们的心愿，而仪容的修饰美则是仪容礼仪关注的重点。要做到仪容修饰美，自然要注意修饰仪容。修饰仪容的基本规则是美观、整洁、卫生、得体。真正意义上的仪容美，应当是自然美、修饰美、内在美三个方面的高度统一。忽略其中任何一个方面，都会使仪容美失之偏颇。

（3）仪容美的基本要素

仪容美的基本要素是貌美、发美、肌肤美，主要要求整洁干净。美好的仪容一定能让人感觉到其五官构成彼此和谐并富于表情；发质发型使其英俊潇洒、容光焕发；肌肤健美使其充满生命的活力，给人以健康自然、鲜明和谐、富有个性的深刻印象。但每个人的仪容是天生的，长相如何不是至关重要的，关键是心灵的问题。从心理学上讲每一个人都应该接纳自己，接纳别人。

3. 仪表仪容与顾客心理

营业员的仪表仪容是商店的一种软环境，影响着顾客对商店的整个外部购物环境和内在管理水平的评价。仪表仪容对顾客心理的影响具体表现在以下几个方面：

（1）仪表仪容反映商店的整体形象

现代企业都十分重视树立良好的形象，商店也不例外。商店形象取决于两个方面：一是提供的产品与服务的质量水平；二是员工的形象。在员工形象中，员工的仪表仪容是最重要的表现，在一定程度上体现了商店的服务形象，而服务形象是商店文明的第一标志。营业员工作的特点是直接向顾客提供服务，来自各地的顾客会对营业员的形象留下很深的印象。顾客对商店员工“第一印象”是至关重要的，而“第一印象”的产生首先来自于一个人的仪表仪容。良好的仪表仪容，会令人产生美好的第一印象，从而对商店产生积极的宣传作用，同时还可能弥补某些服务设施方面的不足；反之，不好的仪表仪容往往会令人生厌，即使有热情的服务和一流的设施也不一定能给顾客留下好的印象。因此，为了向顾客提供优质服务，使顾客满意，商店营业员除了应具备良好的职业道德、广博的业务知识和熟练的专业技能之外，还要讲究礼节礼貌，注意仪表仪容。注重仪表仪容美是商店员工的一项基本素质。

（2）良好的仪表仪容体现了员工的自尊自爱和积极工作的精神面貌

爱美之心人皆有之，每一个商店营业员都有尊重自我的需要。作为一名商店的营业员，注重自身仪表仪容，不仅能从个人形象上反映出良好的修养与蓬勃向上的生命力，而且还会受到客人的称赞和尊重，从而对自己良好的仪表仪容感到自豪和自信，进一步体现了营业员的自尊自爱。如果衣冠不整、不修边幅、憔悴潦倒，只能让他人认为是生活懒散、作风拖沓、责任感不强、不尊重别人的人。

（3）注重仪表仪容体现出满足顾客的需要

注重仪表仪容是尊重顾客的需要，是讲究礼节礼貌的具体表现。每个人的仪表仪容，无论有意无意，都会在对方心理上引起某种感觉，或使人轻松愉悦，或给人以美感，或使人感到别扭而不舒畅。如果尊重顾客，就应该通过仪表仪容来体现对顾客的重视。仪表端庄大方，整齐美观，就是尊重顾客的具体体现。在整个商店活动过程中，顾客都在追求一种比日常生活更高标准的享受，这里面包含着美的享受。

商店营业员的仪表仪容美在服务中是一种礼貌，也是一种尊重，能够引起顾客强烈的感情体验，在形式和内容上都能打动顾客，使顾客满足了视觉美的需要。同时客人在这种外观整洁、端庄、大方的服务人员中，感到自己的身份地位得到应有的承认，求尊的心理也会获得满足。

（4）仪表仪容美有利于调协人际关系

“人不可貌相”这句话虽有道理，但是人的外表在待人处事中所起到的作用是不容忽视的。一个人的仪表仪容在人际交往中会被对方直接感受，并由此而反映出个性、修养以及工作作风、生活态度等最直接的个人信息，将决定对方心理的接受程度，继而影响进一步的沟通与交往。因此，从某种意义上讲，仪表仪容是成功的人际交往的“通行证”，在一定程度上满足了人的爱美、求美的共同心理需求。

商店营业员整齐、得体的仪表仪容，以其特殊的魅力在一开始就给顾客留下美好的印象，常常会使顾客形成一种特别的心理定势和情绪定势，无论在工作还是生活中，都会产生良好的社会效果。

（5）仪表仪容反映了商店的管理水平和服务质量

营业员的仪表仪容反映出一个商店的管理水平和服务水平。在当今市场竞争激烈的条件下，商店的设施、设备等硬件已大为改善，日趋完美。这样，作为软件的服务人员素质对服务水平的影响就很大了。而服务人员的仪表仪容在一定程度上反映了服务人员的素质。一个管理良好的商店，必然在其营业员的仪表仪容和精神风貌上有所体现。形象代表档次，档次决定价值，价值产生效益，这是一个连锁反应的循环圈。

10.1.2 顾客对营业员仪表仪容的心理要求

1. 仪表仪容的心理要求

顾客对营业员仪表仪容的心理要求，用一句话可表示为：营业员仪表仪容要符合规范，即营业员在岗时的容颜、态度、服饰、装扮以及姿态、言谈举止等方面要符合标准和规定。具体来说，顾客对营业员仪表仪容的心理要求体现在以下几个方面：

（1）仪容端庄

所谓仪容端庄，就是要求营业员要注意自己的仪容美，而这美是符合生活习惯、符合营业员工作的职业特点的。具体地说，就是要有健美的体态容貌，精神饱满，讲究清洁卫生，能给顾客以美、健、洁、雅的良好形象。

营业员健美的体态容貌，对顾客有着一定的影响力。精神饱满，衣着整洁，往往给顾客以安全、卫生和愉快的感觉。顾客受到这样的营业员接待，就能放心地购买其销售的商品。相反地，如果营业员萎靡不振、蓬头垢面，顾客便会产生不快之感，将会让顾客产生厌恶心理。

虽然，良好的体态容貌与先天的条件有关，但是我们强调的是要求营业员通过后天的努力锻炼与修饰，即一方面通过体质，促进健美体态的形成；另一方面讲究容貌修饰，一定要符合生活习惯，才能给顾客以朴素自然、健康向上、精神焕发的美感。如果无视生活特点，如男营业员烫发留长胡须，梳怪发型，女营业员浓妆艳抹，便会给顾客以不伦不类、庸俗颓废的心理感觉，使之见而生厌，望而却步。

此外，营业员还要养成良好的个人卫生习惯，要做到勤洗手、勤剪指甲、勤洗澡、勤理发，男性勤刮胡须，勤洗换工作服。养成上岗前不喝酒和吃带有强烈异味的食物，不随地吐痰，不用手挖鼻孔、捏鼻涕、抓头发的习惯。

（2）装扮得体

所谓装扮得体，就是要求营业员在上岗时，服饰穿着要整洁合体、美观大方，与工作环境、工作特点、个人体型等协调一致，和谐统一。

营业员的服饰穿着要求衣冠端庄、美观大方、舒适自然，能给顾客一个清新明快、朴素稳重的视觉印象，从而产生各种不同程度的信任感，促进购买活动的进行。反过来，如果营业员穿着褶皱不堪，印有污迹、污垢的工作服，就会给顾客一个极不雅观的印象，导致顾客不愿与他（她）交谈，不愿请他（她）帮助选购商品，从而抑制顾客的购买欲望，损坏商店的声誉。

营业员的服饰穿着要符合卫生要求；工作服穿着合体，色调一致；工号牌要佩戴整齐规范；耳环、戒指、项链要符合要求，不要戴手镯，不能戴有色眼镜；不准穿着拖鞋或把鞋穿成拖鞋状上班。

（3）举止文雅

所谓举止文雅，就是要求营业员在经营服务过程中，在体态动作、气质、风度等方面，表现出大方、端庄、有礼、富有教养，显现出素质高、修养好的雅洁形象。

营业员的举止主要包括站立、行走、拿递、展放和接待顾客时迎客、介绍、答询、道别等的行为。营业员举止文雅的具体要求如下：站立时总体来说要有一种挺、直、高而自然的感觉；行走时，要矫健、轻快、稳重、不慌不忙；拿递商品时，要准确、敏捷、双手递送，物品正面朝向顾客、轻拿轻放，并附言“这是您所需要的东西”或“您看，这是您所需要的东西吗”；招呼顾客，要心诚语悦，面带微笑，声音清晰；介绍商品，要态度诚恳，叙说得当，声音和缓；同顾客道别，要彬彬有礼，语调亲切。

同时，手势也是店员举止中不可缺少的动作，一个恰如其分的手势，能增进顾客对所介绍商品的性能、特点、功能的理解，也能起到活跃气氛、增强感染力、刺激顾客购买欲的作用。为顾客指引到其所需物品的位置时应走在顾客斜前方一米左右（一般为左前方），并伸手做出请的动作（伸出的手势为掌心朝上，并拢的四指所指的方向为指示顾客所去的方向），并附言“请跟我来”或“请随我来”“请这里走”。同时还应注意，不可用手指、头部或物品为顾客指示方向。用手指示方向时，要使手臂伸直，四指并拢，大拇指自然弯曲，掌心内侧向上。

（4）谈吐得体

谈吐得体就是要求营业员与促销员在接待顾客的时候，能针对不同类型的顾客，使用适合的语言，很有分寸地交谈。

具体要求如下：使用普通话，请字当头、谢字结尾，禁说服务忌语，在谈吐的措辞、语调、表情等方面，能够清晰准确，快慢适度，充满诚挚善意，富有感染力和说服力。

（5）面带微笑、精神饱满

微笑是一种愉快心情的反映，也是一种礼貌和涵养的表现。同时，微笑更是增进交流、促进沟通的重要工具。营业员的微笑看起来要亲切、自然、真诚。

具体要求：做到微笑自然、语气和蔼、情绪饱满、精神集中，姿态与语境合适。

2. 营业员的站姿及其要求

（1）常见的站姿（参见图10-1）

1）为人服务的站姿。为人服务的站姿俗称“接待员的站姿”。显而易见，在自己的工作岗位上接待服务对象时，营业员可以采用此种站姿。站立之时，身前没有障碍之物挡身、受到他人的注视、与他人进行短时间交谈、倾听他人的诉说等，都是采用这种站立姿势的良好时机。采用为人服务的站姿时，头部可以微微侧向自己的服务对象，但一定要保持面部的微笑。手臂可以持物，也可以自然地下垂。在手臂垂放时，从肩部至中指应当呈现出一条自然的垂线。小腹不宜凸出，臀部同时应当紧缩。它的最关键的地方在于：双脚一前一后站成“丁字步”，即一只脚的后跟靠在另一只脚的内侧；双膝在靠拢的同时，两腿的膝部前后略为重叠。这一站姿看上去较为优雅，故而也为不少人拍照时所采用。

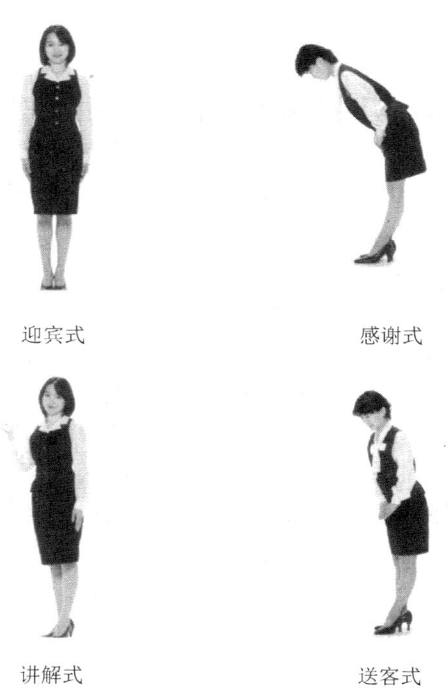

图 10-1　几种常见的站姿

2）柜台营业员待客的站姿。柜台营业员待客的站姿，亦称为“长时间站姿”“障碍物挡身时的站姿”或稍息。当一个人长时间持续不断地采用基本站姿之后，他的身体再好，难免也会感到疲惫不堪。在柜台之后站立，经常就会碰上这一情况。在情况允许时，正确地采用柜台待客的站姿，便可以使营业员稍作休息。采用柜台待客的站姿，技巧上有五个重点：

一是手脚可以适当地进行放松，不必始终保持高度紧张的状态。

二是可以在一条腿为重心的同时，将另外一条腿向外侧稍稍伸出一些，使双腿呈叉开之状。

三是双手可以通过指尖朝前的做法轻轻地扶在身前的柜台之上。

四是双膝要尽量地伸直，不要令其出现弯曲。

五是肩、臂自由放松，在敞开胸怀的同时，一定要伸直脊背。

兼顾上述五点，营业员采用柜台待客的站姿时就可以算是完美无缺了。不可否认的是，采取此种站姿，既可以使营业员不失仪态美，又可以减缓其疲劳。

3）恭候顾客的站姿。恭候顾客的站姿，又称“等人的站姿”或“轻轻的站姿”。当营业员在自己的工作岗位上尚且无人接待，或者恭迎服务对象的来临时，大都可以采用这种站立的姿态。它的最大特点，是可以使站立者感到比较轻松、舒适。不过，当服务对象已来到自己面前，尤其是在自己的下半身并无屏障挡身，或是对方是自己的重要客人时，最好不要采用此种站姿。采用恭候顾客的站姿时，需要注意的重要之点如下：双脚可以适度地叉开，两脚可以相互交替放松，并且可以踮起一只脚的脚尖。即允许在一只脚完全着地的同时，抬起另外一只脚的后跟，而以其脚尖着地。双腿可以分开一些。肩、臂应自然放松，手部不宜随意摆动。上身应当伸直，并且目视前方。头部不要晃动，下巴须避免向前伸出。采用此种站立姿势时，非常重要的一点是叉开的双腿不要反复不停地换来换去，会给人以浮躁不安、极不耐烦的印象。

（2）合理选择站姿

营业员在接待服务对象或者为其提供具体的服务时，在保持基本站姿的基础上，依照本人的实际情况或工作的实际需要，对自己站立的具体姿势，可灵活适当地进行变化。但有三点必须予以高度重视：

1）在工作岗位上稍做变化的站姿，亦有其一定之规必须遵守。变化之后的站姿，实际上仅有少许的调整而已，并非是变得面目全非。所以在采用变化的站姿时，不允许营业员完全随心所欲。

2）在工作岗位上采取变化的站姿，主要是为了适应某些特殊需要，短时间略作变通。不要忘记，它毕竟对基本站姿有所变更，因此并不十分正式。如果说基本的站姿是站姿的“本”，那么变化的站姿就算是站姿的“末”，本末是万万不可倒置的。在较为正规的场合，营业员还是应当尽可能多地采用基本站姿。

3）在工作岗位上以变化的站姿面对他人时，营业员必须慎记：万变应不离其宗，以礼待人这一服务礼仪的主旨千万不要被忘却。采用变化的站姿尽管比采用基本的站姿看上去稍显一些轻松随意，但是讲究基本的礼节、礼貌依然是广大营业员时时刻刻不宜忽视的。在服务行业里，允许营业员相机酌情采用的变化的站姿主要有为人服务的站姿、柜台待客的站姿、恭候顾客的站姿、交通工具上的站姿，等等。

营业员在采用这些被允许采用的变化的站姿时，务必要符合它们所提出的特殊的要求。

知识拓展

微笑服务，享誉全球

美国沃尔玛零售公司是世界500强企业，它的微笑服务享誉全世界。在微笑服务上，他们有一个“统一规格”——店员对顾客微笑时必须露出八颗牙齿。当然，商店并不要求营业员都要露出八颗牙齿才算是真正的微笑，但“三米之内见微笑”确实应是商店企业文化的重要构成之一。什么样的微笑才是合格的呢？那就要使我们的微笑看起来亲切、自然、真诚，只有发自内心的微笑才算是合格的微笑。那么，如何才能做到发自内心地微笑呢？一是要保持良好的工作情绪。轻松愉快的工作情绪会让人一天工作顺畅，所以营业员在上岗之前为自己化妆时，不要忘了为自己的心情也化一个漂亮的妆。二是在工作岗位上，营业员应该尝试着把每一位顾客都当作自己的朋友，当作一个亲近的人来认识、尊重，这样就会很自然地发出会心的微笑。

10.2 接待与服务对顾客心理的影响

10.2.1 顾客店堂购买心理

顾客各有各的特点和习惯，另外，购物的具体情况不同，顾客购物心理也各不一样。男性的购物心理同女性的不一样；年老的同年少的不一样；讲究实惠的同讲究时髦的不一样；热衷于大众化的同讲究人性化的也不一样。因此，营业员很有必要仔细地研究“上帝”的购物心理。

1. 求美心理

顾客在选购商品时不是以使用价值为目的，而是特别注重商品的品格和个性，强调商品的艺术美。其动机的核心是讲究“装饰”和“漂亮”，至于商品的价格、性能、质量和服务等方面的因素都排在次位。主要消费对象为城市年轻女性。

2. 求名心理

顾客在选购商品时，特别重视商品的威望和象征意义。商品要名贵，牌子要响亮，以此来显示自己地位的特殊，或炫耀自己的能力非凡，其动机的核心是“显名”和“炫耀”，同时对名牌有一种安全感和信赖感，觉得质量信得过。主要消费对象为成功人士和城市的青年男女。

3. 求实心理

顾客在选购商品时一点儿也不强调什么商品的美观悦目，而是十分注重朴实耐用，其动机的核心就是“实用”和“实惠”。主要消费对象为家庭主妇和低收入者。

4. 求新心理

顾客在选购商品时特别追求款式和流行样式，追逐新潮。对于商品是否经久耐用，价格是否合理，从来不大考虑。这种动机的核心是“时髦”和“奇特”。主要消费对象为追求时髦的青年男女。

5. 求廉心理

顾客在选购商品时，特别计较商品的价格，喜欢物美价廉或削价处理的商品。其动机的核心是“便宜”和“低档”。主要消费对象为农村顾客和低收入阶层。

6. 攀比心理

顾客在选购商品时，根本不是由于急需或必要，而是仅凭感情的冲动，存在着偶然性的因素，总想比别人强，要超过别人才好，以求得心理上的满足。其动机的核心是争强斗胜。主要消费对象为儿童和青少年。

7. 癖好心理

顾客在选购商品时，根据自己的生活习惯和爱好，倾向比较集中，行为比较理智，可以说是“胸有成竹”，并具有经常和持续性的特点。他们的动机核心就是“单一”和“癖好”。主要消费对象为老年人和某一方面的爱好者。

8. 猎奇心理

所谓猎奇心理，是特别注重对新奇事物和现象产生注意和偏爱的心理倾向，也俗称好奇心。在猎奇心理的驱使下，顾客大多喜欢新的消费品，寻求商品新的质量、功能、花样、款式、享受、乐趣、刺激等各种新奇的特性。主要消费对象为儿童和青少年。

9. 从众心理

女性在购物时最容易受别人的影响，如许多人正在抢购某种商品，她们也极可能加入抢购者的行列，或者平常就特别留心观察他人的穿着打扮，别人说好的，她很可能就下定决心购买，别人若说不好，则很可能就放弃。主要消费对象为女性。

10. 情感心理

一般来说，女性比男性具有更强的情感性。女性的购物行为很容易受直观感觉和情感的影响，如清新的广告、鲜艳的包装、新颖的式样、感人的气氛等，都能引起女性的好奇，激起她们强烈的购买欲望。

11. 儿童心理

儿童由于其生理和心理的特点所决定，在购物时具有显著的特点：

1）特别好奇，凡是新奇有趣的东西都能对他们产生强烈的诱惑力。

2）稳定性差，儿童的消费纯属情感性的，对一种事物产生兴趣快，失去兴趣也快。

3）极强的模仿性，小伙伴有什么，自己也想要。

10.2.2 接待顾客的步骤及心理策略

1. 接待顾客的步骤

接待顾客是一门艺术。商品营业员在接待顾客时，不仅要讲究服务态度，还要有针对性地采取恰当的步骤。接待步骤的实施也就是商品销售的过程，它有时是短暂的，有时是长时间的，有时只需要少数几个步骤，有时则需要多个步骤，这些步骤有的是简单的，有的是复杂的。

（1）“迎客”或“准备”

“迎客”或“准备”作为接待顾客的第一步，已成为大家的共识。“千里之行，始于足下”，这一步既然是接待顾客的起点，就显得非常重要了。作为接待顾客的第一步，它不仅明确了商店营业员在重复、复杂、交叉的销售过程中，或者是在每一个相对独立的销售活动中，应该先干什么，而且也为后面的步骤奠定了基础，这一步省略了或走不好，势必影响后面步骤的顺利进行。

在顾客未到之前或暂时没有顾客时应该明确以下两个方面的事项:

1）抓紧时间做好商品、用品等的整理、准备工作。这在开架式销售占主体地位的今天，更是应该做好销售辅助工作。这一点现实中大多数营业员都能做到，但还存在两个问题，一是借此机会松懈精神，不管有没有顾客，也不管顾客要不要接待，只管埋头做销售准备工作；二是以此为理由慢待顾客，对需要接待和服务的顾客，不论其急还是不急，一律让他们等一等，待做好了销售辅助工作才去接待他们。

为解决这两个问题，营业员应认识到在当今的“买方市场”下，自己的“一不注意”就有可能失去顾客。为此，营业员就是在做销售辅助工作时，也应保持注意力集中，做到时刻以接待顾客为中心，一旦发现有顾客“临柜”，就应马上中止其他工作，进入“临战状态”，随时准备迎接顾客，绝对不能以任何借口而贻误迎接顾客。

2）站在合适的站立位置上。在开架销售的情况下，营业员选择站立位置时应综合考虑以下三点：

① 有利于看管好自己的商品。开架销售给顾客带来了方便，却给营业员看管商品带来了难度，站立位置不对，就有可能出现视觉上的死角，不能全面看管商品。

② 有利于观察顾客。这是在上一点的基础上的侧重，也是商业上的一句老话“进门三相”的要求。“临柜”的顾客不一定都是购买者，这就需要营业员做好观察和判断工作，以分清谁是有既定购买目的的顾客，谁是前来巡视商品行情的顾客，谁是前来参观浏览或者看热闹的顾客，以确定如何接待。这一点做不好势必影响下一步的接待服务工作。

③ 有利于接近顾客。由于没有柜台的阻拦，顾客可以从“四面八方”进入营业员的销售区，在营业员不是足够多的情况下，站立位置不对，势必造成营业员的过于集中或过于分散，出现“无人区”，从而影响需要及时接近的顾客，使其感到营业员怠慢他。一般来说，营业员之间的站立距离应保持在一至三米，小于一米就有营业员的“扎堆”之嫌，或营业员安排得过多；大于三米要么是“扎堆”引起的，要么是营业员安排得过少。实践中还要根据商品的大小、顾客容易集中购买的位置等综合考虑。

（2）打招呼

简单的一个招呼非常重要，第一个印象往往会影响人与人之间日后的交往。营业员应随时准备向进入服务范围的顾客主动打招呼，因为这是顾客进入店堂建立印象的第一次机会，尽管这位顾客可能是某营业员接待的第一百位顾客，但该营业员却可能是他在店内遇到的第一个营业员。

营业员等待顾客时要尽力避免以下现象的发生：①和同事闲聊；②靠着柱子或箱子，思想开小差；③阅读报纸、杂志；④远离自己所属范围；⑤打哈欠；⑥四处张望；⑦失神地处理货品或单据，连顾客来到眼前也不知道。

同时，营业员也要准确把握打招呼的时机，并注意行为有礼且得当：①第一次眼神接触；②打招呼时，要有礼貌、诚恳，时间把握须恰当自然，令顾客知道你已留意到他的存在，同时乐意为自己提供帮助，令顾客觉得你欢迎和重视他，这样会给他留下一个良好的印象；③打招呼切忌太刻意和过于热情，否则只会产生反效果；④打招呼后，可退站一旁，保持适当（约两米）距离，让顾客随意参观，但须留意顾客的反应，如态度、语气、表情等，以决定应作什么反应来满足顾客的需要。

（3）商品介绍

1）留意及掌握销售时机。介绍商品给顾客的时机要适当。当顾客与朋友讨论某货品、顾客把货品重复观看或者顾客触摸某货品时营业员可向顾客介绍货品。

要设法找出顾客的需要，营业员可通过以下方式来找出顾客的需要：向顾客提出问题以引导他说出所需货品、细心聆听、留意顾客的身体语言、做出购买热销商品的提议等。

2）分析顾客的购物动机。顾客的购物动机有经济实惠、舒适且手感好、功能优越（非化学、无污染）、可增加个人吸引力、被广告吸引、方便及实用等。

3）展示货品的优点。营业员可先介绍货品的特点，包括性能、面料、颜色、款式、产地等，然后将这些特点转变成能满足顾客购物动机的优点及对顾客的好处，并通过顾客亲身体验使用该货品的方式，使顾客更清楚该货品的使用，从而增加顾客的购买欲。

（4）处理顾客异议

并非每宗交易都能毫无阻碍地进行，遇到顾客对所介绍的货品提出异议时，营业员应先了解顾客拒绝购买的原因，然后才以专业的态度做出回应。例如，对于顾客认为产品贵，营业员应作如下解释：我们的产品有品牌，这是好的，质量有保障，售后服务好，物有所值等。本步骤的具体内容将在 10.3 中详细阐述。

（5）附加推销

要准确把握附加推销的要点。营业员附加推销的某些货品要与顾客刚选购的货品是相配衬的，且尽量利用公司的宣传小册子或促销单来向顾客推介，切记不可过于催迫。

要充分认识附加推销的好处。对顾客来说，更加方便，可于短时间内选购适合的货品，省却日后配衬的烦恼；对公司来说，可以增加销售额以及产品多元化的口碑；对店员来说，可以赢取顾客的信心，增加工作上的满足感，得到上司的赞赏。

（6）道别

无论顾客有没有购买货品，一个友善、礼貌的道别必能对其留下深刻印象，并吸引他再次光临或为你介绍其他的顾客。

对已购物的顾客道别时要注意：①多谢顾客购买公司货品；②告诉顾客所购买件数和价钱；③指示顾客到收银处付款；④当顾客付款时，把所买货品包好放进购物手袋内，等顾客回来提取；⑤双手把货品交给顾客，鼓励顾客参观公司其他部门；⑥欢迎下次光临。

对没有选购商品的顾客道别要注意：①微笑、眼神接触；②告诉顾客有关公司或货品的新动向，如“什么时候会有新货到。可能有你所需要的款式（或尺码），请再次光临”提示顾客再来选购；③欢迎下次光临。

2. 接待顾客的心理策略

（1）接待顾客的原则

作为一名优秀的营业员，要时刻牢记营业员的工作职责就是满足顾客的需求，并必须牢记以下对待顾客的三大原则：

1）营业员应保持愉快的情绪，以便能热情主动地接待顾客。情绪低落时要及时调整，否则最好避免工作，以免得罪顾客。

2）营业员应对顾客怀着感激的心。有礼貌地对待顾客，即使是对刁蛮的顾客，也决不能流露出反感的表情。

3）当顾客不讲理时，营业员要忍让。营业员绝不能贪图逞一时口舌之快而得罪顾客，不能和顾客发生冲突。不然，就要付出失去顾客的惨痛代价。

（2）接待不同顾客的心理策略

零售商店要求营业员要研究和体察顾客的购买心理，针对不同类型的顾客，采取不同的接待顾客的方法。

1）对顾客购买心理要采用综合研究的方法。顾客的购买心理包括以下几个过程：

① 注视。当顾客注意观看某种商品或伫立观看某广告牌的时候，售货员应注意观察顾客在留意什么商品，以此来判断顾客想购买什么。

② 兴趣。当顾客走近某种商品同时又用手抚摸某类商品时，反映顾客对某种商品产生购买兴趣。这时要向顾客打招呼说“您来了”，并且说“请您随便挑选……”，随后观察顾客的购买意图。

③ 联想。要使顾客联想到购买了某种商品后使用时的方便和愉快的心情等，营业员应主动介绍使用某种商品如何方便以及穿用这个商品时心情愉快等。

④ 欲望。进一步促进顾客购买的欲望。营业员举出某顾客买了某种商品后的实例，以促进顾客购买的欲望。

⑤ 比较。在顾客挑选商品时，营业员应主动介绍某种商品的质量和性能等，以便于顾客比较。

⑥ 决定。最后顾客通过比较决定购买某一种商品。

2）营业员对顾客购买心理综合研究后，针对以下七种不同类型的顾客，应采取对应的接待方法，促使其决定购买某种商品。

① 慎重型。这类顾客在选购材料、食品或其他商品时，都是挑挑这个选选那个，拿不定主意。对于这类顾客，营业员不能急急忙忙地说“您想用点什么啊”，而应该拿出两种以上的商品来，以温和的态度对比介绍。

② 反感型。对营业员的介绍，尽管你介绍的都是真实情况，他也认为是说谎骗人，这类顾客属于对营业员介绍商品抱不信任态度的顾客。对于这类顾客，营业员不应抱着反感，更不能带气来对待顾客。

③ 挑剔型。属那种对于介绍的商品“这个也不行那个也不是”比较挑剔的顾客。营业员对待这种顾客不要加以反驳，而要耐心地去听他讲，这是最好的办法。

④ 傲慢型。经常在你跟前摆来摆去的，意思好像在说：“我是顾客啊!” 营业员如果稍稍表现不耐烦或者没有面对着顾客，他就要发怒地脱口说出：“喂，要接待顾客。”对于这类顾客，年轻的营业员会感到不愉快。但是，为了接待好其他顾客，最好采取镇静沉着的态度。

⑤ 谦逊型。当你介绍商品时，他总是听你作介绍，并且说：“真是这样，对，对。”

对待这样的顾客，不仅要诚恳有礼貌地介绍商品的优点，而且连缺点也要介绍。例如，有的牙齿不太好的顾客购买食品，不仅要介绍某种食品味美价廉的优点，而且连“稍稍有点硬”等缺点也要一并介绍。这样就更能取得顾客的信任。

⑥ 常识型。一般来说，这类顾客最好接待，他们讲礼貌，有理智。营业员只需用自己的理智和友好的态度去回报顾客就行了。

⑦ 闲逛型。有一些顾客来到商店，并没有什么明确的目的，只是闲来没事随便逛逛，可能最后什么也不买，也很可能因一个偶然的因素会导致他们购买。对于这一类顾客，营业员应该采取随和的态度，不要刻意去推销商品，如果顾客产生了兴趣，再适时地提供服务。

营业员要在经营过程中细心观察研究顾客的购买心理，针对不同的心理类型，采取不同的措施，做好服务工作，帮助顾客出谋划策，使顾客高兴而来，满意而归。营业员学会接待不同类型的顾客，就向成功目标迈进了一大步。

10.2.3　便利服务和售后服务的心理效用

1. 便利服务

（1）便利服务的心理效用

当零售服务供不应求时，服务递送系统造成瓶颈及效率不足，就可能会怠慢顾客，导致顾客反感，造成顾客的流失。因此，商店要为顾客减少时间成本、体力成本、精力成本、心理成本而提供各种便利，从而创造美好的购买体验。

（2）便利服务的种类

从国外的经验来看，商店至少可以为顾客提供四个方面的便利：

1）进入便利，即要让顾客很方便地与商家进行往来。首先，零售企业的选址起着关键的作用，应该选择位于人口密集、交通便利的地段；其次，营业时间也影响顾客的进入便利，所以，零售企业要尽可能延长营业时间；再次，通过提高服务效率，如电话订货、网上服务、特快专递服务等也可以为顾客创造进入的便利性。

2）搜寻便利，即要让顾客很容易找到自己所需要的产品。浪费顾客的时间和精力是商店经营中普遍存在的通病，所以商店在产品布局、场地布置、通道线路上要合理，要根据顾客的时间价值来进行设计，以方便顾客选购和识别。

3）占有便利，即要让顾客能够很快地得到自己所选购的产品。这就要求商家存货合理，交货及时快捷，送货上门或上门安装。商店还要努力提高服务人员的技能和积极性，必要时增加员工或兼职雇员，或者通过外部合作与互助协议来预备不时之需。

4）交易便利，即要让顾客能够自由选择现金交易或者网银、第三方支付、移动支付等互联网支付形式，很快且很容易地完成交易。

2. 售后服务

（1）售后服务的心理效用

即使是最优秀的企业也不能保证永远不发生失误和引起顾客投诉。因而，有效地处理顾客的抱怨、解决出现的问题，才能够保持顾客的满意度和忠诚度。一项调查表明，如果顾客的投诉没有得到企业的重视，2/3 的顾客会转向该企业的竞争对手处去发生购买行为。

（2）售后服务的内容

商品出售后，仍可能会有问题产生，因此售后服务主要完成以下工作内容：

1）顾客不懂得如何使用商品，要求解释和提供咨询。

2）顾客发觉规格型号不合适或外观不合心意而要求换货。

3）店员把错误的商品交给顾客，因而要求更正。

4）顾客发现商品有瑕疵或损坏而要求更换。

5）对于一些商品的保养和维修事宜，要求帮助。

（3）售后服务的提供

遇到这些货品出售后的问题，营业员应保持友善、热忱而积极的态度。

1）要向顾客解释商品的使用方法。

2）要向顾客了解更多问题，以便掌握相关资料信息。

3）要根据公司政策及步骤帮助顾客。

4）如非职权范围内所能办到，应及时报告上司。

5）如不知道怎样处理，应马上找同事或上司帮忙。

营业员友善、热忱的售后服务态度会给顾客留下良好印象，体现了商店对顾客的关怀，容易缓解顾客焦急烦躁的心情。友善、热忱的态度有时可以弥补商品质量上和维修技术上的不足。

职业素质养成训练

学生分组进行营业员和顾客的角色扮演。让同学们分组进行营业员、顾客的角色扮演，其中营业员要完成接待、商品介绍、倾听、问题解决等流程，并注意微笑、眼神交流、赞扬用语和礼貌用语的合理使用；顾客要能体现其购买心理，并对商品提出异议。通过情景模拟，作为营业员，让学生学会如何在服务过程中向顾客传递积极有效的信息，提供优质的服务，从而获得顾客的满意、留住顾客、赢得顾客的忠诚；作为顾客，学会如何明确地表达自己的消费需求等。

思考：

营业员、顾客的扮演者在情景模拟中的表现还有哪些方面可以有所改进。

10.3 顾客购买态度的分析与转化

10.3.1 拒绝购买态度的形成与类型

1．顾客拒绝购买态度形成的原因

在接待过程中，有时会出现这样的情况：不管营业员怎样解释，顾客要么沉默，一言不发；要么述说商品不好，一口回绝。怎样对待顾客拒绝购买的态度？这是对营业员能否取得成功的严峻考验。营业员一定要正确对待顾客拒绝购买的态度，并要细致地做好耐心说服的工作。顾客拒绝购买态度形成的原因主要有以下几个方面：

1）顾客对商品缺乏了解及操作使用知识。

2）顾客未确定对某商品是否真正需要。

3）商家或营业员所提供的信息资料有误。

4）商品价格太贵，超过顾客的购买能力。

5）对营业员的服务态度或商品知识掌握情况不满意。

2. 顾客拒绝购买态度的类型

顾客的拒绝购买态度有强有弱，归纳起来，可分成三类：

（1）一般性拒绝

所谓一般性拒绝，主要是顾客在做出决定时，未经深思熟虑，带有很大的盲目性。他们的态度是在已具有一定的购买欲望的基础上产生的。其原因是注意力未能集中指向商品，从而对商品缺乏稳定的见解，造成购买信心不足。

（2）彻底性拒绝

彻底性拒绝主要是指顾客经过理性思考后做出的拒绝购买决定，这种态度十分干脆。彻底性拒绝产生的原因主要有三点：一是顾客根本没有需求欲望；二是推销员的服务或商品的某些方面与顾客的心理要求相差太远；三是顾客带着偏见来认识商品，对商品的品质、性能极不信任等。

（3）隐蔽性拒绝

隐蔽性拒绝主要是指顾客出自某种心理需要，不愿说出拒绝购买的真正理由，而用别的理由加以掩饰。产生这种拒绝态度大多是受自尊心理的需要所致，如有人对商品价格昂贵，想买但经济上承受不了，却不愿意说明，而用“颜色不合适啦”“不是我这个年龄的人用的啦”等非真实理由加以拒绝；有的是对产品缺乏了解，又不愿意让人看出自己对商品认识低下的知识水平；有的是出于购买欲望不强烈，而又不愿意表露出来，只好用其他原因加以掩饰等。

10.3.2　拒绝购买态度的转化

营业员工作的艰巨性，就表现在做顾客态度的说服工作上。从常理讲，一个人一旦形成一种观点、一种态度，就会持续一段时间，很难一下子改过来。俗话说：“铁杵磨成针，功到自然成。”只要营业员树立信心，有决心，采取多种恰当的方法来做好顾客的说服工作，就一定能取得满意的效果。例如，可以通过帮助顾客了解或确定自己的真正动机来改变态度，也可以利用行为规范化，宣传售后服务措施等加以说服。总之，具体问题还需具体分析。

1. 针对一般性拒绝的顾客

营业员应以热情而负责的态度，着重向他们输送更多的商品知识，特别是对商品的某些疑虑，重点进行解释说明，以增加对商品的认知能力，改变其对商品的印象。

2. 针对抱有彻底性拒绝态度的顾客

营业员要以极大的耐心，着重弱化其拒绝的强度，转移注意目标，引导新的需求。彻底性拒绝往往是经过深思熟虑后做出的最终决定，要转化这种态度十分困难。因此，对这类顾客，如果认为还有可能改变态度的话，则应尽力而为；如果已属无望，则应引导顾客转移注意目标，探索其需要和兴趣，据此向他们介绍其他类似商品，诱发新的需求，同时，还可热情地说“请您再到别家商场看看，或许能碰上满意的商品等”，使其对企业与服务有良好的印象，为以后的购买奠定基础。

3. 针对抱有隐蔽性拒绝态度的顾客

营业员应尊重其心理需要，不要揭露其隐蔽的原因，同时要设法增强其购买信心。隐蔽性拒绝的原因因人而异，比较复杂，且多具隐蔽性，难于直接了解和观察，但抱这种态度的顾客具有一定的购买要求，只要正确引导，则有希望改变其拒绝态度。对于隐蔽性拒绝，不应去争执顾客拒绝购买的理由，但也不要盲目附和，而应耐心细致地解释，同时要信心十足地提示商品的物理性能和心理功能，增强顾客的购买信心。

营业员无论是改变哪一种顾客，在其说服过程中，态度要诚恳，语言要中听，表情要自然，使顾客体会到一切都合乎情理，毫无矫揉造作之感，自觉地改变原有的消极态度。反之，如果顾客感到推销员是在有意说服他，就会产生戒备心理，不易达到改变顾客拒绝购买态度的目的。因此，营业员注意说服的方式方法是非常必要的。

10.3.3 处理顾客抱怨

顾客抱怨的处理是指在服务过程中由于经营者的服务水平引发顾客的不满，而采取一系列平息不满、维持满意的方法。高品质的服务旨在提高顾客的满意度和忠诚度，最大限度地减少顾客的抱怨。处理顾客抱怨是弥补服务的缺失，是维持顾客满意、防止顾客流失的最后一道防线。

1. 妥善处理顾客抱怨的重要意义

及时而妥善地处理好顾客的抱怨、维护顾客的满意度和忠诚度对商家来说具有重要意义，也值得每一个营业员认真思考和积极对待。

（1）没有抱怨并不等于满意

对服务的不满，商店只能听到 4%的顾客的抱怨，96%的顾客保持沉默；对服务感觉不满的顾客中，有 91%今后将不再上门光顾你的生意。换句话说，25 个不满意的顾客只有一个顾客抱怨，说明真正抱怨的顾客只是冰山一角，经营者要提醒自己还有 24 个不满意而没有抱怨的顾客，要立即改善服务态度，提高服务水平。对于企业来讲沉默的顾客是企业最大的隐忧，是无法挽回的不满。

（2）顾客的满意度会影响其购买行为，立即改善要比久拖不决来得好

处理好顾客的抱怨，70%的顾客还会继续购买；如果能够当场解决，95%的顾客会继续购买的。

（3）一个不满意的顾客会把他不满的态度告诉其他人

不满意顾客中的 80%会告诉十个人，20%会告诉 20 个人。按照这样的算法，十个不满意的顾客会造就 120 个不满意的新准顾客，其破坏力是不可低估的，做企业要会算账。

（4）开发一个新顾客的成本是保有一个老顾客的五倍

商店服务的对象是顾客，守住老顾客开拓新顾客是企业永恒的主题。

2. 顾客抱怨产生的主要原因

1）服务人员的态度不好，这是造就抱怨的最主要原因。美国管理协会所做的一项调查显示：68%的企业失去顾客，原因就是服务态度不好。商品是死的，只有在商品里附加上人的情感，才使商品鲜活起来。交易表面上看是物与物的交换，其实质是人与人情感的交流和沟通。如果我们的营业人员学会用真情推销商品，善于与顾客交流，销售将是一件愉快的事。

2）顾客对商品不满意，这也是抱怨的重要缘由。所以完美的商品=好产品+好服务。100 件商品里头只要一件有瑕疵，对商家来说是 1%的过失，但对顾客来说是 100%的不满意。

3. 抱怨处理的方法和技巧

1）接待（招呼）顾客包括现场及电话，要及时、积极、热情，不要与其争辩。学会耐心倾听顾客的抱怨，营业员在消除顾客不满时，第一步就是要学会倾听，即聆听顾客的不满。聆听顾客不满时，须遵循多听少说的原则。营业员一定要冷静地让顾客把他心里想说的牢骚话都说完，同时用“是”“的确如此”等语言及点头的方式表示同情，并尽量去了解其中的缘由，这样一来就不会发生冲突，甚至是吵架。黄小姐到某百货商场去购买欧某品牌的眼部修复霜，到了那商场，导购说那一款今天卖完了，便推荐同一品牌的另外一款眼霜。可到了家中，黄小姐仔细阅读后才知道这一款是用于改善眼角鱼尾纹的，不是自己需要的那一款，便拿到该商场要求退货。导购一听是退货，脸色马上拉了下来，跟先前推销时判若两人，说：“化妆品是只要产品质量没有问题，顾客皮肤适用，不予退货的”。黄小姐一听也火了，“当初自己就不想要这一款的，你说什么一样的，非要推荐这个给我……”导购听了黄小姐的抱怨，心不在焉听着，满脸不屑一顾，这下可把黄小姐给激怒了，一定要见商场部门经理要严惩这个营业员。

2）顾客并非总是正确的，但让顾客正确往往是必要的，而且也是值得的。发现顾客需求，采用迂回战术。当顾客抱怨时营业员需要冷静倾听，不能用“先生，你不用对我吼……”“这是公司的规定……”等错误用语来进一步引发顾客不满情绪，当顾客不满缓解时，服务人员可趁机推介产品，用“我懂。我了解……，先生，你看……很不错的，适合你的……”等用语再次与顾客沟通。

3）查明原因、及时道歉，迅速处理顾客抱怨。要让顾客感到你对他的抱怨非常重视，不要用消极的态度去对待顾客。处理顾客抱怨时切忌拖延，因为时间拖得越久越会激发顾客的愤怒，而他的想法也将变得顽固而不易解决。所以，营业员在处理顾客抱怨时，不能找借口说今天忙明天再说，到了明天又说负责人不在拖到后天，正确的做法是应该立即处理，而且处理顾客抱怨的行动也应该让顾客明显地觉察到。例如，服务人员可以用焦急、紧张的神情感染顾客，或者隔一段时间就告之顾客事情处理的怎样，到了什么程度等，以平抚顾客的情绪，求得顾客对事情的理解。“这是公司的规定，我也没办法啊……”“今天我们有点忙，再说领导也不在，我看你还是明天再来……”“你先别急，我忙完了，等一下再给你处理……”等用语都会使顾客感觉在找借口拖延，正确的用语应该是“先生，稍等，我马上给你处理……”“你的……我们的技术人员正在给你检测，我再给你看一下，大约……时候可以好”。

4）巧妙应对情绪激动者——撤换当事人、改变场所、换个时间。当顾客对某个营业员的服务与解释感到强烈的不满时，便会产生一种排斥心理，假如该营业员继续按照自己主观的想法向顾客解释，顾客的不满与愤怒就会加剧。所以在此情况下，最好的方法是请该营业员暂时回避，找一个有经验、有能力、好人缘、职位高一点的主管，会让顾客有受尊重的感觉，有利于问题的圆满解决。同样顾客在情绪特别激动的情况下，往往采用大嗓门，想用高声压倒对方来证明自己有理。这时最好换个环境（或时间）跟顾客进行沟通，这样处理顾客的不满会更有效些。

5）站在顾客的立场，以便做出正确的判断，诚信解决问题。应以真诚、友好的态度对待顾客的抱怨与投诉，切忌面带怒色，甚至同顾客争吵，不要将顾客的抱怨视为对自己的指责与刁难。营业员在道歉时要有诚意，决不能口是心非，皮笑肉不笑，或只是任由顾客发泄，自己站在一旁傻笑，让顾客感到这个营业员在愚弄自己。因此营业员在处理抱怨时应该是发自内心的，不论顾客的抱怨合不合理，都应该向顾客表示歉意。

6）化解顾客的抱怨为产品的卖点。化顾客抱怨为卖点是一种积极的技巧。认真听取顾客的抱怨，甚至让顾客把窝藏在心理的所有怨气都发泄出来。即使顾客有错也不要责备他，可间接婉言指出，以维护其自尊心。营业员需要明确，与顾客进行胜负辩论毫无意义，即使服务人员最终在辩论中获胜，但后果却是失去顾客。营业员与顾客之间的关系如同镜子反射原理，服务人员以何种态度对待顾客，顾客也会以相应的态度对待服务人员。因此，服务人员需要以积极的心态处理顾客抱怨是关键。服务人员在销售中与顾客沟通的基本原则是：生意不成仁义在，与顾客做朋友。遇到顾客投诉较多的问题，要及时向公司（包括商场和厂家）反映。

本章小结

在市场经济条件下，商品的竞争就是服务的竞争。营业员是商店的形象和代表，是顾客满意的推动者，对于营业员来说，如何做好服务工作，不仅需要职业技能，更需要懂得服务礼仪规范、热情周到的态度、敏锐的观察能力、良好的口语表达能力以及灵活、规范的事件处理能力。怎样把顾客服务放在首位，最大限度为顾客提供规范化、人性化的服务，以满足顾客需求，是营业员面临的最大挑战。

本章要重点把握如下内容：仪表的含义、仪表修饰的原则、仪容和仪容美的含义、仪容美的基本要素；顾客对营业员仪表仪容的心理要求、顾客店堂购买心理；接待顾客的步骤和心理策略及原则、便利服务和售后服务的心理效用；顾客拒绝购买态度形成和类型及转化、妥善处理顾客抱怨的重要意义、顾客抱怨发生的主要原因、抱怨处理的方法和技巧等。

练　习　题

一、单项选择题

1．周小姐喜欢买很多漂亮的衣服，这属于（　　）购物心理。

A．求美心理　　B．求名心理　　C．求新心理　　D．攀比心理

2．对于（　　）的顾客，营业员应该采取随和的态度，不要刻意去推销商品，如果顾客产生了兴趣，再适时地提供服务。

A．挑剔型　　B．慎重型　　C．傲慢型　　D．闲逛型

3．接待顾客的第一步应是（　　）。

A．打招呼　　B．货品介绍　　C．处理异议　　D．迎客或准备

4．针对（　　）的顾客，营业员要以极大的耐心，着重弱化其拒绝的强度，转移注意目标，引导新的需求。

A．一般性拒绝　　B．彻底性拒绝　　C．隐蔽性拒绝　　D．无理由拒绝

5．（　　）是弥补服务的缺失，是维持顾客满意、防止顾客流失的最后一道防线。

A．广告宣传　　B．促销活动　　C．售后服务　　D．处理抱怨

二、多项选择题

1．成功的仪表修饰一般应遵循的原则有（　　）。

A．适体性原则　　B．整体性原则

C．适度性原则　　D．严肃性原则

E．时间、地点、场合原则

2．商家可以为顾客提供的便利有（　　）。

A．进入便利　　B．搜寻便利　　C．交易便利　　D．购买环境

E．售后便利

3．顾客的拒绝购买态度有强有弱，归纳起来可分成（　　）。

A．一般性拒绝　　B．隐蔽性拒绝　　C．彻底性拒绝　　D．无理由拒绝

E．随意性拒绝

4．对于情绪激动的顾客，可以进行巧妙应对的方式有（　　）。

A．傻笑不说话　　B．撤换当事人　　C．改变场所　　D．换个时间

E．请他离开

5．接待（招呼）顾客包括现场及电话，要做到（　　）。
A．据理力争　　B．冷处理　　C．及时　　D．积极
E．热情

三、判断题

1．仪表非常重要，它反映出一个人的精神状态和礼仪素养，是人们交往中的“第一形象”。（　　）

2．同男性相比，清新的广告、鲜艳的包装、新颖的式样、感人的气氛等，更能引起女性的好奇，激起她们强烈的购买欲望。（　　）

3．顾客总是正确的，所以当顾客抱怨时营业员需要冷静倾听。（　　）

4．介绍商品给顾客的时机要适当，当顾客与朋友讨论某货品、顾客把货品重复观看或者顾客触摸某货品时营业员可向顾客介绍货品。（　　）

5．对于闲逛型的顾客，营业员应该采取持之以恒的态度，努力推销所售商品。（　　）

四、思考讨论题

1．顾客对营业员的仪表仪容有哪些心理要求？
2．接待顾客可分为哪几个步骤？
3．如何对顾客的拒绝购买态度进行转化？
4．处理顾客抱怨的方法和技巧有哪些？

五、案例分析题

一位顾客打算购买一台传真机，以下是促销员和顾客的对话：

营业员：先生，您是要购买一台传真机在家里使用吗？

顾客：是的。

营业员：家里使用体积小一点儿比较好吧？

顾客：是的，不占地方最好。

营业员：我想不需要有太多的功能，免得花费太多的费用，您认为呢？

顾客：是的。

营业员：主要用在您办公室和家里？

顾客：是的，顾客间的联络大部分都使用办公室传真机，家里的只偶尔用到，主要还是传一些公司的资料。

营业员：嗯，功能越小，体积越小，且安装方便，故障少。是否只具有传送和接收的功能就行了？

顾客：对，只要能传、能收就行。

营业员：先生，这台 S－100 型家用传真机是目前体积最小、具有传送和接收功能的传真机，推出市场才一年半，品质相当稳定，安装、操作都非常方便，价钱也很实惠，

900 元，非常适合家庭使用，您看这台如何？

顾客：嗯，好的。

分析：

1．用学过的理论来分析该顾客属于什么类型？

2．针对上面的案例，分析一下营业员是如何成功地销售传真机的？

（**提示：**该顾客属谦逊型；营业员能诚恳有礼貌地介绍商品，积极建议，且并未给顾客造成任何心理压力，是营业员销售成功的关键。）

第 11 章 营业环境与顾客心理

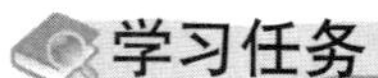

学习任务

1. 智商目标

1）理解店址的选择和招牌、店标、橱窗设计的方法。

2）熟悉商品陈列应考虑的因素。

3）把握如何利用视觉、听觉、气味等现场情境因素来激发顾客购买产品的欲望。

2. 实操目标

1）能进行简单的招牌与店标设计。

2）学会橱窗布置及商品的陈列。

3. 职业素质目标

1）培养善于观察影响顾客心理的营业环境因素的习惯。

2）树立良好的经营服务思想，努力为顾客创造良好的服务环境。

案例引入

逢年过节时，百货商场势必也因逢年过节的原因而随之会非常热闹，人头攒动，但空气也随之变得污浊。这样的情况下，假如一些商场为了节省电费不开空调，又不重视和改善商场的通风条件，那结果是可想而知了。事实上，只要花不多的必要电费，打开空调，让顾客在即便拥挤的环境下，也能感受舒适的温度和清新的空气，顾客在此商场滞留的时间自然就会延长，购物的概率也相应地随之增大，其效果一定会比仅为节省一点空调电费造成的后果强出无数倍。

情景式消费，正在以前所未有的速度热卷整个成都的家居市场。几乎所有去过红星美凯龙的顾客都明确表示了对这个卖场的喜爱，除了入驻品牌档次较高外，红星美凯龙明确打出的“家居体验广场”旗号，也是它吸引顾客的手段之一。这个体验式卖场内 300 个品牌就是 300 个情景式的样板房；整个卖场独有的亭台楼阁、小桥流水、花草树木等室内景观给人带来的舒心感受，让顾客在购物时仿佛置身园林之中；而咖啡厅和音乐等人性化设置也能让顾客在购物过程中缓解疲劳，得到身心的双重放松。“人的很多行为是‘趋乐避苦’，快乐是对生存的一种奖励。快乐的行为人们会多次重复，快乐的商场人们会经常去逛。所有的消费体验，不仅仅是对东西的感觉，还是愉快体验。”红星美凯龙始终认为，家居消费也是一门艺术，作为卖场，就是要让人们在消费的过程中体验到“逛商场，赏家具”的愉悦。

点评：舒适的环境和好的氛围对顾客在消费时的心理有重要影响。现在顾客在购物时不管是对内部环境还是外部环境的要求都越来越高。随着生活水平的提高，现在购物要出行方便，要内部商品齐全的同时还要物美价廉，布置和服务环境也要舒适。因此，观察营业环境对顾客心理的影响和培养良好的经营服务思想对商场来说都很重要，并且要与商品相符合。体验的良好与否对顾客购物的影响率很重要，对潜在顾客的购物也有推进作用。

11.1 店面条件对顾客心理的影响

随着工作和生活节奏的加快，消费者不断追求时间和劳动成本的最低化，特别是对相对稳定的日常消费品的需求和品牌的选择，购物的方便性已成为其考虑的重要因素；而商店环境、招牌、店标、橱窗陈列等内外部条件，往往给顾客留下第一印象。所以，选择一个合理的店址，设计一个引人注目的具有特色的招牌、店标及橱窗等，无疑是商家吸引顾客和增加销量的最基础保障。如何根据顾客的潜在心理状况，布置一个环境优美、气氛良好的购物场所，使之引人注目，诱发购买情绪，值得每个商家及营业人员仔细研究。

11.1.1 店址选择的顾客心理与策略

1. 店址选择的顾客心理

满足顾客需求是店铺经营的宗旨。店铺位置的确定，必须首先考虑方便顾客购物，为此店址选择要符合以下条件：

1）交通便利的地段。只有交通便利，顾客才愿意光顾。一般来说，附近有汽车站，或者顾客步行不到 20 分钟的路程可以到达的店铺是最好的。车站附近是过往乘客的集中地段，人群流动性强，流动量大。如果是几个车站的交汇点，则该地段的商业价值更高。

2）靠近人群聚集或商业繁荣的场所。这种场所可方便顾客随机购物，如影剧院、商业街、公园名胜、娱乐、旅游地区等，这些地方可以使顾客享受到购物、休闲、娱乐、旅游等多种服务的便利，是店铺开业的最佳地点选择。但此种地段属经商的黄金之地，寸土寸金，地价高费用大，竞争性也强，因而虽然商业效益好，但并非适合所有店铺经营，一般只适合大型综合店铺或有鲜明个性的专业店铺的发展。

3）人口居住稠密区或机关单位集中的地区。这类地段人口密度大，且距离较近，顾客购物省时省力比较方便。店铺地址如选在这类地段，充分利用顾客的就近心理，对顾客有较大吸引力，很容易培养忠实消费者群。

4）符合客流规律和流向的人群集散地段。这类地段适应顾客的生活习惯，自然形成“市场”，所以能够进入店铺购物的顾客人数多，客流量大。

2. 店址选址策略

选址策略有许多，但首先要遵循两个原则：

（1）方便顾客购物

满足顾客需求是店铺经营的宗旨，因此在确定店铺位置时，首先要考虑方便顾客购物。为此，所选店址一般要符合以下条件中的一个或几个：交通便利；靠近影剧院、商业街、公园等人群聚集或商业繁荣的场所，使顾客能享受到购物、休闲、娱乐、旅游等多种便利的服务；位于人口居住稠密区或机关单位集中的地区，顾客购物省时省力省心；位于符合客流规律和流向的人群集散地段，适应顾客的生活习惯。

（2）有利于店铺的开拓发展

店铺选址的最终目的是获得成功的经营，因此，为了经营的成功，还需考虑以下几个方面：

第一，有利于提高市场占有率和覆盖率，以利于店铺长远发展。店铺选址时不但要分析当前的市场形势，而且要从长远的角度考虑是否有利于扩大规模，是否有利于提高市场占有率和覆盖率，在不断增强自身实力的基础上开拓市场。

第二，有利于形成综合服务功能，以助于发挥特色。店铺在选址时，应综合考虑行业特点、消费者心理及消费者行为等因素，谨慎地确定经营地点。尤其是大型百货类综合店铺更应综合、全面地考虑该区域各种商业服务的功能，创立本店铺的特色和优势，树立一个良好的形象。

第三，有利于合理组织商品运送，以便于节约成本。店铺选址不仅要注意规模，还要追求规模效益。发展现代商业，要求集中进货、集中供货、统一运送，这有利于降低采购成本和运输成本，合理规划运输路线。因此店铺的位置应尽可能地靠近运输线，这样既能节约成本，又能及时组织货物的采购与供应，确保经营活动的正常进行。

店址的好坏主要取决于地理位置。具备以下条件之一的基本上可以说是个好店址，如果具备两条以上，则极有可能是优秀的店址。

1）商业活动频度高的地区。这类地区商业活动频繁，把店铺开在这样的地区，营业额必然高。这类地区一般寸土寸金，有实力的经营者一般都会重金以求。

2）客流量较多的街道。店铺处在客流量较多的街道上，可以使多数人就近买到需要的商品。需要注意的是，计算客流量时统计的是步行者而不是那些乘车经过者。

3）人口密度高的地区。居民聚居、人口集中的地方适宜开店。因为人多，所以对商品和各类服务的需求也大，商机就比较多。如果能在这种地方开一个能为顾客提供优质服务的零售店，不愁没有生意。而且，这种地方顾客的需求比较稳定，销售额不会骤起骤落，能够保证店铺的稳定经营。

4）人群聚集的场所。火车站、码头等交通场所，公园、游乐场、影剧院等娱乐休闲场所，工厂、机关单位等的附近，都是开设店铺的好地方。这些地方都可能有较多的人群聚集，有较大的消费需求。

5）交通便利的地区。在客流量很大的车站或几个客流量大的站点附近开店是不错的选择。也可以在顾客步行不超过 20 分钟路程内的街道上开店。由于网上购物成为潮流，因此也应是送货方便的地区，为时间紧迫的人提供一种方便。

6）访问人数聚集的平台。除实体店选址外，虚拟店的选址主要侧重于该平台的访问用户。比如淘宝商城、天猫、团购等平台也是选址的重要平台。当然，除这些专门购物的平台外，像百度、360 等网页平台也是重要选址平台。

3. 开店选址应避免的几种情况

开店选址应做到对不宜开店的区域心中有数，最常见的有以下几种情形：

（1）在坡路上

在正常情况下，店铺场所地面应与道路路面基本处在一个水平面上，这样比较有利于顾客进店，被认为是理想的地理位置。店铺设在坡路上，一般认为是不可取的。然而，有一些店铺会遇到此种情况，如位于山城的店铺。因此，如果店铺不得不设在坡路上的话，就必须考虑在店铺与路面间的适当位置设置入口，以方便顾客进出。另外，在橱窗的位置、通道的安排、商品的陈列等方面，都应当有适当的设计。

（2）路面与店铺地面高低悬殊

路面与店铺地面高低悬殊的地方不宜开设店铺。但是，在寸土寸金的都市中，在地下、楼上的楼层或在有几级台阶的房屋开设店铺却是常有的事情。遇到这种情形时，对于店铺的门面、入口、天花板和招牌等设计安排便应特别注意，既要有利于吸引顾客进入店内，又要方便出入，楼梯、阶梯门的宽度尤其应仔细推敲一番。

（3）快速车道边

随着城市建设的发展，高速公路越来越多。由于快速通车的要求，高速公路一般有隔离设施，两边无法穿越。公路旁也较少有停车设施。因此，尽管公路边有单边的固定与流动顾客群，也不宜作为开店选址的区域。人们往往不会为一项消费而在高速公路旁违章停车。

（4）居民少或人口增长慢的地方

这种地区不宜作为店铺的新店址，这是因为在缺乏流动人口的情况下，有限的固定消费总量不会因新开店铺而增加。

选址是一项很重要的工作，必须仔细考察、认真分析，慎重做出结论，否则会造成不可弥补的损失。

11.1.2 招牌的心理作用与设计方法

店铺招牌代表着该店铺的形象，在繁华的商业区里，消费者往往首先浏览的是大大小小、各式各样的店铺招牌，寻找实现自己购买目标或值得逛游的商业服务场所（见图 11-1）。具有高度概括力和强烈吸引力的店铺招牌，对消费者的视觉刺激和心理影响是很重要的。

图 11-1 招牌的心理作用

1. 招牌的心理作用

（1）充当向导

一些附有行业属性，标志主要服务项目或供应范围的商店招牌，能把店铺的经营范围或服务项目简练地反映出来，能使消费者一目了然，易于找到想要到达的购买商场，起着引导与方便消费者购买的作用。例如，“妇女儿童用品商店”之类的招牌，消费者听到或看到就可以大体知道店铺的主营项目或服务范围，而无须进营业现场观看。这种闪电招牌，客观上充当了消费者购买活动的向导，有助于消费者迅速地实现购买目的。

（2）诱发兴趣

一些形式新颖独特，富有艺术性与形象性，或字号别开生面，具有文化素养的招牌，能迅速地抓住消费者的视觉，给人以美的享受，引起强烈的好奇、诱发浓厚的兴趣和产生丰富的想象，从而对顾客产生吸引。

（3）增强信任

一些商店的招牌采用典雅、传统的字号，配上名家题写的黑底金字匾额，显得历史悠久，朴实庄严，这不但以其浓郁的民主风格引起消费者的欣赏，还能引起消费者对店铺经营历史、经营特色和服务传统的联想，使之产生敬慕、信任之感。

（4）易于传播

一些设计独特新颖，易读易记，又与经营特色和服务质量相符合的商店招牌，往往留给消费者深刻的记忆，在消费者中广为传扬，起着商业广告的传播作用。

2. 招牌命名的心理方法

随着社会经济的发展，进入知识、信息经济时代，人们对商店招牌的设计认识越来越深刻。好的企业、品牌名称，可以使企业的发展事半功倍。名字不好，与顾客心理相悖，令人反感，带来很多不利。因此，招牌设计应首先在命名方面多下功夫，力求言简意赅、清新不俗、易读易记、赋以美感，使之具有较强的吸引力，促进顾客的思维活动，达到理想的心理要求。从适应顾客心理的角度来说，命名的方法主要有以下几种：

（1）与经营特色相联系的命名方法

这种命名方法能反映经营者的经营特长，引起消费者对经营特色的联想，使之产生敬慕、信任之感，如“同仁堂”。

（2）与商品属性相联系的命名方法

这种命名方法能充分体现产品的属性所能给消费者带来的益处，从而通过视觉的刺激，使消费者产生对产品、对企业认知的需求。例如，“飘柔”洗发水，能使消费者发挥头发飘逸顺美的想象。

（3）与服务精神相联系的命名方法

这种命名方法能反应文明经商，讲求信誉，全心全意为消费者服务的道德和服务精神，使消费者产生信任的心理感觉。例如，“半分利粮油店”中“半分利”这一命名，寓意经营者实行薄利经营的宗旨。

（4）与经营格言相联系的命名方法

这种命名方法能反映经营者为使消费者达到某种美好祝愿，引起消费者有益的联想，并对商店产生亲切感。例如，天津劝业商场创业于 1928 年，开幕日为示隆重，场内高悬大字招牌：“劝吾胞舆，业精于勤，商务发达，场益增新。”取每句话的第一个字联结起来，命名为“劝业商场”，反映了振兴民族商业的文化意识。

（5）与历史名人相联系的命名方法

这种命名方法以人所共知的人物来命名，使顾客闻其名而知其特色，便于发挥联想和记忆，如“太白酒店”。还有一些是以创办人姓名来命名的，如“亨利表店”等，能反映经营者的历史，使消费者产生浓厚兴趣。

（6）与民间传说相联系的命名方法

这种命名方法能反映经营者的经营历史、服务经验和丰富的学识，使消费者产生浓厚的兴趣和敬重心理。如“孔乙己”被绍兴一位女老板看中。她看中的不是别的，而是孔乙己最爱吃的茴香豆，以及鲁迅先生为孔乙己作的广告。这位女老板叫张秀珍，她在绍兴市鲁迅路旁开了一家卖茴香豆的小店，特意将自己制作的茴香豆取名“孔乙己”茴香豆，并抢先向工商部门注册了商标。据后来评估，“孔乙己”茴香豆商标的无形资产已值26万元。“孔乙己”商标一注册，使茴香豆从以前的每天卖几十包一下子冲破千包大关，目前的市场占有率达90%以上。

（7）与享受意境相联系的命名方法

这种命名方法能反应经营者乐意为消费者的生活增添乐趣与实惠，引起消费者的联想。比如，香料以玫瑰命名，香上加香。

（8）与美好愿望相联系的命名方法

这种命名方法能反应经营者对消费者的良好祝愿，引起消费者的联想，对经营者产生亲切的心理感觉。例如，“红星”这个名字本身并没有什么不好，但因为当时同名或相近的名字太多，因而就没有特色。而改的“老板”这个名字，正是改革开放后社会尊重、推崇老板的时代，符合了当时和之后相当长一段时间人们的审美心理，故能一举成功。香港的金利来牌领带，刚开始的时候叫“金狮”牌，销路并不好。后来发现，在粤语中，“金狮”和“尽输”谐音，不吉利。而港台同胞特别重视吉祥，于是精心设计新的名称为金利来，吉祥富贵，人见人爱，一举成功。

（9）与经营地点相联系的命名

这种命名方法能反映商品经营所在的位置，易突出地方特色，使消费者易于识别，如“北京百货大楼”“上海第一百货公司”“苏州百货”等。

（10）与外语译音相联系的命名方法

这种命名方法大多被外商在国内的合资店或代理店采纳，便于消费者记忆与识别，如“沃尔玛”“家乐福”“麦当劳”等。

一个设计独特、易读易记，并富有艺术和形象性的名称能迅速抓住大众的视觉，诱发其浓厚的兴趣和丰富的想象，能使之留下深刻的印象。索尼公司创始人盛田昭夫所说的“取一个响亮的名字，以便引起顾客美好的联想，提高产品的知名度与竞争力。”这句话在一定程度上证明了企业名称的重要性。

知识拓展

红星牌吸油烟机的更名

浙江某企业生产的红星牌吸油烟机改名为老板牌后，获得了迅速的发展，成为名牌，一次广告的效果达到原先的十六倍。成立杭州老板实业集团有限公司后，该企业已成为中国最大的吸油烟机专业生产基地，国家大型二档企业、浙江省极大工业企业之一。

3. 招牌设计的心理方法

（1）招牌形式的设计

招牌形式的设计见表11-1。

表 11-1　招牌形式的设计

招牌形式	内　　容	要　　求
招牌位置	一般情况下，店铺招牌的位置有三种情况：平行放置、垂直放置、纵横放置	醒目、清晰
招牌造型	以人物或动物的造型做招牌，具有较大的趣味性，能明显地反映店铺的经营风格	设计新颖、主题明确
招牌材料	在我国，店铺招牌底板传统所使用的材料长期以来是木质和水泥。如今的店面外装饰材料包括招牌主要采新潮的薄片大理石、花岗岩、金属不锈钢板、薄型涂色铝合金板等。现在的店铺还采用电子的形式	富有时代感、耐用、形式新、灵活性好
招牌装饰	用不同形状和多种颜色的霓虹灯、射灯、彩灯、反光灯、灯箱、电子屏等使店铺明亮醒目，增加店铺在晚间的可见度；利用闪烁和巧妙地变换灯光，产生一种动态的感觉，或设计滚动的字体、图案、动画、视频等，能活跃气氛，更富有吸引力，亦可用彩带、旗帜、鲜花等来衬托	格调高雅、清新，手法奇特、新颖

（2）招牌颜色设计

招牌的设计，除了注意在用料、造型、装饰方法等方面要带给顾客良好的心理感受外，招牌的色彩选择也不容忽视。色彩在客观上起着吸引改良的作用，因为人们总是先从视觉上感受色彩，再过渡到内容上。如果在色彩的选择设计上别具一格，那么会对消费者产生很强的吸引力，而当把这种设计一致推广到各个连锁分店时，更会使消费者产生认同感，从而有利于企业市场地位的提高。

根据心理学研究表明，醒目诱人的色彩能产生强大的视觉冲击力，新颖独特的形象也有着不可抗拒的吸引力。招牌的色彩运用要温馨明亮、醒目突出。醒目明亮的色彩能给人留下深刻印象，如具有强烈穿透力的红、黄、绿，以及一些暖色和中色调的颜色，就很容易集中顾客的注意力。同时，各种色彩之间的搭配也很重要。交通指挥灯之所以用红、绿、黄三色，是因为这三色穿透力最强，从很远的地方就能看到，因此在店面招牌中使用得也很多。也可以采用色差较大的两种颜色，比如理发店门口的黑白螺旋光带，也是很吸引顾客注意和方便辨识的。

（3）招牌内容设计

招牌设计还应在内容设计上多下功夫。例如，经营儿童服装的店铺，其招牌的设计色彩应鲜艳明亮，在图案、字体上，应选择生动有趣的卡通形象和字体，既能明示经营特点，也可以吸引更多小消费者的眼球。同时，还要根据时代发展，加入流行元素，更能事半功倍。

店铺招牌文字是招牌内容设计的重要内容，日益为经商者所重视，一些以标语口号、隶属关系和数字组合而成的艺术化、立体化和广告化的店铺招牌不断涌现。

4. 招牌文字设计时应注意的事项

1）店名的字形、大小、凸凹、色彩、位置的考虑不可影响店门的正常使用。

2）文字内容必须与本店所销售的商品相吻合。

3）文字尽可能精简，内容立意要深，又要顺口，易记易认，使顾客一目了然。

4）美术字和书写字要注意大众化，中文和外文美术字的变形不要太花太乱太做作，书写字体要规范，不可过于潦草；否则，不易辨认，也会给制作带来麻烦。

5）店铺招牌文字使用材料要因店而异。店铺规模较大、要求考究的店面，可选择铜质、凸出空心字，闪闪发光，有富丽、豪华之感；瓷质字永不生锈，反光强度好，作为招牌效果尤佳；塑料字有华丽的光泽，制作也简便，但受冷受热会变形、退掉光泽，因此使用不长久。

6）注意招牌文字的传达效果。为达到最有效的传达效果，招牌上字的大小应适度，要考虑中远距离的传达效果，使其具有良好的可视性和传播效果。如果你的卖场在车流量极大的街道或者公路旁，建议把招牌字体做到最大限度，内容尽量单纯，方便开车的顾客在较快的行驶速度下也能看清。喧闹的城市中，许多人在不知到何处就餐时，其第一反应就是向四周看看有没有带“M”或“KFC”字样的招牌，因为在那里有麦当劳或肯德基提供香喷喷的汉堡和清凉爽口的可乐。

很多时候，顾客之所以会来到一个卖场购物，就是因为在远处就看到了醒目的招牌。

11.1.3 店标的心理作用与设计原则

1. 店标的心理作用

（1）店标的含义

店标是一个店铺的标志，是店面标识系统中可以被识别但不能用于语言表达的部分，是店面标识的图形记号。一个好的店标能够给人留下深刻的印象，常言道眼睛是心灵的窗户，而店标则是店铺的窗户，一个优质的店标能够吸引众人的眼球。

店标并非今日的产物，早在公元 79 年，在古罗马的庞贝城，用色彩在外墙上画一支壶把表示茶馆，画有牛的地方表示牛奶店或牛奶厂，画有常春藤的是油房，画石磨的是面包店等。

（2）店标的心理作用

1）公众识别店铺的指示器。店标是一种视距语言，它通过一定的图案、颜色来向顾客传递店铺信息，以达到顾客识别店铺、促进销售的目的。天猫的店标就是猫形状的购物袋，里面每个区域都有不同的店标，以区分不同的功能，方便顾客进入不同店铺。

2）能够引发顾客产生商品联想。店标能够使顾客产生有关店铺经营商品类别或属性的联想。

3）能够促使顾客产生喜欢的感觉。店标是店铺形象的重要因素，风格独特的标识能够刺激顾客产生幻想，从而对该店铺产生好的印象。

4）帮助顾客记住店名的利器。店标的独特性越强，顾客辨认花费的时间越短，记忆也越迅速而深刻。

2. 店标设计的原则

商家店标在设计上其图案及名称应简洁醒目，易于认知、理解和记忆；同时设计风格要特色鲜明、新颖，使标识具有独特的面貌和出奇制胜的视觉效果，以引起顾客注意，产生强烈的感染力。店标不仅是顾客辨认商店的途径，也是提高店铺知名度的一种手段。具体讲店标设计应遵循以下几个原则：

(1) 准确相符原则

在这里，准确相符是指店铺店标的寓意要准确，店铺名称与标识要相符。店铺店标要巧妙地赋予寓意，形象地暗示，耐人寻味，这样才有利于扩大店铺的知名度。

(2) 简洁鲜明原则

店标不仅是顾客辨认店铺的途径，也是提高知名度的一种手段，正确贯彻简洁鲜明的原则，巧妙地运用点线面体和色彩的结合，才可达到预期的效果。

在现代零售业中店标真可谓是一种"视觉语言"，通过一定的图案、颜色来向顾客传输某种信息，以达到识别店铺、促进销售的目的。不同的店铺有不同的店铺店标，通常使用几何图形式。具有意义的图形能够助长记忆，因此在设计店铺店标时，赋予一定的特殊意义就显得非常重要。

(3) 精致优美原则

这是指店铺店标造型要符合美学原理，要注意造型的均衡性，使图形给人一种整体优美、强势的感觉，保持视觉上的均衡。并在线、形、大小等方面作造型处理，使图形能兼具动感及静态美。从演变的轨迹来看，零售店的店标设计越靠近现代化，越符合现代人的要求。所以，设计时一定要风格鲜明。

(4) 独特创意原则

店铺店标不但表达企业的独特个性，还可以此为标记让顾客识别出独特的品质、风格和经营理念。风格独特的店铺标识能够刺激顾客产生购物幻想，从而对该店铺产生好的印象。所以，在店标设计上必须别出心裁，使标识富有特色、个性显著，使顾客看后能留下耳目一新的感觉，引起顾客的兴趣，并使他们对其产生好感。例如，连锁超市喜士多上面的大番茄，给人的感觉就是明亮、干净、新鲜和健康。因此，一个好的店标能使顾客产生好感，这非常有利于店铺经营者开展市场营销活动。

(5) 继承发展原则

店铺店标要为顾客熟知和信任，就必须长期使用，长期宣传，在顾客的心中扎下根。为了适合时代发展和适应顾客的要求，店标又必须在继承中不断改进，紧扣时代脉搏，以适应市场环境变化的需要。假如标识用得过久，已不能与时代的步伐合拍，其发挥的作用也就大打折扣了。

11.1.4　橱窗的心理作用与设计方法

1. 橱窗的心理作用

(1) 橱窗是艺术和营销的结合体，可以促进店铺的销售

一个构思新颖、主题鲜明、风格独特、手法脱俗、装饰美观、色调和谐的店铺橱窗，与整个店铺建筑结构和内外环境构成的立体画面，可成为一种艺术，起到美化店铺和市容的作用。

橱窗又是一种重要的广告形式，成为一种营销手段。促销是橱窗展示的主要目的，为了实现营销目标，陈列师通过对橱窗中商品、模特、道具以及背景广告的组织和摆放，巧妙地排列成富有装饰性和整体性的货样群，可以达到吸引顾客，激发他们的购买兴趣，

提升购买欲望，扩大销售的目的。

（2）橱窗承担着传播品牌文化的作用

一个橱窗可以反映一个品牌的个性、风格和对文化的理解。橱窗作为一个品牌或店铺的窗口，形象设计效果直接影响顾客的印象，体现了品牌（店铺）的定位及风格。

2. 橱窗设计的基本原则和要求

（1）橱窗设计的基本原则

橱窗是卖场中有机的组成部分，它不是孤立的。在构思橱窗的设计思路前必须要把橱窗放在整个卖场中去考虑。同时，橱窗的观看对象是顾客，我们必须要从顾客的角度去设计规划橱窗里的每一个细节，遵循设计的基本原则。

1）考虑顾客的行走视线。虽然橱窗是静止的，但顾客却是在行走和运动的。因此，橱窗的设计不仅要考虑顾客的静止的观赏角度和最佳视线高度，还要考虑橱窗自远至近的视觉效果，以及穿过橱窗前的“移步即景”的效果。为了顾客在最远的地方就可以看到橱窗的效果，我们不仅在橱窗的创意上做到与众不同，主题要简洁，在夜晚还要适当地加大橱窗里的灯光亮度，一般橱窗中灯光亮度要比店堂中提高 50%～100%，照度要达到 1200～2500Lx。另外，顾客在街上的行走路线一般是靠右行的，通过专卖店时，一般是从商店的右侧穿过店面。因此，我们在设计当中，不仅要考虑顾客正面站在橱窗前的展示效果，也要考虑顾客侧向通过橱窗所看到的效果。

2）橱窗与卖场要形成一个整体。橱窗是卖场的一个部分，在布局上要和卖场的整体陈列风格相吻合，形成一个整体，就如前面把卖场比喻成一本书一样，封面的设计风格必须和内页的版式要协调。特别是通透式的橱窗不仅要考虑和整个卖场的风格相协调，更要考虑和橱窗最靠近的几组货架的色彩协调性。

在实际的应用中，有许多陈列师在陈列橱窗的时候，往往会忘了卖场里的陈列风格，结果我们常常看到这样的景象：橱窗的设计非常简洁，而里面却非常繁复；或外面非常现代，里面却设计得很古典，导致反差太大，反而让顾客不喜欢。

3）要与卖场中的营销活动相呼应。橱窗从另一角度看，也如同一个电视剧的预告，它告知的是一个大概的商业信息，传递卖场内的销售信息，这种信息的传递应该和店铺中的活动相呼应。如橱窗里是“新装上市”的主题，店堂里陈列的主题也要以新装为主，并储备相应的新装数量，以配合销售的需要。

4）主题要简洁鲜明，风格要突出。我们不仅仅要把橱窗放在自己的店铺中考虑，还要把橱窗放大到整条街上去考虑。在整条街道上，其实你的橱窗只占小小的一段，如同一个影片中的一段，转瞬即逝。顾客在你的橱窗前停留也就是小小的一段时间。因此，橱窗的主题一定要鲜明，不要兼顾太多信息，冲淡主题，反而没有特色。要用最简洁的陈列方式告知顾客你要表达的主题。

（2）橱窗设计的具体要求

橱窗的设计要求非常简练，容不得任何复杂的“语言”，让消费者一看就知道它卖的是什么，档次如何。橱窗形象的设计，无论对品牌短期销售，还是长期的发展都起着极其重要的作用，一般来讲，橱窗设计应注意以下方面：

1）橱窗横度中心线最好能与顾客的视平线相等，那么，整个橱窗内所陈列的商品都在顾客视野中。

2）在橱窗设计中，必须考虑防尘、防热、防淋、防晒、防风、防盗等，要采取相关的措施。

3）不能影响店面外观造型，橱窗建筑设计规模应与店铺整体规模相适应。

4）橱窗陈列的商品必须是本店铺出售的，而且是最畅销的商品。

5）橱窗陈列季节性商品必须在季节到来之前一个月预先陈列出来向顾客介绍，这样才能起到迎季宣传的作用。

6）陈列商品时，应先确定主题，无论是多种多类还是同种不同类的商品，均应系统地分种分类依主题陈列，使人一目了然地看到所宣传介绍的商品内容，千万不可乱堆乱摆分散消费者视线。

7）橱窗布置应尽量少用商品作衬托、装潢或铺底，除根据橱窗面积注意色彩调和、高低疏密均匀外，商品数量不宜过多或过少。要做到使顾客从远处近处、正面侧面都能看到商品全貌。富有经营特色的商品应陈列在最引人注目的橱窗里。布置灯光时，整体照面要做到明亮有度，可选择一些可以调节方向、外表造型别致和定向射灯来突出要展示的局部效果。

8）容易液化变质的商品如食品糖果之类，以及日光照射下容易损坏的商品，最好用其模型代替或加以适当的包装。

9）橱窗应经常打扫，保持清洁，特别是食品橱窗。肮脏的橱窗玻璃，橱窗里面布满灰尘，会给顾客不好的印象，引起顾客对商品的怀疑或反感而失去购买的兴趣。

10）橱窗陈列需勤加更换，尤其是有时间性的宣传以及陈列容易变质的商品尤应特别注意。每个橱窗在更换或布置时，停止对外宣传时间，一般必须在当天内完成。

橱窗设计与商品陈列起到了广告作用，其所要着力刻画或表现说明的东西、表现形式与主题是相互联系，不可分割的。正确的表现形式对任何广告装潢或陈列都具有重要的意义，而表现形式的选择还要看商品的性质、质量、当时的季节、当地的经济条件、购物环境、经营性质等因素。例如，冬季推销夏装收效不好，因为不合时令；经营钟表的店铺橱窗陈列的是布娃娃；工艺品店铺的橱窗里却摆放着五金商品，都是荒谬可笑的做法。相反地，如果在商业繁华地区服装店推出一批最新时装来陈列可取得事半功倍的效果，有利于时装推销。

3. 橱窗设计的心理方法

（1）橱窗设计的灵感来源

衡量橱窗设计及相关空间好坏的直接标准就是看商品销售的好坏。因此，让顾客最方便、最直观、最清楚地“接触”商品是首要目标。橱窗设计的灵感并非来自缥缈的冥思苦想，它主要来源于以下三点：

1）时尚流行趋势主题。

2）品牌产品的设计要素的延展。

3）品牌当季的营销方案。

（2）橱窗设计的方法

商家应认真探索消费者的心理需求，积极运用心理学原理，进行橱窗各个方面的构思和布置，发挥商店橱窗对消费者的心理影响功能，一般可以运用以下方法：

1）适应顾客选购心理的设计方法。合理、美观、独特的橱窗设计能让顾客对商品有强烈的购买欲望，这也是顾客选购的基础。但有时的“无差错的差错”可以引起顾客的好奇，增加顾客光顾和选购的机会。

举例说明：“故意出错”的服装店。

巴黎一家服装商店橱窗里的广告总是错误百出，甚至令人啼笑皆非，当有人善意向商店老板提出时，他总是爱理不理的，并不急于把广告的字眼更正。原来，他是故意这样做的，目的是让市民以为他是一个糊涂虫，因而试图在他的商店购物时能占些便宜，所以，他的营业额总是比邻近的商店多几倍。

2）给顾客以艺术享受的设计方法。比如鞋，彼此之间造型变化不大，而我们常见的鞋店都是分类排列的，这很难引起人们的兴趣。相反，国外的一些鞋店往往充分利用空间和陈列装置的变化，造成生动的气氛。此外，商品的形还具有可变性。比如服装店，利用模特形成多姿多彩的形象。古玩、家电的色彩灰暗，塑料制品和玩具的色彩鲜艳，这就要求室内设计色调起到陪衬作用，尽量突出商品的色彩。此外，商品的质感也往往在特定的光和背景下才能显出魅力。例如，玻璃器皿的陈列，就必须突出其晶莹剔透的特色，以吸引顾客。各类商品陈列如图 11-2～图 11-5 所示。

图 11-2　商品利用空间和陈列装置（一）

图 11-3　商品利用空间和陈列装置（二）

图 11-4　服装店的模特

图 11-5　灯光下的商品

3）满足顾客感情需求的设计方法。橱窗设计的目的是要强烈地吸引顾客，帮助消费者对橱窗主体的感受留下较深的印象，还必须用以景抒情的艺术手法去体现主题，对陈列内容进行间接的描绘，使橱窗陈列具有耐人寻味的形象特征，能使观赏者从寓意含蓄的艺术构思中，联想到美好愉快的意境，满足感情上的需要，如图 11-6 所示。

图 11-6 橱窗设计

风格各异的设计，体现了各个商店独特的品位，随着顾客脚步的移动，各个灯光各异、色彩缤纷的橱窗好似流动的幻灯片，吸引着不同顾客在其面前的驻足浏览。橱窗的设计起着比店内导购员更为重要的作用。

常见橱窗陈列方式

11.2 店堂布置对顾客心理的影响

11.2.1 店堂场所条件的心理作用

舒适的购物环境能让顾客从心里产生亲切感，增强购物的欲望，同时也有利于增加顾客的忠诚度。

店堂内部装饰，包括货架、墙壁、地板、天花板的设计以及货场照明、声响、气味和温湿度的调节与控制等内容。

在商业经营活动中，理想的商店装饰，对促进购买行为和提高经营效率的心理效应是显而易见的。

1）它对消费者的感觉器官有较强的刺激力，使他们在观赏和选购商品的过程中，感到优雅、舒适、始终保持兴致勃勃地情绪，从而促进购买的心理意向。

2）它能使营业人员的精神饱满，情绪高涨，服务热情，从而提高工作效率和服务质量，让顾客从心里有喜欢的冲动。

11.2.2 商品陈列的要求与心理方法

1. 商品陈列的心理要求

售货现场的布置与设计，应以便于顾客参观与选购商品、便于展示和出售商品为前提。售货现场是由若干经营不同种类的商品组成的，售货现场的布置和设计就是要合理安排各类商品在卖场内的位置，这是设计售货现场的一项重要工作。零售企业的营销管理者应将售货现场的布置与设计当作创造销售的手段来运用，而不仅仅是实施销售。因此，商家在进行商品陈列时要注意以下要求：

（1）应研究其对顾客意识的影响

消费者的意识是具有整体性特点的，它受刺激物的影响才可能产生，而刺激物的影响又总带有一定的整体性。因此，构成了消费者意识具有整体性的特点，并影响着消费者的购买行为。为此，在售货现场的布局方面，就要适应消费者意识的整体性这一特点，把具有关联性消费的商品种类邻近设置、相互衔接，即进行产品的关联陈列，如图 11-7 所示。产品的关联陈列能够增强卖场的灵活性，使得陈列多样化、生动化，有效地刺激顾客随机购买的欲望，增加顾客购买商品的概率。例如，清明节后将迎来泳装的销售季节，商家在店铺墙体上制作喷绘的海洋背景图画，在地面上放置塑料拼图玩具，将最新颖、最畅销的泳衣通过模特展示出来，并搭配上时尚遮阳镜、游泳镜、游泳圈、浴巾、洋伞、防晒护肤用品等配套商品，旅游背包、沙滩鞋堆放在遮阳伞下，临近处的儿童泳衣模特旁有塑料桶（盆）、挖沙用的小铲等儿童玩具等就是一种关联陈列。运用关联陈列时要求商品必须互补，要打破商品品类间的界限，按日常生活场景设计陈列，尽可能演绎使用商品的生活原型，以体现消费者的生活实际需求。

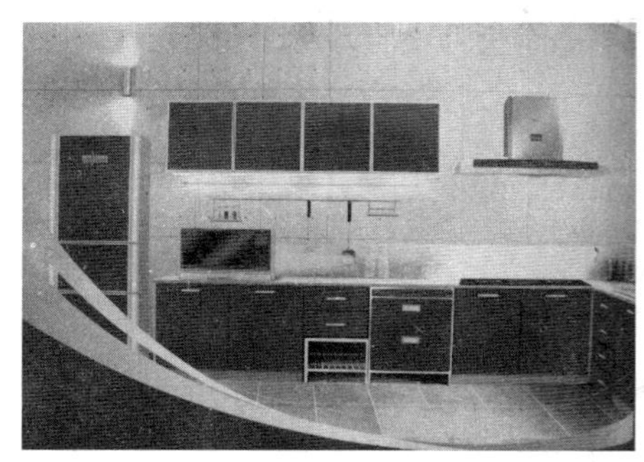

图 11-7 产品的关联陈列

（2）应关注顾客的无意注意

消费者的注意可分为有意注意与无意注意两类。消费者的无意注意是指消费者没有明确目标或目的，因受到外在刺激物的影响而不由自主地对某些商品产生的注意。这种注意不需要人付出意志的努力，对刺激消费者购买行为有很大意义。如果在售货现场的布局方面考虑到这一特点，有意识地将有关的商品如妇女用品与儿童用品、儿童玩具邻近设置，向消费者发出暗示，引起消费者的无意注意，刺激其产生购买冲动，诱导其购买，会获得较好的效果。这种关注要充分运用商品和空间位置的互补，才能发挥顾客的无意注意，最终达到为主推或其他商品做铺垫。

（3）应考虑商品的特点和购买规律

如销售频率高、交易零星、选择性不强的商品，其应设在消费者最容易感知的位置或专门的醒目的区域，以便于他们购买，节省购买时间。例如，花色品种复杂，需要仔细挑选的商品，要针对消费者求实的购买心理，设在售货现场的安静处或单独让出空间

（比如商场的二楼设置专柜），以利于消费者在较为安静、顾客相对流量较小的环境中认真仔细地挑选。

季节性商品、焦点商品和奢侈商品在陈列空间设计上的特征差异也值得关注，现在店铺是按季节对商品的备齐度进行规划的，因而每月的存货水平要根据季节的需求，以及节假日等因素的变化来设定，随着每次换季商品的推出，都要以季节需求为基础对卖场空间进行再分配。例如，在夏季将厚实的毛衫售出之后，商场针织部多余空间将由新潮 T 恤衫来填补，这样可以有效地利用现有货架资源，发挥季节性商品的销售潜力。对焦点商品的陈列展示面要大，力求生动美观，置于显眼的位置及高度。而奢侈用品、工艺品、家具等贵重的专用品以及美容院、银行分理处、彩扩中心等顾客服务区域都拥有相对稳定的顾客群体，它们通常位于远离主通道的角落里或在较高的楼层，寻找这些物品和服务的顾客，无论它处在店铺的任何地方都会通过看店铺的购物指南后迅速找到位置。这是因为对这些商品和服务的需求在顾客到达店铺之前就已经存在了，所以它们不需要最佳的位置。

（4）应尽量设法延长顾客逗留店铺的时间

延长消费者逗留店铺的时间，就是提高消费者增加购物机会的可能性。例如，人们进入超级市场购物，总是比原先预计要买的东西多，这主要是由于售货现场设计与商品刻意摆放的原因。超级市场售货现场设计为长长的购物信道，以避免消费者从捷径通往收款处和出口，当消费者走走看看时，便可能看到一些引起购买欲望的商品，从而增加购买。超级市场购物信道的这一设计思路，延长了消费者在店铺的“滞留”时间，可以为其他业态所借鉴。

在店铺的信道设计方面，要注意柜台之间形成的信道应保持一定的距离，中央信道要尽可能宽敞些，使消费者乐于进出店铺，并能够顺利地参观选购商品，为消费者彼此之间无意识的信息传递创造条件，扩大消费者彼此之间的相互影响，增加商品对消费者的诱导概率，从而引起消费者的购买欲望，使其产生购买动机。同时，也可为消费者创造一个较为舒适的购物环境。并且在信道的布局设计上要成井字状，柜台之间做开放式设计，让顾客无意识信息的传递更多更快，有意识地延长顾客停留的时间。

（5）应尝试不同的陈列空间分配方案

商品所选择的陈列方式是以可利用的空间、可选择的陈列道具和经营者所要强调的商品特征为根据的。一个经过合理布局、客流众多的店铺会令消费者产生一种兴奋和充满活力的感觉，从而增加购买量。对零售商而言，一项好的布局是以利润为直接目标，且遵循方便顾客购物为原则的。在对陈列空间进行分配时，零售商根据所经营商品的获利能力水平来决定相应陈列位置和占用空间的配置。假设在超市里为牙膏分配空间，起初可能会想因为“高露洁”牙膏是最能获利的牙膏品牌，所以应占据所有空间。但是如果店铺采取这种陈列方式，它就会失去其他利润较少的品牌带来的销售额，并且这样做会引起喜好其他品牌的顾客光顾店铺次数的减少。因此，店铺应尝试不同的陈列空间分配方案直到能够找到一种可以最大化利润的组合方式。

在店铺的不同位置带来利润的能力是不一样的，经过一个商品品类的人越多，这个位置就越好。店铺里最好的位置取决于楼层及在某一层中所处的方位，但各个品类不能都占据最好的位置，并且在决定各品类的位置时，还需要考虑各品类之间的相互关系与顾客的消费心理。如对超市而言，商品陈列要能够尽快和尽多地诱发顾客购买商品，所以把冲动性购买或购买频次高的商品放在靠近入口处；用蔬果陈列起到引导顾客亲近和购买的作用；把人们经常购买的乳制品、面包、冷鲜肉、鲜鸡蛋和食用油等生活必需品平均配置在超市环形布局的后方，尽可能引导顾客走入超市内部等。

2. 商品陈列的心理方法

从商品陈列的基本要求可以看出，在进行具体的商品陈列时，要集中体现两点：一是陈列要体现本店的经营特点，重点突出，主次分明，美观大方，赏心悦目；二是要力求货位合理，高低适度，方便顾客挑选，利于营业员服务。

因此，商品的陈列要注意研究顾客的购买心理，要既能美化店容店貌又能扩大商品销售。顾客进入店铺，购买到称心如意的商品，一般要经过感知→兴趣→注意→联想→欲求→比较→决定→购买的整个过程。针对顾客的这种购买心理特征，在商品陈列方面，必须做到易为顾客所感知，要最大限度地吸引消费者，使顾客产生兴趣，引起注意，从而刺激其购买欲望，使其做出购买决定，顺其自然地做出购买行为。商品的陈列方式、陈列样品的造型设计、陈列设备、陈列商品的花色等方面，都要与顾客的这种购买心理过程相适应。

（1）确定合理的摆放高度，易于顾客观望感觉

消费者走进商店，经常会无意识地环视陈列商品，通常，无意识的展望高度是0.7～1.7米。同视觉轴大约30°角上的商品最容易让人清晰感知，60°角范围内的商品次之。在一米的距离内，视觉范围平均宽度为1.64米；在两米的距离内，视觉范围达3.3米；在五米的距离内，视觉范围8.2米；到八米的距离内，视觉范围就扩大到16.4米。因此，商品摆放高度要根据商品的大小和消费者的视线、视角来综合考虑。一般来说，摆放高度应以1～1.7米为宜，与消费者的距离为2～5米，视场宽度保持在3.3～8.2米。在这个范围内摆放，可以提高商品的能视度，使消费者清晰地感知商品形象，同时要便于触摸，如图11-8所示。

图11-8 商品合理的摆放高度

（2）适应购买习惯，合理确定不同类型商品的摆放区域，便于选购

在一般情况下，店内商品的货位大致上分三大类型：

1）速购商品。多为日常生活必需品，它价格低，交易多，选择小，消耗快。顾客在选购此类商品时，只求方便、快捷，因此，应将其设置在店内明显之处。

2）选购商品。此类商品需求弹性大，交易不够频繁，价格较高，使用周期长，消耗慢，因而需要认真挑选。顾客在选购此类商品时，往往希望自主选择，无人干扰。其陈列之处，一般应当场地宽阔，光照充足。

3）特殊商品。它多为享受或鉴赏品，一般价格昂贵，功能独特。顾客在选购此类

商品时，通常会反复比较，精心挑选。考虑到这些特点，将此类商品陈列于环境优雅、客流较少之处，才是比较恰当的。

（3）保持商品量感，突出商品特点

所谓量感，是指陈列的商品数量要充足，给消费者以丰满、丰富的印象。量感可以使消费者产生有充分挑选余地的心理感受，进而激发购买欲望。这样，就要求合理确定库存、架存的关系，并及时补充架存商品。

商品的功能和特点是顾客关注并产生兴趣的集中点。将商品独有优良性能、质量、款式、造型、包装等特殊性在陈列中突出出来，可以有效地刺激顾客的购买欲望。例如，把气味芬芳的商品摆放在最引起顾客的嗅觉感受的位置；把款式新颖的商品摆放在最能吸引光临者视线的位置；把多功能的商品摆在顾客易于接触观察的位置；把名牌和流行性商品摆放在显要位置，都可以起到促进顾客购买的心理效应，如图 11-9 所示。

此外，在进行店内商品的具体陈列时，还应注意以下几个方面的问题：

1）要醒目夺人。只有做到这一点，才能对顾客具有一定的吸引力。

2）要丰富多彩。陈列商品，讲究新、奇、特、美、全，并要注意使之系列化、配套化。不允许搞什么“仅供展示”“概不出售”“货已售缺”的名堂，让顾客乘兴而来，扫兴而归。

3）要信任顾客。在条件允许的情况下，应允许顾客对所陈列的商品触摸、挑选、调试，使之产生亲切感与信任感。

图 11-9 商品的摆放位置

4）要便于交流。在陈列店内商品时，还须考虑到营业员所处的位置是否方便其服务于人。最好是使之与服务对象处在一个适当的位置上，既两不相扰，又两相方便。此外，还须考虑其走动、取物、答疑的方便与否。

5）商品陈列方式要体现一个“活”字。在必要的时候，要根据季节变化、节庆来临、品牌推广等需求，及时对橱窗陈列与店内陈列进行灵活的调整。这种做法往往还会给人以新奇之感。

6）陈列的商品，随时要保持清洁。若商品沾满灰尘，无疑是告知顾客它们已陈列很久，积压时间长了，卖不出去。

11.3 现场情境对顾客心理的影响

所谓现场情境，是指商家以服务为舞台，以商品为道具，通过环境、氛围的营造，使顾客眼、耳、鼻、心等同时感受到“情感共振”式的一种心理体验。由于影响顾客消费决策的各种因素不是一成不变的，而是随着时间、地点、现场情境的变化不断发生变化，因此同一个顾客的消费决策具有明显的情境性，其具体决策方式因所处现场情境不同而不同。尽管它被部分人戏称为聪明商家的新“噱头”，但不得不承认，情境消费模式因其参与性强和氛围亲切，使得顾客在获得快乐的同时，也可让商家赚个盆满钵满。因为情境带给顾客的不仅仅是产品的信息和客观感受，更重要的在于情感式消费以“情”字为先，给顾客带来了主观上的愉悦，从而激发他们购买产品的欲望。商家理应重视现场情境对顾客心理的影响。

11.3.1 视觉因素引发的心理效应

1. 商场照明的心理效应

（1）照明方式

照明系统一般可以分为六种，见表 11-2。

表 11-2 照明类型及作用

照明类型	作用
普通照明	给商场环境提供最基本的空间照明，用来把整个空间照亮
商品照明	是对货架或货柜上商品的照明，保证商品在色、形、质三个方面都能得到有效的表现，如有的淘宝店里商品的展示
重点照明	针对某个重要物品或重要空间的照明，如橱窗照明就属于重点照明
局部照明	这种方式通常是装饰性照明，用来制造特殊的氛围
作业照明	主要是指对柜台或收银台的照明
建筑照明	用来勾勒店铺所在建筑的轮廓并提供基本导向，创造理想的环境和空间感，营造热闹的气氛

现代商场大都采用混合照明的方式，其重点又分为普通照明、商品照明和重点照明。一个商场的照明设计，能否切实帮助商家实现店堂照明的目的和效果，主要取决于这三种照明方式，也只有多种照明方式之间达到了一定的平衡，才能创造出适宜的效果和氛围。

（2）店堂照明的功能

当今社会，顾客消费已出现了新的变化趋势，即由计划购物向随机的冲动的购物转移，由必要消费向奢侈消费转变。店堂照明能够帮助零售商、店铺强化购买行为分析中的“吸引”“驻足”和“引诱”这一“三部曲”，这三部曲也是最终完成购买的前奏。具体讲，店堂照明的功能包括以下几个方面：

1）吸引购物者的注意力。

2）引起顾客购物的兴趣。

3）营造合适的环境氛围，完善和强化店铺的品牌形象。

4）创造购物的氛围和情绪，刺激消费。

5）以最吸引人的光色使陈列的商品质感生动鲜明。

不管是实体店还是虚拟店，在展示上都很好地运用了照明的功能。如实体的橱窗、门面、内部设计等都离不开，而虚拟店主要通过照片展示，但是照片的展示除了拍摄技巧、角度等因素外也毫无例外地利用了照明，让自己的虚拟店看上去专业、高端、大气等，让顾客产生亲切感和信任感。

（3）店铺照明的应用

售货现场是顾客活动的公共场所，保持售货现场内光线充足，为消费者创造一个舒适的购物环境，对零售企业卖场设计来说，既很重要也很必要。利用照明度诱导顾客购买行为是商家营销工作的重要任务之一。

设计适当的照明，对商店来说是展示店容、宣传商品、招揽顾客、便于选购的不可缺少的心理方法。要避免用会刺激消费者和营业员的眼睛，以及会引起商品变色的光线、亮度和灯色，以免产生紧张、厌恶、顾虑等不利于销售的心理感觉。每个商场的照明系统都要帮助完成几种功能，它才能够吸引顾客光临，将顾客的注意力吸引到待出售的商品上，并创造一种购买欲，以刺激消费，并为顾客和员工在商场内和商场周围的活动提供安全保证。

目前，售货现场一般可结合采用自然采光和人工采光两种方式进行照明。

自然采光能够使消费者准确地识别商品的色泽，方便消费者挑选比较商品，从而使消费者在心理上产生真切感与安全感，不至于因灯光的影响，使商品的色泽产生差异而购买到不如意的商品。因此，在采光方面，要尽可能地充分利用自然光源。

但由于售货现场规模、建筑结构形式不同，自然采光所占比例不大，而随着照明技术的进步，人工采光灯光设计在售货现场设计中的地位日益重要。先进的灯光设计能够增加店容店貌的美观度，能够突出商品的显示效果，从而吸引消费者参观选购，刺激消费者的购买欲望。因此，在研究售货现场的灯光设计时，要以方便消费者选购、突显商品为主，灯具装置和灯光光源均要符合这一要求。可灵活采用不同的人工采光方式，如镶装暗射灯光，能使整个售货现场光线柔和；采用聚射灯光，可突出显示陈列的商品，从而使消费者在一个柔和、愉悦的氛围中挑选商品。

知识拓展

店堂照明的机理

像闪电的光辐射让人恐惧，而彩虹和北极光却抚慰和鼓舞人们的灵魂一样，光以各种方式介入我们的生活和环境，深深地影响着我们的心理和精神。在此，我们借助视觉生理、心理学、色彩心理理论的研究成果，概括地解释：照明是在怎样的机理下发生吸引和引诱顾客购买这种作用的。①一般说来，顾客进入购物中心时，首先他要进行“视觉观察”。视觉生理学告诉我们，眼睛的感色能力主要取决于视网膜上的视神经系统的光线感受能力和处理、传递光刺激的能力。换句话说，人们在观察事物的时候，实际上是在接受观察对象反射光的能量刺激，顾客在购物中心观察时，哪一个品牌的店铺能够被“注意”，取决于店铺橱窗的光辐射能水平的高低。这是我们研究店铺橱窗照明的基础。②科学研究发现，人眼的光谱敏感度与亮度水平有依赖关系，在低亮度水平下这条光谱敏感度曲线将会向短波方向平移，使人眼对短波辐射的光色变得相对地敏感起来；反之，则向长波方向平移，对长波辐射的色彩变得敏感。这是光色品质偏于暖白色的店铺照明，能够在照度水平普遍较高的购物中心，吸引顾客的秘密。③店铺照明中强调亮度对比，在相同的平均照度下，高对比度的商品更容易产生良好的视觉，商品更生动好看。但这仅仅是问题的一个方面，其实是为了适合视觉生理与视觉心理平衡的需要。从生理上讲，视觉器官对光色和明暗具有协调与舒适的要求，凡满足这种条件的光色和明暗关系，就能取得生理和谐的效果。④当光色激起了我们的视觉兴趣，当我们被光环境和谐的明暗对比所打动，当光与影的变化和明暗对比表现出深度和广度，由光色气氛给顾客带来的视觉印象，能够唤人喜爱的、迷人的等心理情感方面的活动。

2. 店堂环境色彩

色彩在所有艺术表现形态中最易感染人的心理，它可以对顾客的心情产生影响和冲击。从视觉科学上讲，彩色比黑白色更能刺激视觉神经，因而更能引起顾客的注意。每逢节日，各报报头套红，色彩夺目，使人顿觉眼前明亮，精神为之一振。彩色能把商品的色彩、质感、量感等表现得极近真实，因而也就增强了顾客对销售商品的信任感。

（1）色彩调配对激发顾客情绪的功效

1）不同的色彩对人的视觉刺激强度不同。用物理学的理论解释，色彩是人们视觉的基本特征之一，不同波长的可见光引起人们视觉不同颜色的感觉。色彩的波长以红橙黄绿青蓝紫的顺序排列，对顾客的刺激强度也依此由强转弱。

2）不同色彩的刺激对人的影响不同。在商店的布置中，色彩调配是否得当，对顾客和营业员的情绪调节具有重要的影响。

① 不同的色彩效果会给人以不同远近错觉的空间效应。浅色淡色显得较远，给顾客以店堂面积扩展变大的错觉，有扩展空间的作用；深色艳色显得较近，给顾客以店堂面积收缩变小的错觉。利用色彩的远近错觉，调配不同色彩，使进入商店的消费者有开朗、舒展、适宜的良好感觉。

② 环境色彩与商品色彩搭配效应给人以不同的商品体验。局部环境色彩应以烘托显示商品为主，应对主营商品的色彩、形象起陪衬作用，使顾客在斑斓的色彩中更加感受到商品美。例如，白色瓷器在较深的色调背景下会显得更加光洁；而各类水果则在明快的色调背景下会显得更加鲜艳。

③ 色彩的整体效果会给人以不同的购物情绪体验。色彩暗淡压抑会让人情绪沉闷，没有热情，也会让顾客觉得不舒服，失去购物欲望；反之能提升服务员的热情和办事效率，让顾客也舒心，乐于停留，增加购物机会。

（2）店堂不同商品形象色的运用

商品形象色是指不同大类商品上，经常使用的能促进销售和便利使用的色彩或色调。商品色虽没有强制性的规定，也称不上标准色，但在零售店铺经营环境设计中也不可轻易违反。

首先，色彩与色调对顾客心理的影响。

白色、蓝色、绿色和紫罗兰色等被认为是“冷色”，给人以清凉、寒冷和沉静的感觉。例如，白色使人想到冰天雪地，给人冷清的感觉。冷色通常用来创造雅致、洁净的气氛。在光线比较暗淡的走廊、休息室，以及店堂中希望使人感到比较舒畅、比较明亮的其他场所，应用这些色彩，效果较好。

黑色、红色、黄色、橙色等被认为是“暖色”，这是在希望有温暖、热情、亲近这种感觉时使用的色彩。例如，黑色是吸收光热的，能给人以暖和的感觉。餐馆应该运用这些色彩以及烛光和壁炉，以便对顾客的心境产生影响，使他们感到温暖、亲切；棕色和金黄色被认为是泥土类色调，可以与任何色彩配合，也可以给周围的环境传播温暖、热情的气氛。

如果将冷暖两色并列，给人的感觉是暖色向外扩张，前移；冷色向内收缩，后退。了解了这些规律，对零售店铺购物环境设计中的色彩处理、装饰物品的大小、位置的前后、色彩的强弱等，都是很有帮助的，可以提高零售店铺购物环境的整体效果。

有些色彩甚至会给人以酸、甜、苦、辣不同的味觉感受，带来不同的嗅觉感受。例如，淡红色、奶油色和橘黄色，点缀少量的绿色等，是促进食欲的颜色，因而食品类的陈列普遍采用暖色系的配色，如果硬要标新立异，用青绿色调设计饼干的陈列，用银灰色设计午餐肉的陈列，势必使人初看一下就产生误解，细看之后会产生厌恶感，食欲减退。美国一家无人售货店铺发现肉类的销售量下降了，经过调查发现，原来是因为店里新装了一扇蓝色的窗子，使顾客对肉类感到反胃。

其次，常见几类商品的习惯色彩及色调。

在人们的消费习惯中，不同的商品具有不同的色彩形象。因此，在设计店堂的内部环境色彩时一定要考虑周到，给予正确处理。表 11-3 可供参考。

表 11-3　不同的商品陈列的习惯色彩一览表

产品命名的方式	商品陈列的习惯色彩
以水果命名的产品	柑橘色、李子色、桃红、苹果绿、葡萄紫、柠檬黄
以植物命名的产品	咖啡色、茶色、豆沙色、柳绿色、嫩草色、玫瑰红、郁金香、花青色
以动物命名的产品	鸨色、鹦鹉色、黄鹏色、银灰色、鼠灰色
以金属矿物命名的产品	石色、石绿、石膏、钴蓝

以下列举六大类商品的特点和习惯色调：

1）服装：讲求时式与适合，除大路货和童装外，均取高雅的色调。男性一般取明快的色调显示活力强，有气魄，粗犷有力；女性，则取和谐、柔和的色调，烘衬温柔的女性美。

2）食品：安全与营养，多采用暖色系列。

3）化妆品：护肤美容，多用中性色调和素雅色调。例如，淡淡的桃红色，给人以健康、优雅与清香感。

4）工矿机电产品：讲求科学、实用与效益。多用稳重、沉静、朴实的色调　稍加有活力的纯色，如用红、黑、蓝色，给人以坚定耐用的感觉。

5）玩具和儿童文具：讲求兴趣与活泼感，多用鲜艳活泼的对比色调。

6）药品：讲求安全与健康，多采取中性色彩系列。偏冷色调给人以安宁不躁之感；蓝色、银色给人以安全感；浅红、金红色给人以元气、阳气、健康与活力的感受。

11.3.2 听觉因素引发的心理效应

1. 不同种类的声音带来的心理效应

音响可以使顾客感到愉快，也可以使顾客感到不愉快。

1）正常的、令人愉快的声音，可以吸引人们对商品的注意。实践证明，钟表的滴嗒声，微风中的钟鸣声，立体声录音机、收音机以及电视机播放的声音，在售货现场均是正常的声音，它们确实可以吸引顾客对这些商品的注意。

2）令人不愉快的或令人难以忍受的音响，会使顾客的神经受到影响，甚至毁坏零售店铺刻意营造的购物气氛。这一类的噪声，有些来自外部，零售店铺是很难予以控制的；而柜台上嘈杂的声音，以及内部产生的声音，是可以控制和消除的。

当然，以上两种声音也具有一定的相对性，在某个场所为嘈杂声或令人不愉快的声音，在另一个场所也可能是令人愉快的声音。例如，舞会的摇滚乐以及人们的笑声、开玩笑的声音、保龄球场的声音等，都是令人愉快的音乐，非常有益于产品促销。如果一家零售店，在入口处经常有悦耳的音乐，保证门外的顾客会鱼贯而入，不管是否有中意的商品需要采购。在美国就有 70%的人喜欢在播放音乐的店铺购物。而在店铺里播放柔和而节拍慢的音乐，会使销售额增加 40%；快节奏的音乐，则会使顾客在店铺里流连的时间缩短而减少购买的商品。零售店铺在每天快打烊时，播放快节奏的摇动乐，就会迫使顾客早点离开。

2. 听觉效果的心理设计要求

（1）背景音乐

在商场中，适度的背景音乐可以调节顾客的情绪，活跃购物气氛，给购物环境增加生机，还可以缓解少数顾客的紧张心理。

背景音乐的基本要求是音质清晰，音乐的题材适合特定场所的购物环境。若商场销售的商品地方特色明显，可播放一些民族音乐；若商场的现代气息比较浓郁，可播放一些现代音乐；若商场的艺术色彩比较浓厚，可播放一些古典音乐；若主要消费者是年轻人，可多播放一些流行音乐；若以中老年顾客为主，可播放一些怀旧金曲。总之，要使顾客的情绪在音乐的映衬下能与商场的主体风格产生共鸣。

背景音乐的音量不能太大，否则不仅无助于放松顾客的心情，反而会使人情绪紧张、头脑发胀，破坏购物兴致而无法忍受，以至于匆忙离开。

背景音乐在电梯、零售店铺、办公室以及餐馆中使用最为广泛。

（2）语音信息播放

语音信息主要包括商品广告信息、各种提示、寻人启事等。这类信息的音色比较柔和，使人有亲切舒适的感觉。由于语音较容易受到周围噪声的干扰和掩盖，会影响人们对所含信息的接收，因此，要求清晰度高，音量略大于背景音乐。

（3）其他声音发送

营业员为顾客演示商品性能，如挑选收音机、收录机、电视机、组合音响等，供人试听的各种声音非常难以掌握。商家应严格控制此类噪声和其他噪声，尽可能地排除噪声来源，降低音量，以创造一个相对宁静的顾客购物环境。

11.3.3　其他因素引发的心理效应

1. 温度

店堂室内温度是构成营业场所气候条件的要素之一，对顾客的心理影响最为直接。商场的气温受季节和客流量的影响，气温过高和气温过低会引起顾客的不舒适感，而适宜的气温对购物情绪和欲望都有着良好的、直接的影响。

现在商场一般都安装了冷暖空调，以满足顾客生理和心理的双重需要，但应注意温度调节应遵循舒适性原则，冬季应达到温暖而不燥热，夏季应达到凉爽而不骤冷。否则，反而会对顾客及员工产生不利的影响。如冬季暖气开得很足，顾客从外面进零售店铺都穿着厚厚的棉毛衣，在店内待不了几分钟都会感到燥热无比，来不及仔细浏览就匆匆离开零售店铺，这无疑会影响零售店铺销售。夏季冷气习习，顾客从炎热的外部世界进入零售店铺，会有乍暖还寒的不适应感，抵抗力弱的顾客难免出现伤风感冒的症状。因此在使用空调时，维持舒适的温度和湿度是至关重要的。

2. 湿度

湿度是表明空气中水分含量的指标，也是营业场所气候特征之一。尽管人们对湿度的注意程度一般要低于对气温的注意程度，但湿度一旦超过一定的范围，人们还是会感觉出来的。我国南方空气湿度大，北方湿度小，无论是夏天高温季节还是冬天寒冷季节，人们总感到南方没有北方舒适。当然，北方如果较长时间缺少雨水、过于干燥，也会使人感到不适。商场空气湿度对顾客购物情绪的影响亦是如此，因此在利用空调器调节温度的过程中，也要注意湿度的把握，有效地控制空气中的水分含量，提高环境的舒适度，使顾客能安心购物。

商场内的空气相对湿度一般应保持在 40%～50%，50%～60%更佳，该湿度范围人们感觉比较舒适。需要提醒的是，对经营特殊商品的营业场所和库房，更应严格控制环境湿度，严防腐坏情况的发生。

3. 态度

服务人员的态度对顾客购物的可能性也是很重要的。在平常的网购或实体购物中，大家对服务没有耐心，态度随意的服务品质都很厌恶，也因此失去了很多成交的机会。因此在购物过程中，服务人员说话口齿清晰，音量适中，最好使用普通话；要有先来后到的次序观念；顾客很多人手不够的情况下，记住当接待等候多时的顾客时，应先道歉，不易气急败坏地敷衍了事；不要刻意左右顾客的意向，让顾客随意自由选择；顾客有疑问时，应以专业、愉悦的态度为顾客解答；不要忽略陪在顾客身边的人；不可强买强卖；

商品成交后也应注意服务品质：商品包装好、送宾、目送；顾客不买任何东西也要保持亲切、热诚的态度；顾客不如意时，店员立即向顾客解释道歉；要擅长主动倾听意见；当顾客提出意见时，要用自己的语言再重复一次你所听到的要求。只有通过真诚的、热诚的态度，让顾客感受到亲切和舒心，才会对商品有信任感，才会有对商品的忠诚度。

4. 气味

店铺的气味也是构成顾客购物情境的元素之一，它对创造最大限度的销售额来说，也是至关重要的。气味正常，会吸引顾客购买商品；气味异常，商品的销售就会受到影响。巧克力、新鲜面包、橘子、玉米花和咖啡等散发出的气味对增进人们的愉快心情是有帮助的，花店中花卉的气味、化妆品柜台的香味、面包店的饼干味、糖果味、蜜饯店的奶糖和硬果味、皮革制品部的皮革味、烟草部的烟草味等气味，均是与这些商品协调的，对促进顾客的购买都有积极的影响作用。现在，大型商场一般均把化妆品柜设置在一楼，也就是这个道理。尤其是许多进口化妆品，由于其天然成分占绝对比例，香味效果更为突出，价格当然也不菲。

美国国际香料公司采用高科技人工合成了许多令人垂涎的香味，包括巧克力饼干、热苹果派、新鲜的比萨饼、烤火腿的香味，甚至还有不油腻的薯条香味等，并将各种人工香料装在精美的罐子中用来销售。根据定时设置，香料罐子每隔一段时间会将香味喷在零售店铺内，以引诱顾客上门，效果奇佳，在美国的销路非常好。许多零售店铺经营者用它们来吸引顾客、留住顾客，并且每天的花费只是几十美分而已。

令人不愉悦的气味包括有霉味的地毯、吸纸烟的烟气、强烈的染料味、残留的尚未完全熄灭的燃烧物的气味、汽油、油漆和保管不善的清洁用品的气味、洗手间的气味等，则会把顾客赶走。邻店的不良气味就像外部的声音一样，也会给零售店铺带来不好的影响，这些气味不仅令人不愉快，与零售店铺的环境、气氛也不协调。比如，巧克力和硬果的气味飘入保健食品部，牙科医生诊室的很浓的药品气味飘入面包店等。

如上述对零售店堂气氛有影响的因素一样，气味的密度（强度）也必须与它的类型一并考虑。如果是不好的气味，零售店堂应当用空气过滤设备力求降低它的密度（强度）；对正常的气味，浓度可以适当高一些，以便促进顾客的购买。例如，化妆品柜台周围，香水的香味会促进顾客对香水或其他化妆品的消费需要，但若香水的香味过于浓烈，也会使人厌恶，甚至引起反感，这样反而会把顾客赶走。

5. 空气质量

营业场所是人群集中的地方，顾客流量大、空气流通不畅，极易污浊。因此，空气质量是商场需要重视和解决的问题。空气质量下降会导致人们感官受到有害的刺激，引起烦闷、焦虑，影响正常营销活动的进行。商场应安装必要的设施，保持空气的流通，以清新通畅、冷暖适宜的空气满足顾客的生理需要，产生舒适、愉快的心理感受。其实，这也是营业员调节情绪、提高服务质量的重要前提条件。

一般小型零售店铺可采用自然通风方式，既可以节约能源，又能保证内部适宜的空气。而有条件的现代化大中型商场，在建造之初就应该安装空气调节设备，来为改善内部空气质量做准备，为顾客提供舒适、清洁的购物环境。此外，商场还可采取诸如紫外线灯光杀菌设备等空气净化措施，来提高店堂空气质量。

本章小结

在商业经营活动中，商店环境、招牌、店标、橱窗陈列等，是给顾客第一印象的客观事物，对顾客心理有一定的影响。这些事物给消费者不同的印象，会引起他们对商家的不同情绪感受，并由此激起购买心理的变化，影响购买决策的确定与执行。每个商家应根据顾客的潜在心理状况，布置一个环境优美、气氛良好的购物场所，使之引人注目，诱发积极的购买情绪。

本章要重点把握如下内容：店址选择对顾客心理的影响、店址选择的条件、店址选址策略；招牌的形式设计、店标的含义和设计原则；橱窗的心理作用、方法，设计要求；店堂布置对顾客心理的影响、店堂场所的心理作用、条件和内容；商品陈列的要求与心理方法；视觉效果、听觉效果、温湿度、气味和空气质量等现场情境对条件对顾客心理的影响。

练习题

一、单项选择题

1．所谓量感，是指陈列的商品数量要充足，给消费者以丰满、丰富的（　　）。

A．印象　　B．想象　　C．幻想　　D．假象

2．一般来说，商品摆放高度应以（　　）为宜。

A．1～1.7 米　　B．1.7～2 米　　C．1～1.5 米　　D．1～2 米

3．浅色淡色给人以店堂面积（　　）的错觉。

A．扩展变大　　B．收缩　　C．变小　　D．较近

4．下列（　　）地方可以开店。

A．坡路上　　B．居民少　　C．交通便利　　D．快速车道边

5．通过对货架或货柜上商品的照明，保证商品在色、形、质三个方面都能得到有效的表现的是（　　）。

A．普通照明　　B．商品照明　　C．重点照明　　D．局部照明

6．以下（　　）不是橱窗设计的基本原则。

A．考虑顾客的行走视线　　B．橱窗与卖场要分开

C．要与卖场中的营销活动相呼应　　D．主题要简洁鲜明，风格要突出

二、多项选择题

1．为了能给顾客提供便利购物的条件，店铺店址选择时应考虑（　　）。

A．交通便利　　B．人群聚集
C．机关单位集中　　D．人口居住稠密

2．在店面招牌中使用得最多的三种颜色是（　　）。

A．红　　B．黄　　C．绿　　D．蓝

3．橱窗设计的灵感主要来源于（　　）。

A．时尚流行趋势主题　　B．品牌的产品设计要素的延展
C．品牌当季的营销方案　　D．顾客购买过程中的心理活动

4．店内商品的货位，大致上分（　　）三大类型。

A．速购商品类　　B．选购商品类　　C．特殊商品类　　D．待购商品类

5．出色的商店招牌，对消费者的购买活动可以产生的心理作用有（　　）。

A．充当向导　　B．诱发兴趣　　C．增强信任　　D．易于传播

6．与经营地点相联系的招牌命名方法能反映（　　）。

A．商品经营所在的位置　　B．易突出地方特色
C．使消费者易于识别　　D．易于传播

7．比较适合在车站附近开店经营的行业和项目有（　　）。

A．洗衣房　　B．特产商品店　　C．物品寄存处　　D．鲜花礼品店
E．旅馆

8．应设在消费者最容易感知的位置销售的商品有（　　）。

A．花色品种复杂　　B．选择性不强的商品
C．需要仔细挑选　　D．交易零星
E．销售频率高

三、判断题

1．店址选择时，只要靠近人群聚集的地方就可以。（　　）

2．招牌文字设计时只要不影响店门营业，可以随意发挥。（　　）

3．橱窗设计应注意橱窗横度中心线最好能与顾客的视平线相等，方便整个橱窗内所陈列的商品都在顾客的视野中。（　　）

4．消费者没有明确目标或目的，因受到外在刺激物的影响而不由自主地对某些商品产生的注意称为无意注意。（　　）

5．语音信息播放的音量必要时要高于背景音乐的音量。（　　）

四、思考讨论题

1．最常见的宜开店选址的区域有哪几种？

2．店标设计应坚持哪些原则？

3．橱窗的设计有哪些具体要求？

4．如何对家电卖场进行店堂设计？

五、案例分析题

1．意大利顶级时尚品牌 TrussardiJeans 总裁柯露碧曾经亲临上海，希望能为其在中国开出更多店铺提前选址。不过她遗憾地发现，这样的地方并不好找。柯露碧向媒体坦言自己的想法："我们当然希望能开出更多的门店，因为这是最好的宣传手段。对顶级时尚品牌而言，任何一种宣传方式，都比不上开设自己的专卖店或旗舰店，这样才能让消费者对品牌产生最直接的体验。选址的重要性毋庸置疑，专卖店所在地段的档次本身就在向消费者传达其品牌定位，此外还要兼顾前面提到的客流质量，二者缺一不可。如果找不到合适的地点，我们宁愿推迟开张时间。"柯露碧的这种"选址观"不仅适宜于国际大牌，其实任何一家店面都面临着选址之"痛"。

分析：此案例中柯露碧的"选址观"对我们有何启示？

（**提示**：正确选择店址，是开店赚钱的首要条件。一个经营项目很好的店铺，若选错了店址，小则影响生意兴隆，大则可能导致"关门大吉"，尤其是现在随着创业热的不断升温。如今想投资开店当小老板的人越来越多，但开店并非像"春天播种，秋天结果"那么简单，而要牵涉到选址、融资、进货、销售等诸多环节，其中选址是关键的第一步。）

2．"以纯"专卖店的店堂布置："以纯"服饰通过前三年的市场摸索和积累，秉承"以信誉为根本，用质量求发展"的经营理念，确立了以大众时尚休闲为研发方向，针对 18～30 岁的年轻群体为消费对象，通过专卖连锁的营销方法，迅速在国内打开市场，到 2002 年，"以纯"在全国已有 1800 家店铺。

分析："以纯"这个品牌的营销相当成功，请根据它的店堂布置对其个性化的布局加以分析。

第 12 章
网上购物与顾客心理

学习任务

1. 知识目标

1）识记网购顾客心理类型、特征。
2）学会分析网购顾客的心理特征。

2. 实操目标

1）能正确觉察顾客的心理。
2）能正确分析网购顾客的心理特征。
3）能针对网购顾客的心理采取相应的营销策略。

3. 职业素质目标

培养较好的洞察力，洞察目标市场和目标顾客的变化。

案例引入

2015 年 12 月，淘宝网发布了中国互联网消费趋势报告。该报告指出，通过对数据分析发现，除了“移动电商时代来临”“消费力往三四级城镇下沉”“28 岁以下的网购用户高速增长”等一些鲜明的消费特征外，50 岁以上的中老年群体正逐渐成为不少网销商品的主要消费者的特征越来越明显。淘宝网发布的这份消费趋势报告中，比较抢眼的一个关键词是“年轻”，但这里并不是指消费人群的年轻化，而是指中老年群体的消费趋向年轻化。比如，一些被普遍认为是年轻人才会消费的商品：香水、户外运动装备、自拍杆、手机壳等，也在老年人中流行起来。报告中特别提到了中老年群体的线上舞蹈消费数据：“2011 年，中老年人舞蹈消费占比几乎为零。但在 2015 年前三季度中，中老年人消费超过三成，其中购买舞蹈类产品的中老年深度用户占比超过八成，且移动端占比呈爆发式增长状态。”

点评：网上“钱”景无限，企业在面对如此具有诱惑力的网络市场时，要想卓有成效地开展网络营销活动，就必须了解和把握网络消费者的心理特征，制定行之有效的网络营销对策，为营销活动提供可靠的数据依据，这样才能捕捉到市场机会，在网络营销的时代中立于不败之地。

12.1 网购时代的顾客心理

面对网络消费这种新型消费形式，顾客的消费行为和心理也表现得更加复杂和微妙，直接影响着电子商务的经营效果和发展空间。因此，洞察和分析电子商务环境下的顾客心理，对企业的网络营销起到至关重要的作用。

12.1.1 网购顾客的行为特征

Brigham Young 大学通过对 4000 名网络用户（既有网上购物者，也有非购物者）的调查发现，消费者的网上购物行为有八种基本类型。

1. 网络狂热型

此类型人群不仅经常在网上购物，还向别人讲述自己的网购经历，占被调查者的 11%。

2. 冒险学习型

此类型人群对网上购物充满兴趣，但这种兴趣需要商家进一步培养，占被调查者的 8.9%。

3. 初次尝试型

此类型人群刚开始网上购物，电脑应用水平低下可能是限制其成为长期网上购物者的因素，占被调查者的 9.6%。

4. 工作需要型

此类型人群拥有较高的电脑技能，上网是为了工作而不是从事其他活动（如购物），占被调查者的 12.4%。

5. 担心安全型

此类型人群了解购物网站，并知道如何进行网上购物，但是担心信用卡安全、送货以及投诉等方面的问题，占被调查者的 10.7%。

6. 生活习惯型

此类型人群喜欢在商场中购物的感觉，占被调查者的 15.6%。

7. 技能限制型

此类型人群不熟悉电脑应用，上网时间很少，对互联网兴趣不高，占被调查者的 19.6%。

8. 需求差异型

此类型人群上网是为了娱乐而不是购物，这是由于安全、个人信息、收入水平低等因素，占被调查者的 12.2%。

这项研究表明，消费类电子商务网站需要对营销、安全性和购物方便等方面进行重新认识。针对以上不同类型的购物者，网上零售商应该采取不同的营销方式。消费个性化、购物的便利性和消费偏好变化快，是网上消费者所具有的共性。网民消费行为比较自主，独立性强，努力追求与众不同的东西，以获得心理的独特性满足感。再者，在生活节奏快的现代化社会中，消费者追求购物时间和劳动成本的节省。技术的革新带来了产品生命周期的缩短与更新速度的加快，也使消费者的偏好不断变化。

12.1.2 网购顾客心理的变化趋势和特征

当今企业正面临前所未有的激烈竞争，市场正由卖方垄断向买方垄断演变，消费者主导的营销时代已经来临。在买方市场上，消费者将面对更为纷繁复杂的商品和品牌选择，这一变化使网购消费者心理与以往相比呈现出新的特点和趋势。

1. 个性消费的复归

之所以称为“复归”，是因为在相当长的一段历史时期，工商业都是将消费者作为单独个体进行服务的。在这一时期内，个性消费是主流。到了近代，工业化和标准化的生产方式才使消费者的个性被淹没于大量低成本、单一化的产品洪流之中。另一方面，在短缺经济或近乎垄断的市场中，消费者可以挑选的产品本来就很少，因而个性不得不被压抑。当消费品市场发展到今天，多数产品无论在数量还是品种上都已极为丰富，消费者此时能够以个人心理愿望为基础挑选和购买商品或服务。更进一步，他们不仅能做出选择，还渴望选择。他们的需求更多了，变化也更多了。逐渐地，消费者开始制定自己的准则，他们不惧怕向商家提出挑战，这在过去是不可想象的。消费者所选择的已不单是商品的使用价值，而且还包括其他的“延伸物”，这些“延伸物”及其组合可能各不相同。因而从理论上看，没有一个消费者的心理是完全一样的，每一个消费者都是一个细分市场。心理上的认同感已成为消费者做出购买品牌和产品决策时的先决条件，个性化消费成为消费的主流。

2. 消费主动性增强

在社会分工日益细化和专业化的趋势下，即使在许多日常生活用品的购买中，大多数消费者也缺乏足够的专业知识对产品进行鉴别和评估，但他们对于获取与商品有关的信息和知识的心理需求却并未因此消失，反而日益增强。这是因为消费者对购买的风险感随选择的增多而上升，而且对单向的“填鸭式”营销沟通感到厌倦和不信任。尤其在一些大件耐用消费品(如电脑)的购买上，消费者会主动通过各种可能的途径获取与商品有关的信息并进行分析比较。这些分析也许不够充分和准确，但却可使得消费者从中获得心理上的平衡，减低风险感和购后产生后悔感的可能性，增加对产品的信任和争取心理上的满足感。消费主动性的增强来源于现代社会不确定性的增加和人类追求心理稳定和平衡的欲望，而且人天生就有很强的求知欲。

3. 消费心理稳定性减小，转换速度加快

现代社会发展和变化速度极快，新生事物不断涌现。消费心理受这种趋势带动，稳定性降低，在心理转换速度上趋向与社会同步，在消费行为上则表现为产品生命周期不断缩短。过去一件产品流行几十年的现象已极罕见，消费品更新换代速度极快，品种花式层出不穷。产品生命周期的缩短反过来又会促使消费者的消费心理转换速度进一步加快。例如电视机，在中国由黑白发展为彩色经历了十几年时间，但现在几乎每年都有新技术、新功能的电视机推出，消费者今年才买的电视到明年可能就过时了，以致于一些别出心裁的商家开始经营电视机出租业务，以配合消费者求新、求变的需求。

4. 对购买方便性的需求与对购物乐趣的追求并存

一些消费者会以购物的方便性为目标，追求时间和劳动成本的尽量节省。特别是他们对于需求和品牌选择都相对稳定的日常消费品，尤为突出。然而另一些消费者则恰好相反，由于劳动生产率的提高，人们可供支配的时间增加。一些消费者如自由职业者或家庭主妇希望通过购物来消遣时间，寻找生活乐趣，保持与社会的联系，减少心理孤独感。因此他们愿意多花时间和体力进行购物，而前提必须是购物能为他们带来乐趣，能满足心理需求。这两种相反的心理将在较长的时间内并存和发展。

5. 价格仍然是影响消费心理的重要因素

虽然营销工作者倾向于以各种产品差别化来减弱消费者对价格的敏感度，避免恶性削价竞争，但价格始终对消费心理有重要影响，如微波炉降价战。作为市场领导者的格兰仕拥有技术、质量和服务等多方面的优势，到最后却也被迫宣布重返降价竞争行列，为市场占有率而战。这说明，即使在发达的营销技术面前，价格的作用仍旧不可忽视。

12.1.3 网购顾客的心理特征分析

网络为消费者提供了众多的检索途径，消费者可以通过网络轻易地搜索到全国乃至全世界的相关商品信息。市场越来越显现透明化，而人们的消费观念、消费方式以及消费者的地位也都发生着巨大的变化。据统计，网络消费主体以文化程度相对较高的时尚人群为主，这一特殊的消费群体有一定的经济基础，且掌握相应的网络技术。同时，面对纷繁复杂的网络市场以及丰富多样的商品选择，消费者的心理与以往相比呈现出新的特点和发展趋势，这些特点和趋势在电子商务中表现得更为突出。

1. 促进网络消费的心理特征分析

（1）网购顾客的忠诚和依赖心理

《2015 年中国网络购物调查研究报告》关于调查 2015 年第三季度中国 B2C 购物网站市场份额及各网站用户只在本网站购物的比例，如图 12-1 所示，淘宝网网络购物用户市场份额已经达到 57.8%。如图 12-2 所示，60%左右的用户只在一个网站上买东西。可见，网络购物用户的忠诚度相对较高，并且依赖于一个知名度较高的购物网站。而淘宝网的突出优势在于网站品种繁多，支付体系较为完善。消费者在一个购物网站注册并且通过认证，其网上银行绑定第三方支付账户，并且依靠交易次数及评价来提升自己的信用等级。当消费者再次网购时，他首先想到的是在已有账户的购物网站上进行网购，很少再会去另外一个购物网站再次注册、通过认证。在这个过程中，就无形中形成了对于已有的较为完善的购物网站的忠诚和依赖的消费心理。

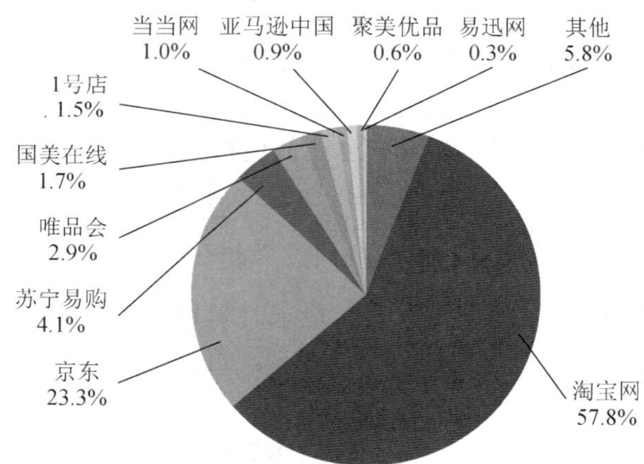

图 12-1 2015Q3 中国 B2C 购物网站交易规模市场份额

注：B2C 市场拥有复合销售渠道的运营商规模仅统计其与网络相关的销售额。根据财报，阿里排除定价 50 万元以上的汽车和房产交易，定价 10 万元以上的所有产品和服务，以及一天内购买总金额超过 100 万元的用户的所有订单。京东排除 B2C 平台上订单金额在 2000 元以上的没有最终销售和递送的订单，拍拍网排除定价 10 万元以上的所有产品和服务，以及一天内购买总金额超过 100 万元的用户的所有订单。

（来源：综合企业财报及专家谈谈，根据艾瑞统计模型核算。）

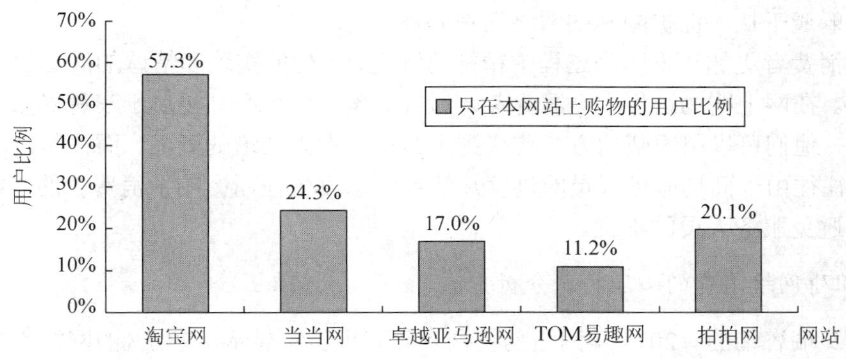

图 12-2　各网站用户中只在本网站购物的比例

（2）崇尚个性、追求时尚的网络消费心理

目前网络消费者多以年轻、高学历人群为主，他们想象力丰富、喜欢创意、好奇心强，有自己独立的见解和想法。网络消费者对产品和服务的具体要求越来越独特，而且变化多端，个性化消费也越来越明显。他们喜欢标新立异，为展现自己的个性和与众不同的品位，不愿意购买“大众化”产品。对于年轻时尚的网络消费群体而言，他们特别喜欢消费新颖的产品，即新产品或者是时尚类产品，而这类产品一般来说在本地传统市场中暂时无法买到或不容易买到，因此成为网络消费者进行网上购物的原因之一。

（3）方便快捷、物美价廉的网络消费心理

随着现代生活节奏的加快，对于惜时如金的现代人来说，在购物中即时、便利、随手显得更为重要。消费者只要拥有一台联网电脑，即可不受时间地点的限制，快捷、经济地通过电子邮件、即时聊天工具等方式与商家进行联系。然后只需要消费者点击鼠标，在网上寻找并查自己所需要的产品，通过确认就可以完成购买过程，等待物流公司送货上门。相比在实体交易环境中购物，节省了大量的时间成本和体力成本。现代社会的快节奏使人们更愿意将有限的时间和精力用于闲暇，从事一些有益于身心健康的活动，充分享受生活。

不能否认，低价也是影响消费者进行网络消费的重要因素。网上购物使得企业减少经销商、代理商等中间环节，采用订单生产、减少库存，从而降低了成本和产品价格。而消费者可绕过中间商在全球范围内寻找最优的价格，因而能以低于传统市场中的商品价格实现购买。另一方面，通过互联网，消费者可以突破购物种类和数量的限制，并且更容易掌握商品信息，如功能、性能、价格等。他们可以很便捷地对这些信息进行筛选、重组、比较，从而选择优而惠的商品。

（4）受用户评价信息影响的网络消费心理

当网民进行网购时，基于网络虚拟市场的不真实感，从而更加注重他人的购买经历体验。而网络商品的信用评价体系为网络消费者提供了一个表达网购者满意程度交流的平台。通常网购者在决定购买前都会先查看此商品的信用评价。只有在他人给予商品好评的情况下，才能让他们对此商品产生初步信任，从而决定浏览和购买。学历较高、年龄在 25～35 岁的高价值用户更为看重商品评论。尤其是女性，更易受商品评论影响。

（5）躲避干扰、保护隐私的网络消费心理

现代消费者更加注重购物过程中精神的愉悦、个性的实现和情感的满足等高层次的需要满足。在网上购物过程中，消费者认为自己购买何种商品也属于一种隐私，而在网络市场中，他们可以用隐蔽的方式购买到不愿意让别人知道的商品。而在传统商场购物过程中，往往由于商场服务人员的过度热情或者态度欠佳而影响了消费者的心情，网络消费则可避免服务人员的干扰。

2. 阻碍网络消费的心理特征分析

根据艾瑞咨询的《2014 年网络购物调查研究报告》显示，79.7%的网购用户没有不愉快的购物经历，大部分的网购用户已接受网购。部分消费者网购不愉快经历的主要问题如表 12-1 所示。

表 12-1 网民在网购过程中碰到的不愉快的购物经历问题统计

网民在网购过程中碰到的不愉快经历	比例/%
商品与网上商品图片不一样	6.8
伪劣或残损物品	3.6
送货时间太长	3.6
卖家骗取货款后不发货	1.9
送货时货物丢失或损坏	1.2
商品是仿冒的，并且事先卖家未告知	1.1
卖家不守信用，成交后借故毁约	0.9
快递人员态度不好	0.7
运费过高	0.2
卖家给差评或恶意评价	0.1
其他	0.2

在有不愉快购物经历的网民中，较多的网购用户抱怨购买到的商品与图片不符合。物流方面，送货时间太长是网民主要的抱怨。

网络消费对消费者有着强大的吸引力，但就其本身特点和发展现状而言，仍然存在着制约的因素，因而造成了网络消费者的消费心理障碍。归结网络消费的心理劣势分析如下：

（1）对网络市场“缺乏信任”的网络消费心理特征

网络购物是在一个虚拟的网络环境中进行的，消费者无法在购物前通过触摸方式对产品进行检视，甚至对卖家的身份、信用度一无所知。正是这种买卖双方的“信息不对称”，加重了消费者对网络销售商的戒心。信息优势和信息劣势的出现，意味着信息不对称性的存在。而卖方总是比买方拥有更多的信息优势，加之网络消费是在虚拟的环境中进行的，买卖双方的信息不对称不仅表现在信息源的不对称，在识别手段方面也存在着不对称。消费者担心低价的背后是否是因为商品虚假伪劣，担心卖家提供的商品信息不属实导致购买的商品不适用，甚至付款后收不到货等。

（2）担心“低效配送”的网络消费心理

我国物流业刚刚起步，货物的运输和派送存在着很多问题，货物在运输过程中遗失或者损坏、运输时间过长等，都是消费者头疼的问题。在中国互联网络信息中心(CNNIC)发布的《2014 年中国 C2C 网上购物调查报告》中显示，75%以上的买家最关心物品的价格，约 10%的买家最不放心商品的递送，有 25%的卖家有因第三方配送问题引出买卖纠纷的不愉快经历。可见，相当一部分消费者因为物流配送的低效而放弃了网络消费。

（3）“售后服务”的网络消费心理

目前网络购物中交易量较大的商品，主要集中在书籍、日用百货、音像制品等种类上，消费金额较低。对于电器、通讯器材等大宗商品，许多消费者保持了谨慎态度。调查发现，虽然网络购物用户年龄多集中在 18～35 岁，但事实上，25～35 岁的主流消费群活跃度并不高。这群人的特征是有稳定的收入，有自己认定的品牌，喜欢时尚的同时注重品质。他们对网络购物存在一定的顾虑，主要表现在缺乏信任和安全感，担心没有或是售后服务差。这些都大大制约了网上消费的发展。

（4）“支付安全”的网络消费心理障碍

消费者对于网络消费的不安因素主要源于对网上支付和信用体系的担忧。网络的开放性增加了消费者财产遭受侵害的风险，消费者在进行消费时，使用电子货币支付货款时可能承担以下风险：网上支付信息被厂商或银行收集后无意或有意泄露给第三者，甚至冒用；不法分子盗窃或非法破解账号密码导致电子货币被盗、丢失；信用卡欺诈；支付系统被非法入侵或病毒攻击等。现时加密技术的发展仍不能圆满地解决这一问题。来自艾瑞的调查显示：受到层出不穷的“网银被盗”案等影响，85.1%的网民对使用网上银行的安全性心存担忧。可见担忧网络支付安全的消费心理仍然是制约电子商务发展的最大心理障碍。

（5）“广告逆反”的网络消费心理

随着电子商务的迅猛发展，网络广告不甘寂寞地充斥了整个互联网，面对越来越多的广告“不速之客”，消费者心理逐渐由“好奇”转向了“逆反”。邮箱里不请自来的“垃圾邮件”、网页上到处飞舞的横幅式广告、不小心点击的弹出式广告、按钮式广告、插播式广告等，让消费者不胜其烦。为了防止受到干扰，很多消费者都安装了防止窗口弹出的程序，自然也就不会受网络广告的引导去购买商品了。

消费者对于网络广告的逆反心理源于很多广告的虚假、欺骗性。在中国互联网信息中心对于网民对广告反应的调查中显示，37.8%网民不相信网络广告；31.7%网民认为广告的出现影响了其在网上的活动，广告数量太多；19.7%网民不满于网络广告数量过多。这不仅使消费者降低了对网络广告的信任，也成为网民进行网络消费的心理障碍。

（6）排斥“缺乏社交”的网络消费心理

由于网上购物能替代部分人际互动关系，也就不可能满足消费者在这方面的个人社交动机。网上购物方式体现的是人机对话，无法重现商场购物方式所特有的人迹互动关系。例如，家庭主妇或朋友间希望通过结伴购物来增进与左邻右舍的关系或友情等，或者在购物场所碰到熟人或朋友聊天的可能、结识新朋友的机遇与售货人员之间个人沟通的经历或者其他社交接触活动的机会。

职业素质养成训练

据中商情报网《2014—2015年中国网民互联网消费趋势研究报告》，2014年中国互联网用户互联网消费总规模达7988亿元人民币。中国互联网用户人均2014年度互联网消费总规模为4356.7元人民币，比2013年增长14.7%。网络购物已经成为网民消费生活习惯，甚至成为人们日常消费的重要消费渠道。网络物比例是45.1%，购物人数规模达到5640万。参加过网上购物的网民个人半年网上购物累计金额平均是870元，购物金额在1000元以上的比例占到26.1%。截止2015年7月，网络购物使用率已达45%，用户人数达到8329万人，半年内用户量增加了1689万人，已经成为十大网络应用之一。

思考：

企业面对如此具有诱惑力的网络市场，应该如何卓有成效地开展网络营销活动，使企业顺应潮流的变化立于不败之地?

12.2 应对网购顾客心理变化的策略

通过对网络消费者的群体、行为及心理的分析，重点从消费者心理角度为企业提出针对性的网络营销策略，开拓网络消费市场，促使企业在电子商务时代中脱颖而出。

12.2.1 网站建设策略

首先，网上商店无法向传统商店那样，通过地点的选择与利用门面、招牌、橱窗设计及外部灯光使用等要素引起消费者的注意和产生心理联想，因此，网上商店的外部形象设计能否满足消费者寻新求异的心理，是吸引消费者登录浏览商店、产生和形成购买行为的基础。其次，因为于网上商店所经营的多数商品消费者只能通过视觉或听觉来感知商品的相关信息，所以产品的特点介绍越详细，产品展示图片越清晰，消费者的兴趣才有可能越高。最后，要注意简化操作流程，不能去考验消费者的耐心，而应该尽量让消费者心情愉悦地进行每一步操作，并快速得到想要的结果。

介绍以下几种网站营销策略，用于消除消费者对于虚拟网络世界的不确定感和不信任感。

1. 精细化用户评论板块

评论作用越来越像是一个实际意义的口碑广告。在网站的设计过程中，应注意提高用户评论板块信息含量，吸引用户发表评论信息，维护高信誉度评论者的活跃度。尤其是对于女性和年轻网购人群，增加用户评论的质量和数量，能显著增强赢利能力。

2. 试用体验

消费者体验的重要性是不言而喻的，它可以极大地消除消费者在网络虚拟环境下对无法接触到的商品的担忧，增强其信心以及对网络商家的信赖。

3. 情感体验

巧妙地设计网站的功能和内容，有时能够触及目标消费者心里的某根情感线，使消费者强烈受到感染或被冲击，全力激发消费者潜在朦胧的购买意识，达到“润物细无声”“四两拨千斤”的作用。

12.2.2　价格营销策略

由于网上市场具有透明化的特点，“货比三家”变得更加方便快捷，因此消费者对网上商品的价格也就更加敏感。定价过高，消费者只需动一动鼠标即可在一分钟内淘汰其商品；而定价过低，则会被认为品质低下或属于低档商品。因此，在网络营销中，企业面对着更严峻的挑战，这就要求企业能掌握网络消费者的心理，巧妙运用定价策略。

1. 差别定价策略

差别定价策略被认为是网络营销的一种基本的定价策略，一些人甚至呼吁“始终坚持差别定价”，但没有什么营销策略是无往不胜的。例如，在“亚马逊公司的差别定价实验”中，亚马逊以彻底失败收场。亚马逊在差别定价的过程中利用了顾客购物历史、人口统计学数据等资料，触及了网络中最敏感的消费者隐私权，使得顾客失去了对其的信任。并且在定价过程中，对老顾客报价高于新顾客，这也严重伤害了老顾客的“惠顾”心理。巧妙的差别定价可以最大程度地获得利润。例如，航空公司根据不同时间段以及航线，在线预定对机票制定不同的价格；金山、卡巴斯基等杀毒软件以不同版本出现在网络市场上，从版本定位，成功地占领了心理细分市场。

2. 免费价格策略

因特网作为全球性开放网络，它可以快速实现全球信息交换。因此，企业通过网络提供免费产品，对于网络消费者来说，可以毫无成本地得到需要的东西，从而使消费者可以没有任何心理负担地成为网站的固定用户。对于企业来说，通过较小的成本实现企业推广，也获得了长期的潜在客户。这是针对消费者的心理适应过程，在消费者免费使用其网站或产品的期间，建立起了对企业网站和产品的信任感。

随着网络营销的逐步成熟，越来越多的营销创意和做法值得参考和借鉴，如经营 Web 优化服务的网站提供免费的站点测试功能；销售软件产品的站点提供可免费订阅的 E-mail，使订阅者可以及时了解新产品的信息及技术发展的动态等；金山公司允许消费者通过互联网下载限次使用的 WPS 2000 软件，其目的是让消费者使用习惯后，掏钱购买正式软件。

12.2.3　网上促销策略

在进行网络营销时，对网上营销活动的整体策划中，网上促销是其中极为重要的一项内容。促销（Sales Promotion，SP）是指企业利用多种方式和手段来支持市场营销的各种活动。而网上促销（Cyber Sales Promotion）是指利用 Internet 等电子手段来组织促销活动，以辅助和促进消费者对商品或服务的购买和使用。根据网上营销活动的特征和产品服务的不同，结合传统的营销方法，作者总结出以下几种网上促销策略。

1. 网上折价促销

折价亦称打折、折扣，是目前网上最常用的一种促销方式。因为目前网民在网上购物的热情远低于商场超市等传统购物场所，所以网上商品的价格一般都要比传统方式销售时要低，以吸引人们购买。由于网上销售的商品不能给人全面、直观的印象，也不可试用、触摸等，再加上配送成本和付款方式的复杂性，因此造成网上购物和订货的积极性下降。而幅度比较大的折扣可以促使消费者进行网上购物的尝试并做出购买决定。

目前，大部分网上销售商品都有不同程度的价格折扣，如8848、当当书店等。

折价券是直接对价格打折的一种变化形式，有些商品因在网上直接销售有一定的困难，便结合传统营销方式，可从网上下载、打印折价券或直接填写优惠表单，到指定地点购买商品时可享受一定优惠。

2. 网上变相折价促销

变相折价促销是指在不提高或稍微增加价格的前提下，提高产品或服务的品质数量，较大幅度地增加产品或服务的附加值，让消费者感到物有所值。由于网上直接对价格打折容易造成品质低下的怀疑，因此利用增加商品附加值的促销方法会更容易获得消费者的信任。

3. 网上赠品促销

赠品促销目前在网上的应用不算太多，一般在新产品推出试用、产品更新、对抗竞争品牌、开辟新市场的情况下使用赠品促销的方法可以达到比较好的促销效果。

赠品促销的优点：可以提升品牌和网站的知名度；鼓励人们经常访问网站以获得更多的优惠信息；能根据消费者索取赠品的热情程度总结分析营销效果和产品本身的反应情况等。

赠品促销应注意赠品的选择：①不要选择次品、劣质品作为赠品，这样做只会起到反作用；②明确促销目的，选择适当的能够吸引消费者的产品或服务；③注意时间和时机，如冬季不能赠送只在夏季才能用的物品，另外在危急公关等情况下也可考虑不计成本的赠品活动以挽回公关危急；④注意预算和市场需求，赠品要在能接受的预算内，不可过度赠送赠品而造成营销困境。

4. 网上抽奖促销

抽奖促销是网上应用较广泛的促销形式之一，是大部分网站乐意采用的促销方式。抽奖促销是以一个人或数人获得超出参加活动成本的奖品为手段进行商品或服务的促销。网上抽奖活动主要附加于调查、产品销售、扩大用户群、庆典、推广某项活动等。消费者或访问者通过填写问卷、注册、购买产品或参加网上活动等方式获得抽奖机会。

网上抽奖促销活动应注意以下几点：①奖品要有诱惑力，可考虑大额超值的产品吸引人们参加。②活动参加方式要简单化，因为目前上网费偏高，网络速度不够快，以及浏览者兴趣不同等原因，网上抽奖活动要策划得有趣味性和容易参加。太过复杂和难度太大的活动较难吸引匆匆的访客。③抽奖结果的公正公平性。由于网络的虚拟性和参加者的广泛地域性，对抽奖结果的真实性要有一定的保证，应该及时请公证人员进行全程公证，并能及时通过 E-mail、公告等形式向参加者通告活动的进度和结果。

5. 积分促销

积分促销在网络上的应用比起传统营销方式要简单和易操作。网上积分活动很容易通过编程和数据库等来实现，并且结果可信度很高，操作起来相对简便。积分促销一般设置价值较高的奖品，消费者通过多次购买或多次参加某项活动来增加积分以获得奖品。

积分促销可以增加上网者访问网站和参加某项活动的次数；可以增加上网者对网站的忠诚度；可以提高活动的知名度等。

6. 网上联合促销

由不同商家联合进行的促销活动称为联合促销。联合促销的产品或服务可以起到一定的优势互补、互相提升自身价值等效应。如果应用得当，联合促销可起到相当好的促销效果，如网络公司可以和传统商家联合，以提供在网络上无法实现的服务。

以上六种是网上促销活动中比较常见又较为重要的方式，其他如节假日的促销、事件促销等都可对以上几种促销方式进行综合应用。但要想使促销活动达到良好的效果，必须事先进行市场分析、竞争对手分析，以及网络上活动实施的可行性分析，与整体营销计划结合，创意地组织实施促销活动，使促销活动新奇、富有销售力和影响力。

12.2.4 产品营销策略

现代消费者对商品普遍存在求新、求美、求奇的心理，渴望个性化消费。现代企业在开展网络营销时，要充分发挥互联网的优势，根据消费者的不同特征划分不同的目标市场，满足消费者的个性需求，提供定制化服务。海尔在我国率先突出的 B2B2C 全球定制模式，可以按照不同国家和地区不同的消费特点，进行个性化的产品生产，目前可以提供 9000 多个基本型号和 20000 多个功能模块供消费者选择。用海尔首席执行官张瑞敏的话说就是“如果你要一个三角形的冰箱，我们也可以满足您的需求”。在短短一个月的时间里，海尔就拿到 100 多万台定制冰箱的订单，说明产品定制化的时代已经到来。

1. 提供时尚和信息的产品

年轻人比任何消费群都关心最新的时尚及信息，正因为如此，厂家应该瞄准年轻人这一巨大的市场。现在的世界充满了诱惑，电视、电脑、收音机甚至手机都可以传递大量的信息，年轻人的世界充满了电子化的刺激。这是一个非常大的特征，任何一个厂商想开发出贴近年轻人的产品都必须重视电子工业及其尖端技术给产品带来的巨大吸引力，特别是因特网的发展，给予了年轻人更多的机会来关注新技术及新的电子产品。

2. 讲究个性化服务和产品品牌建设

年轻的一代是最讲究个性的一代，他们不希望自己的外在形象或是自己使用的产品和别人一样，他们讲究个性、有型，因此，企业通过网络的虚拟性可以提供服务者的个性要求。同时在送货方面尽可能地方便也是一个重要方面，最好一站式购齐。要善于利用 MTV 等媒体，以最短的速度向全世界的年轻人宣传自己的品牌。对于年轻人来说，品牌就是他们的象征，同时它也起着各种各样的桥梁作用。现在的年轻人从小到大都把品牌看作自己的象征，品牌可以给予年轻人强烈的自信心及安全感，而且他们对品牌的忠诚是稳定而具有持续性的。

12.2.5 配送渠道营销策略

电子商务要求建立专业化、社会化、信息化、自动化、网络化的现代物流体系，以便企业最大效率地实现有效的全国配送乃至实现全球配送。企业有必要建立起自己的物流配送中心或有效地利用社会物流配送中心，利用它们的运输配送，加快商品实体的分销速度，降低进货成本，为低价策略创造条件。

12.2.6 建立完善的客户服务机制

1. 建立良好的退换货品机制

对 C2C 网站而言，由于网站只是起第三方的监督管理作用，卖方是否有售后服务并不在网站管理范围内，因此对 C2C 网站来说，应在网站醒目处告知买家，货品的售后服务由卖家来承担。同时，对那些有售后服务承诺的卖家来说，应该加强管理，保障买家权益。对于 B2C 网站，主要是大型电器零售店的网上商店，要将网上销售与传统销售的售后服务等同的概念传达给消费者，以消除消费者对于网络消费商品售后服务的顾虑。

2. 利用即时通信，开展深层次的客户服务

目前，我国网民对即时通信的使用率已经非常高。利用即时通信，可以使得浏览同一商品的用户互相交流，有助于顾客对商品的快速了解，增加网上购物的乐趣；当顾客反复查看某种商品，显得有些犹豫不决时，虚拟导购小姐或者虚拟产品专家可以及时弹出一个对话窗口，利用即时通信给顾客进行必要的介绍，这样有助于用户的购买决策，提高订单的成功率。

知识拓展

亚马逊的高效配送机制

亚马逊作为电子商务领域的一个神话，其成功在很大程度上得益于配送管理上的科学化、法制化和运作组织上的规范化、精细化，为顾客提供了方便、周到、灵活的配送服务，满足了消费者多样化的需求。它的配送中心按商品类别设立，不同的商品由不同的配送中心进行配送。这样做有利于提高配送中心的专业化作业程度，使作业组织简单化、规范化，既能提高配送中心的作业效率，又可降低配送中心的管理和运转费用。

亚马逊为顾客提供了多种可供选择的送货方式和送货期限。在送货方式上有以陆运和海运为基本运输方式的“标准送货”，也有空运方式。在送货期限上，根据目的地是国内还是国外的不同，以及所订的商品是否有现货而采用标准送货、2 日送货和 1 日送货等。

亚马逊成功地抓住了消费者对于低效物流配送的反感心理，建立起科学高效的配送体系。它把物流配送的整个过程充分展示给客户，当客户下完订单后拥有了订单号，就可以方便地在网站上查询货物的配送情况，使客户做到心中有数。而且，亚马逊的“标准送货”使得消费者不再担忧送货时间被推延等问题。亚马逊建议顾客在订货时不要将需要等待的商品和有现货的商品放在同一张订单中。这样在发运时，承运人就可以将来自不同顾客、相同类别、配送中心有现货的商品装配在同一货车内发运，从而缩短顾客订货后的等待时间，也扩大了运输批量，提高运输效率，降低运输成本。

职业素质养成训练

大众汽车利用互联网发布最新的两款甲壳虫系列。总共 2000 辆新车出售，而且均在网上销售。公司花了数百万美金在电视和印刷媒体大做广告，推广活动的广告语为“只有 2000，只有在线”。这次市场活动不仅推广了新车型，而且支持了整个在线购车的过程。这是大众汽车第一次在自己的网站上销售产品，网站采用 Flash 技术来推广两款车型，建立虚拟的网上试用驾车。采用 Flash 技术，将动作和声音融入活动中，让用户觉得他们实际上是整个广告的一个部分。用户可以选择网上试用驾车的不同场景，如在城市中，在高速公路上，在乡间田野或其他。

思考：

1）大众汽车在这次新车发布上使用了怎样的营销策略迎合了消费者什么样的心理？请你说说这样的策略有什么优势。

2）假设你是一位电商，请结合你所熟悉的某一产品或服务，分析网购顾客的消费心理，并根据你所分析的网购顾客心理类型设计一则促销方案。（要求：选择分析的产品或服务具体，目标顾客锁定合理，消费心理分析正确，方案设计有针对性。）

本章小结

本章通过列举互联网环境下网购顾客心理的类型，概括网购顾客心理的变化趋势和特征，对网购顾客的心理变化趋势和特征进行了分析，总结了促进网络消费的心理特征和阻碍网络消费的心理特征，最后从消费者心理角度为企业提出针对性的网络营销策略，由此开拓网络消费市场，促使企业在电子商务时代中脱颖而出。

本章的关键词：网购顾客心理的类型、网购顾客心理的特征、应对策略。

本章的重点内容：网购顾客心理的类型；网购顾客心理的变化趋势和特征；网购顾客心理特征分析。

练 习 题

一、单项选择题

1. 不仅经常在网上购物，还向别人讲述自己的购物经历。这类网购顾客属于（　　）类型。

A. 工作需要　　B. 网络狂热　　C. 初次尝试　　D. 担心安全

2. 下列（　　）体现消费者对电子商务的心理障碍。

A. 消费者可以不受空间和时间的限制，大范围地比较各种信息

B. 部分商品可以实现在线交货

C. 方便购买异地产品

D. 对虚拟的购物环境缺乏安全感

3. 30 岁以下消费人群的自我意识日益增强，强烈地追求独立自主。这类网购顾客会表现出（　　）的消费心理。

A. 满足方便、快捷　　B. 追求物美价廉

C. 躲避现实干扰　　D. 表现自我和体现个性

4. 影响和制约消费者心理的因素有（　　）。

A. 网上交易的安全性得不到保障

B. 方便快捷的购物方式

C. 物美价廉的商品

D. 丰富的广告信息

5．下列说法错误的是（　　）。

A．卖方总是比买方拥有更多的信息优势，加之网络消费是在虚拟的环境中进行的，买卖双方的信息不对称不仅表现在信息源的不对称，识别手段也存在着不对称

B．价格仍然是影响消费心理的重要因素

C．对购买方便性的需求与对购物乐趣的追求并存

D．受用户评价信息影响的网络消费心理是不利于促进网络消费发展的心理

6．卖家可采用（　　）的方法来增强消费者网络消费的信心以及对网络商家的信赖。

A．网上变相折价　　B．网上赠品促销

C．提供时尚的商品　　D．试用体验

7．下列属于价格策略的是（　　）。

A．差别定价策略　　B．网上折价

C．赠品　　D．积分

8．下列属于网上促销策略的是（　　）。

A．赠品　　B．试用体验

C．差别定价　　D．提供时尚商品

9．下列说法错误的是（　　）。

A．企业有必要建立起自己的物流配送中心或有效地利用社会物流配送中心，利用它们的运输配送，加快商品实体的分销速度，降低进货成本，为低价策略创造条件

B．年轻的一代是最讲究个性的一代，他们不希望自己的外在形象或是自己使用的产品和别人一样，他们讲究个性、有型，因此，企业通过网络的虚拟性可以提供服务者的个性要求

C．在“亚马逊公司的差别定价实验”中，利用了顾客购物历史、人口统计学数据等资料，触及了网络中最敏感的消费者隐私权，使其获得了最大的利益

D．巧妙地设计网站的功能和内容，有时能够触及目标消费者心里的某根情感线，使消费者强烈地受到感染或被冲击，全力激发消费者潜在朦胧的购买意识

10．金山公司允许消费者在互联网下载限次使用的 WPS 2000 软件，其目的是想消费者使用习惯后掏钱购买正式软件。这样的做法是（　　）。

A．网上变相折价促销　　B．网上赠品促销

C．免费价格促销　　D．情感体验

二、多项选择题

1．下列属于互联网环境下消费者的心理类型的是（　　）。

A．从众心理　　B．隐秘性心理

C．安全心理　　D．疑虑心理

2．当前消费者心理与以往相比呈现出的新的特点和趋势有（　　）。

A．个性消费的复归

B．消费主动性增强

C．对购买方便性的需求与对购物乐趣的追求并存

D．消费心理稳定性减小，转换速度加快

3．促进网络消费的心理特征分析有（　　）。

A．网购顾客的忠诚和依赖心理

B．崇尚个性、追求时尚的网络消费心理

C．方便快捷、物美价廉的网络消费心理

D．对网络市场“缺乏信任”的网络消费心理特征

4．下列（　　）促使了网购顾客产生对网络市场“缺乏信任”的心理。

A．低效配送　　B．售后服务　　C．支付安全　　D．广告逆反

5．下列关于网购顾客心理的描述正确的是（　　）。

A．现代消费者更加注重精神的愉悦、个性的实现、情感的满足等高层次的需要满足，希望在购物中能保持心理状态的轻松，自由选购

B．当网民进行网购时，基于网络虚拟市场的不真实感，从而更加注重他人的购买经历体验

C．随着现代生活节奏的加快，对于惜时如金的现代人来说，在购物中即时、便利、随手显得更为重要

D．网上购物过程中，消费者认为自己购买何种商品也属于一种隐私

6．可以消除消费者在网络这个虚拟的环境下对于无法接触到商品的担忧，增强消费者的网络消费的信心以及对网络商家的信赖的策略是（　　）。

A．精细化用户评论板块　　B．试用体验

C．情感体验　　D．积分促销

7．赠品促销的优点是（　　）。

A．提升品牌和网站的知名度

B．鼓励人们经常访问网站以获得更多的优惠信息

C．根据消费者索取赠品的热情程度而总结分析营销效果和产品本身的反应情况

D．提高销售成本

8．下列（　　）营销策略类似。

A．网上汽车销售和润滑油公司联合，优势互补、互相提升自身价值

B．销售软件产品的站点提供可免费订阅的 E-mail，使订阅者可以及时了解新产品信息及技术发展动态

C．当当书店提供折价券的网上下载

D．电子商务网站“发行虚拟货币”，网站通过举办活动来使会员“挣钱”，同时网站会员可以用“虚拟货币”购买本站的商品

9．Virtual Flowers（www. virtualflowers. com）是一家经营鲜花生意的公司，该公司

不但在其网站上提供真正的鲜花订购服务，还免费提供了虚拟鲜花邮送服务。而每天利用其虚拟鲜花邮送服务的有 5000～10000 人，这其中的许多人后来成了其真鲜花订购服务的客户。下列说法正确的是（　　）。

A．Virtual Flowers 公司不仅通过较小的成本实现了企业的推广，而且获得了长期的潜在顾客

B．Virtual Flowers 公司巧妙运用了网上折价促销的策略

C．Virtual Flowers 公司针对消费者的心理适应期过程，在消费者免费使用其网站期间建立起了对企业网站和产品的信任感

D．Virtual Flowers 公司的做法会让消费者看低商品，认为品质低下，属于低档产品

10．下列（　　）有助于建立完善的客户服务机制，体验优质的售后服务。

A．建立良好的退换货品机制

B．利用即时通信，开展深层次的客户服务

C．讲究个性化服务和产品品牌建设

D．精细化用户评论板块

三、判断题

1．要求商品必须具备实际的使用价值，讲究实用，不强调商品的美观悦目是一种求廉心理。（　　）

2．有疑虑心理的消费者往往会关注产品使用过程中和使用之后是否能保障安全，特别是食品、药品、洗涤用品、卫生用品、电器用品和交通用品等商品。（　　）

3．现代社会发展和变化速度极快，新生事物不断涌现。消费心理受这种趋势带动，稳定性降低，在心理转换速度上趋向与社会同步，在消费行为上则表现为产品生命周期不断缩短。

4．在网络市场中，网购顾客可以用隐蔽的方式不受打扰地购买到不愿意让别人知道的商品，这是在传统市场中无法避免的。（　　）

5．网络购物时买卖双方的“信息不对称”，加重了消费者对网络销售商的戒心。（　　）

6．网上促销是利用 Internet 等电子手段来组织促销活动，以辅助和促进消费者对商品或服务的购买和使用。（　　）

7．网上促销不需要考虑季节性。（　　）

8．积分促销可以提高活动的知名度。（　　）

9．对于 B2C 网站，要将网上销售的概念传达给消费者，以消除消费者对网络消费商品售后服务的顾虑。（　　）

10．商家“无理由退货”制度会制约网络市场的发展，不利于培养用户黏性。（　　）

四、简答题

1．网购消费者心理与以往传统消费者相比呈现出哪些新的特点和趋势？

2．网购顾客的哪些心理是阻碍网络消费的？

3．通过哪些网站营销策略以消除消费者对虚拟网络世界的不确定感和不信任感？

4．简述激发消费欲望的网上促销策略有哪些？

五、案例分析题

1．电商网（www.toecom.com）率先在全国开通了“特价热卖”栏目，汇总了各大知网网站的 30 多个热卖信息。消费者只要进入电商网站的“特价热卖”专栏，就能轻松获得各个热销产品的信息以及价格，进而通过链接快速进入消费者认为合适的网站，完成购物活动。

请结合所学知识分析回答：

（1）试分析电商网是针对消费者的什么心理推出“特价热卖”栏目的。

（2）说说网购顾客的哪些心理趋势和特征是促进了电子商务发展的？

2．进入强生网站，左上角著名的公司名称下是显眼的“你的宝宝”站名。每页可见的是各种肤色婴儿们的盈盈笑脸和其乐融融的年轻父母，这种亲情是化解人们对商业站点敌意的利器。首页上“如您的宝宝……时，应怎样处理？”“如何使您的宝宝……？”两项下拉菜单告诉来访者，这是帮人们育儿答疑解惑的地方。整个网站页面风格色调清新淡雅，明亮简洁。

强生网站选择其婴儿护理品为其网站的形象产品，选择“您的宝宝”为站点主体，整个站点就成了年轻网民的一部“宝宝成长日记”，所有的营销流程自然就沿着这本日记悄然展开。

请结合所学知识分析回答：

（1）根据材料分析，强生公司在网页设计上迎合了消费者怎样的心理？

（2）试分析强生公司采用的怎样的营销策略，其优势是什么？

顾客心理学测试题及答案

顾客心理学测试题

一、单项选择题（每题 2 分，共 30 分）

1．市场活动中顾客心理现象的产生、发展及其变化规律是顾客心理学的（　　）。

A．研究内容　　B．研究方向　　C．研究对象　　D．研究目的

2．顾客心理学研究的主体是（　　）。

A．需求者　　B．使用者　　C．决策者　　D．购买者

3．顾客的基本心理活动和首要的心理功能是（　　）。

A．认识　　B．情感　　C．情绪　　D．意志

4．经过情感过程，顾客需要对所认识的商品进行处理，并为此而采取进一步行动，这一阶段心理过程即（　　）。

A．认识过程　　B．情感过程　　C．意志过程　　D．兴趣过程

5．（　　）是指顾客根据确定的购买目标，对商品迅速而准确的感知能力。

A．观察力　　B．记忆力　　C．想象力　　D．决断力

6．（　　）是指通过观察被认可的行为、活动，然后以相同的方式作出反应的能力。

A．一般能力　　B．特殊能力　　C．模仿能力　　D．创造能力

7．使人对某件事物或活动给予特别注意和关注，并具有向往心情的个性心理特征是（　　）。

A．气质　　B．能力　　C．性格　　D．兴趣

8．烟火报警器、预防性药物、保险、社会保障、养老投资、汽车安全带等产品可以满足顾客的（　　）。

A．生理需要　　B．安全需要　　C．爱和归属的需要　　D．尊重的需要

9．顾客以追求商品和服务的时尚、新颖、奇特、刺激、时髦为主导倾向的购买动机是（　　）。

A．求实动机　　B．求新动机　　C．求美动机　　D．求名动机

10．影响顾客心理的最主要因素是（　　）。

A．政治因素　　B．经济因素　　C．文化因素　　D．习俗和流行

11．消费者对商品的外在形状、大小和颜色的记忆类型是（　　）。

A．情绪记忆　　B．形象记忆　　C．感觉记忆　　D．短时记忆

12．消费者的习惯性价格心理是（　　）。

A．周期性的　　B．阶段性的　　C．不易改变的　　D．不可改变的

13．在定价时，一般尾数取八而忌四，主要是考虑到消费者对数字的（　　）心理。

A．联想　B．感知　C．想象　D．记忆

14．浅色、淡色给人以店堂面积（　　）的错觉。

A．扩展变大　B．收缩　C．变小　D．较近

15．所谓量感，是指陈列的商品数量要充足，给消费者以丰满、丰富的（　　）。

A．印象　B．想象　C．幻想　D．假象

二、多项选择题（每题 2 分，共 20 分）

1．影响顾客购买行为的内在因素有（　　）。

A．顾客的心理活动过程　B．顾客的个性心理特征

C．顾客群体　D．顾客购买过程中的心理活动

E．影响顾客行为的心理因素

2．影响顾客心理及行为的外部因素有（　　）。

A．影响顾客行为的心理因素　B．社会环境

C．消费态势　D．购买环境

E．消费沟通

3．知觉的特性包括（　　）。

A．恒常性　B．间接性　C．理解性　D．整体性

E．选择性

4．主文化的特性有（　　）。

A．共同性　B．社会性　C．适应性　D．发展变化性

E．差异性

5．消费者接受新产品的心理活动过程包括（　　）。

A．知晓阶段　B．评价阶段　C．兴趣阶段　D．试用阶段

E．采用阶段

6．包装设计的心理策略包括（　　）。

A．使产品独具特色　B．保护产品，造型美观

C．节约环保　D．文字的设计清晰明了，一目了然

E．避免与民族习惯、宗教信仰相抵触

7．强化记忆的心理方法有（　　）。

A．减少材料数　B．适当加以重复

C．增进理解　D．安全感

8．广告的心理功能有（　　）。

A．注意功能　B．记忆功能　C．联想功能　D．诱导功能

9．顾客的拒绝购买态度有强有弱，归纳起来可分成（　　）。

A．一般性拒绝　B．隐蔽性拒绝　C．彻底性拒绝　D．无理由拒绝

E．随意性拒绝

10. 出色的商店招牌对消费者的购买活动可以产生的心理作用有（　　）。
A. 充当向导　　B. 诱发兴趣　　C. 增强信任　　D. 易于传播

三、判断题（每题 1 分，共 10 分）

1. 研究顾客心理学可以提高服务水平，但会影响顾客合理消费。（　　）
2. 顾客对作用于感官的客观事物的整体、全面的直接反映是知觉。（　　）
3. 气质能决定一个人活动的社会价值和成就的高低。（　　）
4. 少年儿童能进行简单的逻辑思维，不以直观、具体的形象思维为主，对商品的注意和兴趣一般是由商品的外观刺激引起的。（　　）
5. 在购买商品时，主观性较强，不愿别人介入，受广告宣传以及售货员的介绍影响甚少，这是一种冲动型购买行为。（　　）
6. 今后，我国消费市场将会呈现服装、食品等基本生活用品的消费额比例上升，而信息、文化娱乐等消费额比例下降的趋势。（　　）
7. 顾客对某种商品的需求越强烈，对价格的变动越不敏感。（　　）
8. 吸引消费者有意注意的程度水平是评价一则网络广告心理效果的重要指标。（　　）
9. 对于闲逛型的顾客，营业员应该采取持之以恒的态度，努力推销所售商品。（　　）
10. 消费者没有明确目标或目的，因受到外在刺激物的影响而不由自主地对某些商品产生的注意称为无意注意。（　　）

四、思考讨论题（每题 5 分，共 20 分）

1. 什么是心理学？心理现象由哪两部分组成？
2. 简述女性顾客的消费心理特征及市场营销策略。
3. 反映在顾客中的我国民族消费心理有哪几个较为明显的特点？
4. 品牌设计的心理策略是什么？

五、案例分析题（每题 10 分，共 20 分）

1. 美国某公司雇用了数十名女打字员，为便于管理，将她们集中在同一办公室工作。可事与愿违，在最初的三个月中，打字员们情绪不安，打字错误率较高。经研究发现，过于严格的管理和高达 80 分贝的室内噪声是导致打字员工作效率差的重要原因。后来，公司配备了防音、消音设施，使室内噪声下降，打字员的情绪开始稳定，错误率也随之降低。

思考：请通过以上案例分析人的情绪与行为的关系（5 分），并举例阐述顾客情绪与行为的关系（5 分）。

2. 某地电信公司开通小灵通业务，起初由于信息产业部下文限制，只能低调进行，消费者也持观望态度。经信息产业部批准后，电信公司在公共汽车身、户外广告牌、报纸等多处发动全面广告攻势，利用消费者对移动通信资费相对较高、据传手机辐射可能影响健康等方面的消费心理，大力宣传自己低廉的通话资费、超长的通话时间、绿色环保的辐射频率等优势，迅速打开局面，发展了大批用户，创造了当地移动通信发展史上的奇迹。

思考：本案例中影响消费者购买新产品的主要因素有哪些？

答　案

一、单项选择题

1．C　2．D　3．A　4．C　5．A
6．C　7．D　8．B　9．B　10．B
11．B　12．C　13．A　14．A　15．A

二、多项选择题

1．ABC　2．BCDE　3．ACDE　4．ABCDE　5．ABCDE
6．ABCDE　7．ABC　8．ABCD　9．ABC　10．ABCD

三、判断题

1．×　2．√　3．×　4．×　5．√
6．×　7．×　8．√　9．×　10．√

四、思考讨论题

略

五、案例分析题

略

参考答案（部分）

第1章

一、1. C　2. D　3. B　4. A　5. D

二、1. ABC　2. BCDE　3. CE　4. BD　5. ABD

三、1. ×　2. √　3. √　4. ×　5. √

第2章

一、1. A　2. D　3. B　4. A　5. A

二、1. AB　2. ABCE　3. ACDE　4. ADE　5. ABDE

三、1. √　2. ×　3. √　4. √　5. ×

第3章

一、1. A　2. B　3. C　4. A　5. D

二、1. CDE　2. ABC　3. CDE　4. ABCD　5. AD

三、1. √　2. ×　3. √　4. ×　5. ×

第4章

一、1. D　2. D　3. B　4. B　5. C

二、1. ABDE　2. ABCE　3. AB　4. ABC　5. ABCDE

三、1. √　2. ×　3. ×　4. √　5. ×

第5章

一、1. D　2. A　3. D　4. D　5. C　6. D　7. C　8. B　9. C　10. D　11. B　12. A

二、1. ABD　2. AB　3. ABC　4. ABCD　5. ABCD　6. AB　7. ACD　8. ABCD

三、1. √　2. ×　3. √　4. √　5. ×　6. √　7. ×　8. √

第6章

一、1. B　2. A　3. D　4. B　5. C

二、1. ABC　2. ABCD　3. ABC　4. ABCE　5. ABCDE

三、1. √　2. ×　3. ×　4. √　5. ×

第 7 章

一、1. A 2. D 3. D 4. B 5. B 6. C
二、1. ABCDE 2. ABCD 3. ABC 4. ABCDE 5. ABCDE
三、1. × 2. × 3. √ 4. × 5. ×

第 8 章

一、1. A 2. C 3. A 4. C 5. D
二、1. ABC 2. ABC 3. AC 4. ABC 5. ABCD
三、1. √ 2. × 3. √ 4. × 5. √

第 9 章

一、1. D 2. B 3. C 4. A 5. A
二、1. ABCDE 2. ABC 3. ABCD 4. ABC 5. ABC
三、1. √ 2. √ 3. × 4. √ 5. √

第 10 章

一、1. A 2. D 3. D 4. B 5. D
二、1. ABCE 2. ABC 3. ABC 4. BCD 5. CDE
三、1. √ 2. √ 3. × 4. √ 5. ×

第 11 章

一、1. A 2. A 3. A 4. C 5. B 6. B
二、1. ABCD 2. ABC 3. ABC 4. ABC 5. ABCD 6. ABC
7. BCDE 8. BDE
三、1. × 2. × 3. √ 4. √ 5. √

第 12 章

一、1. B 2. D 3. D 4. A 5. D 6. D 7. A 8. A 9. C 10. C
二、1. ABCD 2. ABCD 3. ABC 4. ABCD 5. ABCD 6. ABC
7. ABC 8. ACD 9. AC 10. AB
三、1. × 2. × 3. √ 4. √ 5. √ 6. √ 7. × 8. √
9. √ 10. ×

期末测试题及答案

参 考 文 献

韩耀．1994．商业心理学．银川：宁夏人民出版社．
姜宝钧．1992．商店经营技巧．北京：中国经济出版社．
廖明明．1998．管理心理学．北京：中国物资出版社．
刘永芳．2006．消费心理学．上海：华东师范大学出版社．
刘志友．2007．消费心理学．大连：大连理工大学出版社．
单凤儒．2001．营销心理学．北京：高等教育出版社．
孙喜林．2002．现代心理学教程．大连：东北财经大学出版社．
田义江，戢运丽．2005．消费心理学．北京：科学出版社．
王官诚．2004．消费心理学．北京：电子工业出版社．
温孝卿，任仲祥，张理．2003．消费心理学．天津：天津大学出版社．
徐雷．2006．营销心理学．北京：高等教育出版社．
张在宏．1996．广告学．北京：中国经济出版社．